全国“八五”普法学习读本系列

知识产权以案释法读本

全国“八五”普法学习读本编写组　编

法律出版社
LAW PRESS · CHINA
北京

图书在版编目(CIP)数据

知识产权以案释法读本 / 全国“八五”普法学习读本编写组编. -- 北京 : 法律出版社, 2023
ISBN 978 - 7 - 5197 - 6645 - 0

Ⅰ. ①知… Ⅱ. ①全… Ⅲ. ①知识产权法 - 案例 - 中国 Ⅳ. ①D923.405

中国版本图书馆 CIP 数据核字(2022)第 063091 号

知识产权以案释法读本
ZHISHI CHANQUAN YIANSHIFA DUBEN

全国“八五”普法学习读本编写组 编

策划编辑 沈小英
责任编辑 杨大康 张思婕
装帧设计 汪奇峰

出版发行 法律出版社
编辑统筹 法治与经济出版分社
责任校对 王 丰 郭艳萍
责任印制 吕亚莉
经 销 新华书店

开本 710 毫米 × 1000 毫米 1/16
印张 16.5 **字数** 297 千
版本 2023 年 3 月第 1 版
印次 2023 年 3 月第 1 次印刷
印刷 固安华明印业有限公司

地址:北京市丰台区莲花池西里 7 号(100073)
网址:www.lawpress.com.cn
投稿邮箱:info@lawpress.com.cn
举报盗版邮箱:jbwq@lawpress.com.cn

销售电话:010 - 83938349
客服电话:010 - 83938350
咨询电话:010 - 63939796

书号:ISBN 978 - 7 - 5197 - 6645 - 0
定价:63.00 元

凡购买本社图书,如有印装错误,我社负责退换。电话:010 - 83938349

撰稿人

管育鹰　张　鹏　张浩然

编写说明

2020年11月16日至17日召开的中央全面依法治国工作会议，明确了习近平法治思想在全面依法治国工作中的指导地位，这是我国社会主义法治建设中具有现实意义和深远意义的大事。习近平法治思想是马克思主义法治理论中国化的最新成果，是习近平新时代中国特色社会主义思想的重要组成部分，是全面依法治国的根本遵循和行动指南。

在习近平新时代中国特色社会主义思想指导下，为深入学习贯彻习近平法治思想，我们编写了《知识产权以案释法读本》，以落实《中央宣传部、司法部关于开展法治宣传教育的第八个五年规划（2021—2025年）》的要求，切实抓好普法学习宣传，宣传知识产权保护，同时落实教育部《全国教育系统开展法治宣传教育的第八个五年规划（2021—2025年）》关于法治宣传教育的要求，向广大师生宣传知识产权保护方面的法律法规。

知识产权法是中国特色社会主义法律体系的重要组成部分。习近平总书记指出，保护知识产权就是保护创新；知识产权保护工作关系国家治理体系和治理能力现代化，关系高质量发展，关系人民生活幸福，关系国家对外开放大局，关系国家安全。① 新时代大学生学习知识产权法的重要性体现在以下几个方面：第一，鼓励创新。大学生是我国建设创新型国家的生力军，了解知识产权法的基本原理和具体规则，保障其创造性智力劳动成果的收益回报，激发参与科技、文化和艺术创新活动的积极性和主动性；同时能够合法合理地利用他人已有的智力劳动成果，更好地释放大学生的创新活力。第二，营造尊重知识、尊重人才的社会环境。大学生身处校园这一知识传承和创造的关键领域，每一位大学生既可能成为知识产权权利人，也可能作为知识产品的使用者或传播者，需要处理好个体与群体、传承与创新的关系。大学生遵守知识产权法律法规，培养知识产权法律意识，有助于形成、适应知识时代的良好创新氛围。第三，参与全面依法治国进程，为法治中国建设和知识产权强国建设贡献力量。大学生

---

① 参见新华社：《习近平主持中央政治局第二十五次集体学习并讲话》，载中国政府网，http://www.gov.cn/xinwen/2020-12/01/content_5566183.htm。

作为知识分子，应当在力所能及的范围内主动参与立法、监督执法和司法，为完善知识产权法治建言献策。

本书的编写特色和特点：

第一，贯彻习近平法治思想，同时根据《知识产权强国建设纲要（2021－2035年）》等系列文件的部署，对现行知识产权重要制度内容进行说明阐述。

第二，依据我国现行知识产权相关法律法规、最高人民法院司法解释以及各级法院典型及重点案例等核心内容编写，并对主要制度的立法沿革进行了说明。

第三，结合大学生的特点和现实需求，梳理知识产权各部门法知识要点，合理安排主题内容；在涵盖与大学生相关基本知识点基础上，做到主次分明，重点突出。

第四，以案例切入，由点及面对知识产权法律制度进行阐释，并采用较通俗平实的语言进行讲解说明，以期帮助大学生对法律制度及其适用有更深入具体的了解。

普法宣传是一个长期、持续的过程，任重道远。2020年12月，中共中央印发了《法治社会建设实施纲要（2020－2025年）》，明确提出到2025年，“八五”普法规划实施完成，法治观念深入人心，社会领域制度规范更加健全，社会主义核心价值观要求融入法治建设和社会治理成效显著，公民、法人和其他组织合法权益得到切实保障。

希望本书能促进大学生在树立知识产权法律意识、尊重知识价值、发扬创新精神、自觉运用法律武器等方面起到引导和参考作用，对知识产权普法宣传作出应有的贡献。

全国“八五”普法学习读本编写组

2023年2月

目录

Contents

第二章　科技创新需动力　发明创造有专利

第三章　认牌购物靠商标　维护信誉为首要

第五章 知识产权范围广 传统创新均不忘

第一章
保护著作权和相关权　促进文化和科学发展

创新是民族的灵魂，保护知识产权就是保护创新。文化和科学领域的创新源于文学、艺术和科学作品的创作，而作品的创作和传播是促进文化产业发展的根本动力。为此，我国通过《著作权法》来保护著作权和与著作权有关的权利（以下称相关权），鼓励有益于社会主义精神文明、物质文明建设的作品的创作和传播，促进社会主义文化和科学事业的发展与繁荣。著作权领域的基本法则深受复制和传播技术的影响，在科技和文化深度交融的网络时代，信息技术的运用给著作权法的理解和适用带来诸多挑战。我国《著作权法》保护著作权和相关权，实务中将以著作权和相关权运用为核心的产业统称版权产业。本章旨在通过典型案例展现著作权法律制度的基本内容，提升相关产业从业者和大众的法律意识。

专题一
作品类型有多样　独立创作是要件

作品是著作权保护的对象，是作者独立完成的、表现其精神特征或思维活动的智力成果。作为文学、艺术和科学领域创新信息的载体，作品是知识时代传播知识和满足人们文化娱乐及资讯获取等精神需求的必需品。产业领域的技术性创新成果和商业领域的经营成果不是作品，但如果这些新产品或设计的实用性功能和艺术性表现可以分离，则具有独创性的艺术创作内容也可以作为作品受到《著作权法》保护。可见，作品是人类创造性智力活动的产物，是兼具精神和经济价值的信息，是推动文化和科学传承发展的核心原动力。

我国《著作权法》第3条规定，作品是指文学、艺术和科学领域内具有独创性并能以一定形式表现的智力成果，包括：(1)文字作品；(2)口述作品；(3)音乐、戏剧、曲艺、舞蹈、杂技艺术作品；(4)美术、建筑作品；(5)摄影作品；(6)视听作品；(7)工程设计图、产品设计图、地图、示意图等图形作品和模型作品；(8)计算机软件；(9)符合作品特征的其他智力成果。可见，我国对作品类型采取开放性态度，以便今后将新型作品纳入保护范围。

但是，并非所有文学、艺术和科学领域内的独创性作品或信息都受到《著作权法》保护，为了社会公共利益，有些内容不宜保护。《著作权法》第5条规定，本法不适用于：(1)法律、法规，国家机关的决议、决定、命令和其他具有立法、行政、司法性质的文件，及其官方正式译文；(2)单纯事实消息；(3)历法、通用数表、通用表格和公式。

▶ 案例一：采用多种传统元素设计制作的挂历是作品吗？——A公司与B公司、C公司、D公司侵害著作权纠纷案

关键词：挂历　图案设计　汇编作品　独创性

法律要点：编辑者将金色“福”字、与挂历相关的文字、书法、图案以及2012

年日历进行选择汇编，其对上述数据和材料进行编排，从而形成的“YT030精品立体龙福吊牌”挂历，具有独特的审美视觉效果和检索查阅的便利性，符合《著作权法》规定的汇编作品的独创性要求，应受法律保护。

基本案情

上诉人（原审原告）：A公司

被上诉人（原审被告）：B公司

被上诉人（原审被告）：C公司

被上诉人（原审被告）：D公司

2011年，上诉人A公司的设计人员设计制作了名为“YT030精品立体龙福吊牌”（“百福祥瑞”）的挂历，A公司在网站展示了该挂历的实物图样。挂历外表为红底加金色“福”字，内页的表现形式为文字、书法、图案以及2012年日历的组合，文字包括财位运程、十二生肖运程、每日的“宜忌”如“龙年吉祥”“龙的传人”“龙年大吉”“龙祥天下”“龙珠吐纳”等（按月份编排）及“中国传统吉祥文化”的描述，书法包括“福”“龙”等字，图案为各种龙形图（各月份不同）及十二生肖的艺术表现形式。2011年11月9日，B公司、C公司与D公司签订《挂历订购合同》，约定C公司向D公司订购“金百福”系列吊牌挂历54,220套、“福知”系列台历9775套，合同还包括价款、质量要求、付款方式等。D公司随后委托他人对相关挂历进行制作、生产并向C公司交付完毕，C公司收到后向相关客户进行了派发。A公司发现B公司、C公司派发的“金百福”系列吊牌挂历与自己的“百福祥瑞”挂历仅有细微差别，侵犯了自己挂历的著作权，遂将B公司、C公司、D公司起诉到法院。

一审法院认为：A公司的“百福祥瑞”挂历是将金色“福”字及相关文字、书法、图案以及2012年日历通过选择和编排汇集而成。《著作权法》保护的作品应是独立创作、非窃取他人的并具有一定的个性或达到适度创作高度的。涉案吊牌挂历享有著作权的前提应是该挂历在内容的选择或者编排上具有独创性。福字吊牌挂历在我国出现已有多年，其中日历等信息是固有的；财位运程、十二生肖运程、每日“宜忌”及一些中国传统吉祥文化等素材及编排基本上有固定的模式。整体而言，A公司的挂历所使用的元素与同类产品所使用的元素没有明显的区别，不具有独创性；该挂历在内容取舍和编排上虽可反映设计人员一定的智力活动，但整体上该挂历不属于《著作权法》所称的作品，其诉讼请求应予以驳回。

A公司不服，提起上诉。二审法院认为，本案中，A公司的编辑者将金色“福”字与挂历相关文字、书法、图案以及2012年日历进行选择汇编，其对上述数据和材料进行编排形成的“百福祥瑞”挂历，具有独特的审美视觉效果和检索查阅的便利性，符合《著作权法》规定的汇编作品的独创性要求，属于应受法律保护的汇编作品。

法律讲堂

1. 挂历是受著作权法保护的作品吗

不一定。挂历是否属于作品，取决于对其整体上的编排是否有独创性的判断。如果挂历直接采用已有美术作品或摄影作品制作而成、或整体设计具有独特美感可以成为一副美术作品，则挂历整体上具有独创性是当然的；如果挂历是采用有传统特色的元素，包括常见的“福”字书法、图案、生肖形象等制作的，则看整体上的选择、编排是否具有独创性，有独创性则构成汇编作品。

2. 常见的利用已有元素的再创作活动有哪些

演绎或者“二创”属于著作权法上的再创作。依据已有作品或公有领域信息进行再创作，在学理上称为演绎、现实中俗称“二创”，是实践中常见的一种创作活动；演绎作品是对已有作品进行改编、翻译、注释、整理、汇编等而形成的新作品。演绎的方式包括改编、翻译、注释、整理、汇编等。其中，改编是指改变作品的内容或表现形式，创作出具有独创性的新作品；翻译，是指将作品从一种语言文字转换成为另一种语言文字；注释，是指对文字作品中的字、词、句进行解释；整理，是指对内容零散、层次不清的已有文字作品或者材料进行条理化、系统化加工；汇编，是指将作品或者作品的片段通过选择或者编排、汇集成为新的作品。虽然演绎作品是以原作品为蓝本，但其创作的新内容为社会贡献了不同于原作品的新的智力成果，构成具有独创性的新作品。

3. 什么是著作权法保护的汇编作品

汇编作品是在选择、编排上具有独创性的新智力成果。汇编是将已有的文学、艺术、科学或其他材料等汇集起来，经过选择、取舍、设计、编排形成汇编作品，常见的有期刊报纸、文集、画册等。汇编作品的独创性，体现在创作者对内容独特的选择和编排上；也就是说，汇编者在整体上对所选的原本分散的作品、片段或其他非作品性材料，赋予了一种新的组织结构和表现形式，产生了一种不同于所选素材本身的智力成果，因此汇编人应该就其演绎性的创作活动形成的新作品享有著作权。如果所选素材中有著作权仍在保护期内的他人作品内容，汇编作品的著作权人在行使著作权时，不得侵犯原作品的著作权，即要得到原著作权人的许可。

对不构成作品的数据或其他材料进行汇编产生的汇编作品一般称为数据库，其利用方式比较特殊。这类数据库通常是在线提供内容，也有以光盘形式发行的，其本质是根据既定标准筛选、编排后存储的可供用户读取和下载的数字化信息资料，如法律数据库、裁判文书网等。虽然数据库整体属于汇编作品，支撑数据库整体运行的程序设计部分也可以作为计算机软件进行保护，但由于其所存储和调取的信息资料本身不受《著作权法》保护，其他人可以选取感兴趣的内容进行复制利用。数据库的内容收集体现了汇编人的辛勤劳动、数据库建立需要大量投资，不整体复制数据库而只提取其中大量数据加以利用，也会损害汇编人的合法利益，应当予以禁止。鉴于我国目前没有专门针对这种数据库利用设立特殊制度，实践中对于大量爬取他人数据库信息内容、对其中的实质性部分加以利用的行为，一般通过《反不正当竞争法》予以规制。

法律规定

1.《著作权法》第三条

本法所称的作品，是指文学、艺术和科学领域内具有独创性并能以一定形式表现的智力成果，包括：

（一）文字作品；

（二）口述作品；

（三）音乐、戏剧、曲艺、舞蹈、杂技艺术作品；

（四）美术、建筑作品；

（五）摄影作品；

（六）视听作品；

（七）工程设计图、产品设计图、地图、示意图等图形作品和模型作品；

（八）计算机软件；

（九）符合作品特征的其他智力成果。

2.《著作权法》第十五条

汇编若干作品、作品的片段或者不构成作品的数据或者其他材料，对其内容的选择或者编排体现独创性的作品，为汇编作品，其著作权由汇编人享有，但行使著作权时，不得侵犯原作品的著作权。

3.《著作权法实施条例》（2013 年）第二条

著作权法所称作品，是指文学、艺术和科学领域内具有独创性并能以某种有形形式复制的智力成果。

社会意义

本案认定A公司设计的畅销挂历属于汇编作品并予以著作权保护，有利于鼓励再创作。实践中，我国正推动"万众创新"，创新活动有千万种，只要有智力投入法律就应该对其成果予以保护。"二创"也是一种创作活动，在内容选择、编排和整体设计风格设计上的独创性成果也是著作权法保护的客体；禁止他人未经许可任意复制发行再创作成果、损害权利人利益，符合著作权法的立法宗旨。

案例溯源

本案一审案号为(2012)穗天法知民初字第129号，二审案号为(2012)穗中法知民终字第116号。

▶ 案例二：动物表演是杂技作品吗？——A动物园与B报社、C公司著作权侵权及不正当竞争纠纷案

关键词：动物表演　杂技作品　照片　新闻报道

法律要点：驯养海豚进行表演未体现驯养员独特的艺术性，海豚表演动作包含的技巧和难度不属于著作权法保护的杂技作品；海豚不具有法律上的人格意义，既不是表演者，也不能构成著作权的权利主体。

基本案情

原告：A动物园

被告：B报社

被告：C公司

A动物园海豚馆训练海豚进行各种高难度动作表演。被告B报社在其发行的《当代商报》头版刊发标题为"C公司海底世界欲建中南地区最大海豚表演馆""6海豚同台钻火圈"的新闻，并配发了A动物园海豚馆海豚表演的照片。该报A3版同时刊登了配文称，"商报消息(记者祝某)：6只可爱的海豚钻火圈、高空飞跃、随着音乐集体伴舞，如此精彩的表演将于今年五一节在C公司海底世界推出。昨日，C公司海底世界有关负责人向记者透露……据悉，目前中南地区仅长沙动物园去年兴建了一座海豚表演馆，拥有海豚4只"；该文配发了海豚表演的照片，在照片中可以看出"A动物园"字样。A动物园与B报社交涉后，B报社在《当代商报》同类版面刊登"更正启事"："本报某日报道C公

司海底世界要建设中南最大海豚表演馆时,因工作疏忽,误用了A动物园海豚馆的照片,特向A动物园海豚馆及广大读者致歉"。另查明:照片由B报社记者王某在A动物园场所拍摄,至庭审之日,A动物园没有设立禁止拍照的标识。

A动物园起诉B报社未经许可偷拍海豚表演照片并将其用作商业目的,为C公司海底世界作广告宣传使用,两被告构成对A动物园海豚表演作品著作权、表演者权的侵害,构成对A动物园的不正当竞争。法院认为被告B报社、C公司的行为不构成著作权侵权和不正当竞争。

法律讲堂

1.什么是杂技艺术作品

著作权法上的杂技艺术作品,是指杂技、魔术、马戏等通过形体动作和技巧表现的作品。基于著作权法原理,并非任一杂技、魔术或者马戏等杂技艺术节目均能成为著作权法保护的对象,只有当杂技、魔术、马戏的动作编排或造型在整体上能够被视为一种设计者和表演者情感、个性的独创性表达,且可以固定形式和再现时,才属于杂技艺术作品。需要指出的是,杂技表演中的一些基本表达要素、技术方法和动作难度,如顶碗、走钢丝、踩高跷等,落入著作权法意义上的"思想"范畴,不能获得保护。

2.案中的海豚表演究竟能否受到著作权法保护

不能。本案中,驯养员只是指挥海豚进行不同的动作表演,海豚表演并没有体现由驯养员设计的独特的杂技艺术展示。海豚所作出的表演,实质上是因驯养员的训练而产生的条件反射,是驯养员训练产生的一种机械性、生理性反应,不是独创性作品。另外,海豚作为动物,也不具有法律上的人格,既不是表演者,也不是著作权法上的权利主体。在实际表演过程中,A动物园也未明确禁止游客拍照,因此对海豚表演拍摄照片不属于侵害著作权和表演者权的行为。

法律规定

1.《著作权法》第三条

本条内容上述案例一已经引用,此处不再重复。

2.《著作权法》第十条

著作权包括下列人身权和财产权:

……

（九）表演权，即公开表演作品，以及用各种手段公开播送作品的表演的权利；

……

（十七）应当由著作权人享有的其他权利。

3.《著作权法》第三十八条

使用他人作品演出，表演者应当取得著作权人许可，并支付报酬。演出组织者组织演出，由该组织者取得著作权人许可，并支付报酬。

社会意义

纯粹的动物表演难以称为杂技艺术作品，理由在于，只有具有独创性的，包含人或者人与动物行为、表演节奏、艺术造型等要素的节目编排才构成著作权法保护的杂技艺术作品。可以说，著作权法只保护杂技艺术作品中通过人的形体、技巧表现出的艺术成分。本案中，驯养员通过各种暗示方法指挥海豚进行不同的表演，但自己本身并未以任何方式体现其独特的艺术性，海豚的表演动作是单纯的技巧训练，实质上是因驯养员的训练而产生的条件反射，不属于著作权法保护的作品。海豚本身不具有法律上的人格，不属于著作权法所说的表演者。法院据此判定 B 报社对海豚表演节目拍摄照片的行为不构成著作权侵权，B 报社、C 公司的行为不构成不正当竞争。明确这样的行为性质及其法律后果，有利于警示动物园的运营者采取相应的防范措施，如禁止擅自拍摄等，违者可以依据其他法律追究可能产生的法律后果和责任。

案例溯源

本案案号为（2003）长中民三初字第 90 号。

▶ 案例三：有声读物是文字作品的复制品吗？——谢某、A 公司等侵害作品信息网络传播权纠纷案

关键词：文字作品　有声读物　改编　表演　在线听书

法律要点：有声读物实为朗读文字作品并进行录音后形成的录音制品，是对文字作品的复制，而不属于对文字作品进行演绎之后形成的新作品。

基本案情

上诉人（原审原告）：谢某

被上诉人（原审被告）：A 公司

被上诉人(原审被告):B 公司
被上诉人(原审被告):C 公司
被上诉人(原审被告):D 公司

谢某是一名儿童文学作家,其创作的小说《72 变小女生》由某出版社出版。谢某授权 B 公司将该小说制作成电子图书并允许其进行复制发行、信息网络传播、改编汇编相关电子图书及转授权。B 公司将该小说的“表演权和改编权”,即“改编并录制成有声读物作品”的权利独家授予 C 公司。C 公司与 D 公司签订协议,由 D 公司负责运营其制作的有声读物,D 公司后来将该有声读物的信息网络传播权授权给从事听书服务的 A 公司。

谢某发现 A 公司未经其授权许可在其网站“懒人听书”上通过信息网络向公众提供《72 变小女生》的在线听书服务。后因协商不成,谢某将 A 公司、B 公司、C 公司、D 公司诉至法院,请求四被告停止侵权和连带承担著作权侵权的赔偿责任以及维权与诉讼的合理支出。一审判决侵权成立,四被告上诉。二审法院同意一审意见,认为谢某作为涉案图书的著作权人享有本案诉权,其对该作品享有的合法权益应受著作权法保护。A 公司未经授权对涉案作品录音制品进行了信息网络传播,B 公司、C 公司、D 公司客观上提供了帮助行为,侵害了谢某享有的信息网络传播权,应承担连带赔偿责任。

法律讲堂

1. 诵读文字作品并录制和发行传播是否需要原作者许可

需要。文字作品是以文字、符号、图表等形式表现的作品,如小说、诗词、散文、论文等。文字是传播知识的主要方式,文字作品创作是日常生活中最常见的知识活动。文字作品的利用方式多种多样,准确理解著作权的内容,对全面保护作者的著作权非常重要。除了有形载体的复制发行外,文字作品通过网络传播成为主要的使用方式;而诵读文字作品并录制和发行、传播的方式,更是随着技术的创新走入大众日常生活,对文字作品的保护应该延伸到这种新商业模式。

2. 制作有声读物需要获得著作权人的什么授权

复制权和表演权。有声读物并非对文字作品改编形成的改编作品。改编是改变作品的表达内容,从而产生具有不同于原作品独创性的新作品。换句话说,改编文字作品应以改变文字的表达内容为前提。在有声读物的制作过程中,由朗读者按照原作品文字进行朗读,同时由制作者录制并进行后期编辑。

虽然不同的朗读者对同一作品的朗读可能会存在不同的音调、语速，制作者甚至还会配上个性化的背景音乐或音效，因此带给听众的感受各不相同，但是有声读物并未改变文字作品的独创性表达，并未形成新作品，不属于对作品的改编。文字作品的朗读是一种复制和表演，日常生活中常见的有声读物若未经著作权人许可，侵犯其复制权和表演权；将朗读进行录制并在网上播放或提供点播，也侵犯著作权人的广播权或信息网络传播权。

3. 有声读物能否获得著作权法的保护

可以。合法制作的有声读物，形成的是由口头诵读者也即表演者复述文字作品并固定下来的录音制品，依法可以获得录音制品制作者享有的权利。表演、录音录像的权利人在对有声读物享有权利的同时，作为邻接权人也均应获得原著作权人许可，我国《著作权法》第4章对此有明确规定。

4. 有声读物是对电子图书的改编或汇编吗

不是。如上所述，有声读物是文字作品的复制、表演的录制品，涉及的是复制和表演权，而电子图书是文字作品的数字化复制品，其属于文字作品的数字化复制件，对电子图书的复制、改编权并不包含对文字作品的表演权。

法律规定

1.《著作权法》第三条

参见本专题案例一。

2.《著作权法》第十条

著作权包括下列人身权和财产权：

……

（五）复制权，即以印刷、复印、拓印、录音、录像、翻录、翻拍、数字化等方式将作品制作一份或者多份的权利；

……

（九）表演权，即公开表演作品，以及用各种手段公开播送作品的表演的权利；

……

（十一）广播权，即以有线或者无线方式公开传播或者转播作品，以及通过扩音器或者其他传送符号、声音、图像的类似工具向公众传播广播的作品的权利，但不包括本款第十二项规定的权利；

(十二)信息网络传播权,即以有线或者无线方式向公众提供,使公众可以在其选定的时间和地点获得作品的权利;

……

(十四)改编权,即改变作品,创作出具有独创性的新作品的权利;

……

3.《著作权法》第十一条第一款

著作权属于作者,本法另有规定的除外。

社会意义

本案纠纷产生的根本原因是著作权授权链条比较长,涉及有声读物从制作到网络传播的整个过程。但是,在获得授权的第一环节,被许可人 B 公司即对自己获得的授权产生了理解错误,将电子图书的发行、复制、改编汇编及转授权,扩张为包括对该小说的"表演权和改编权",使下游的转授权方"改编并录制成有声读物作品"的权利和之后的信息网络传播权缺乏合法的源头授权,从而导致四被告整体上构成共同侵权,应承担相应的法律责任。通过这个案例,可以警示版权产业从业者,在使用他人作品进行商业化运作时,考虑时代需求和市场需要,采用最新潮的方式固然有利于经济利益,但版权产业的源头是独创性作品,特别是文学艺术领域的文字、音乐、美术等基础性原创性作品,是否可以采取这种新的使用方式,需要仔细核对使用方式对应的权项,最好是征求并取得原始著作权人的明确同意。还需要注意的是,有声读物的在线听书服务,除了可以通过交互式的信息网络传播外,还包括网络上的定时播放,这就可能涉及单向实时的广播权。

案例溯源

本案一审案号为(2016)浙 8601 民初 354 号,二审案号为(2017)浙 01 民终 5386 号。

案例四:卡拉 OK 曲库中的 MTV 是作品吗?——A 公司诉 B 公司侵犯音乐著作权纠纷案

关键词: MTV　卡拉 OK 点唱机　视听作品　公开播放

法律要点: 录像制品是对表演或其他景象、形象、声音进行简单、机械的录制产生的,录制现存的音像并产生新作品。涉案 MTV 是以类似摄制电影的方法制作，凝聚了导演、演员、摄影、剪辑、服装、灯光、特技、合成等的创造性劳动，包含了制作者大量的创作，符合视听作品的构成要件。

基本案情

上诉人（原审被告）：B 公司

被上诉人（原审原告）：A 公司

A 公司组织拍摄、制作了由郭富城演唱的《爱的呼唤》《有效日期》《听风的歌》3 首歌的 MTV。B 公司经营一家餐馆并且在包间内安装了卡拉 OK 点唱机，以供用餐的顾客免费使用该卡拉 OK 设备，该设备中的曲库包含了 A 公司涉案的 3 首歌曲的 MTV 作品。于是 A 公司起诉 B 公司侵犯其著作权。一审法院认定 A 公司涉案的 3 首 MTV 属于我国著作权法规定的以类似摄制电影的方法创作的作品（视听作品），A 公司是著作权人；尽管 B 公司自案外人处购得了包含涉案 MTV 作品的曲库，但其包间内的放映行为并非合理使用，应当征得 A 公司许可。鉴于以上 3 首歌的 MTV 既不在中国音像著作权集体管理协会许可授权的范围内，也没有经过 A 公司的许可即向公众播放，B 公司的行为构成侵权。B 公司不服提起上诉，二审法院同意一审判决，驳回了 B 公司的上诉。

法律讲堂

1. 本案中卡拉 OK 厅播放的 MTV 是否构成视听作品

是。一般来讲，我们在卡拉 OK 厅中常见的“真人原唱”版本的 MTV，都属于音乐声音、画面合为一体的艺术形式；此类 MTV 的制作过程凝聚了导演、演员、摄影、剪辑、服装、灯光、特技、合成等众多人员的创造性劳动，相当于一个微型电影，体现了特有的视觉效果和美感，包含了文字、音乐、美术等作品和表演，构成了具有独创性的作品。我国《著作权法》在 2020 年修改之前，通常称为“以类似摄制电影的方法创作的作品”；修法后换用“视听作品”概念。视听作品包含了制作者的个性化表达，制作者是其著作权人。

2. 卡拉 OK 厅中播放的所有内容都是视听作品吗

不是。卡拉 OK 厅中播放的有些内容属于我国著作权法中的录音录像制品，如单纯外景拍摄或演唱会录像。作为邻接权对象的录音录像制品，是通过对表演或其他景象、形象、声音进行简单、机械的录制产生的，它只是忠实地反映现实中的画面和音像，并不具有动态音像创作的成分。例如，只需要将镜头对准舞台、客观如实地记录现场演唱的影像和声音；在此过程中，留给摄影师从事智力创作的空间很小，尽管可能包括镜头远近、对演唱者的面部特写等细节方面的选择，但却难以满足视听作品的独创性要求，宜作为录像制品给予邻接权的保护。在C公司诉D公司案中，上海市第二中级人民法院在（2004）沪二中民五（知）初字第12号民事判决书中认定，陈慧琳演唱的《情人说》和《回情》两首MTV属于视听作品，而《光年》的MTV则只构成录像制品。

3. 在卡拉OK厅中放映视听作品需要著作权人许可吗

需要。利用放映机等设备放映是电影这一视听作品最主要的利用方式，是一种对公众传播作品内容的行为。无论是在活动现场由放映师架起放映机和布帘、观众自带小板凳去观看，还是现在豪华电影院包间提供的全新观影体验，都是属于需要著作权人许可的公开放映行为。卡拉OK厅中播放MTV，当然也需要获得著作权人的许可，因为经营者的包间实际上是对公众开放的，属于公开放映。

法律规定

1.《著作权法》第三条①

本法所称的作品，是指文学、艺术和科学领域内具有独创性并能以一定形式表现的智力成果，包括：

……

（六）视听作品；

……

2.《著作权法》第十条第一款、第二款

著作权包括下列人身权和财产权：

……

（十）放映权，即通过放映机、幻灯机等技术设备公开再现美术、摄影、视听作品等的权利；

……

著作权人可以许可他人行使前款第五项至第十七项规定的权利，并依照约定或者本法有关规定获得报酬。

3.《著作权法实施条例》（2013年）第五条

著作权法和本条例中下列用语的含义：

……

① 本条“视听作品”是2020年修法后的用语，在2010年《著作权法》中其被称为“以类似摄制电影的方法创作的作品”。

(二)录音制品,是指任何对表演的声音和其他声音的录制品;

(三)录像制品,是指电影作品和以类似摄制电影的方法创作的作品以外的任何有伴音或者无伴音的连续相关形象、图像的录制品;

……

4.《著作权法》第四十四条

录音录像制作者对其制作的录音录像制品,享有许可他人复制、发行、出租、通过信息网络向公众传播并获得报酬的权利……

社会意义

在我国《著作权法》列举的作品中,视听作品是指以任何手段固定在一定介质上,由一系列有伴音或者无伴音的连续动态画面组成,并且借助适当装置放映或者以其他方式传播的作品。视听作品是生活中非常重要的常见作品类型,其内容涵盖文化娱乐和知识、信息资讯传播的方方面面,尤其是其中的电影、电视作品,需要很多投入和众多创作者的合作,值得法律给予严格的保护。同时,在眼球经济时代,越来越多的微型视听作品,如本案中的MTV和近期兴起的短视频,因其短小精炼的视听内容符合现代生活需求,其著作权保护问题也需要关注。公开放映视听作品,传统上主要是在电影院等商业场所提供的空间内向公众播放,后来包括在家庭以外的特定多数人聚集或是不特定人可以进出的场所,如私人俱乐部、视听室、卡拉OK厅、旅馆房间、公共交通工具等,在这些地方播放视听作品的行为需要取得著作权人的确认和许可,否则可能侵害其著作权。

案例溯源

本案一审案号为(2003)二中民初字第08846号,二审案号为(2004)高民终字第156号。

▶ 案例五:短视频属于视听作品吗?——A公司与B公司、C公司侵害作品信息网络传播权纠纷案

关键词:短视频　独创性　网络服务提供者　通知—删除义务

法律要点:具有一定独创性的短视频,属于受著作权法保护的视听作品。短视频的创作和传播有助于公众的多元化表达和文化的繁荣。对于短视频平台的运营者,只要其没有理由知道或应当知道平台用户的被控侵权行为,在履

行了“通知—删除”义务后，不对用户的侵权行为承担连带责任。

基本案情

原告:A 公司

被告:B 公司

被告:C 公司

A 公司是短视频平台 1 的运营者。B 公司、C 公司是短视频平台 2 的运营者。2018 年 5 月 12 日，平台 1 的加 V 用户“黑脸 V”为缅怀汶川特大地震十周年，制作并在平台 1 上发布《5 · 12，我想对你说》短视频（涉案短视频），并将其对涉案短视频享有的在全球范围内的信息网络传播权以独家排他的形式许可给 A 公司。短视频平台 2 的手机软件上传播了涉案短视频，其播放页面上未显示平台 1 和用户 ID 号水印。A 公司主张涉案短视频构成以类似摄制电影的方法创作的作品，B 公司、C 公司传播和消除水印的行为侵犯了 A 公司的信息网络传播权，将 B 公司、C 公司起诉至北京互联网法院。法院认为，涉案短视频由“黑脸 V”独立完成，具有创作性，构成类电作品（视听作品是 2020 年修法后采用的概念），A 公司依法依约定享有著作权；B 公司、C 公司经营短视频平台 2 的手机软件服务，属于信息存储空间的网络服务提供者，对于短视频平台 2 的手机软件用户上传涉案短视频并去除水印的被控侵权行为，不具有主观过错，在履行了“通知—删除”义务后，不构成侵权行为，不应承担相关责任，判决驳回 A 公司的全部诉讼请求。

法律讲堂

1. 短视频是视听作品吗

不一定。目前网络上传播的短视频，按照其创作或制作过程，可对应我国现行著作权法的“视听作品”或“录音录像制品”。视听作品依据我国著作权法应具有独创性，而音像录制品则无独创性要求；短视频是否属于作品，要看它是不是制作者思想情感的个性表达、是否体现了独创性。另外，有一类网络上传播的短视频，实际上是截取的影视剧或赛事综艺节目的内容片段，即使制作者增加了一些旁白或其他音像效果，其主体仍是他人作品或录像制品的一部分。

2. 本案中的短视频有独创性吗

有。涉案短视频《我想对你说》整体时长仅 13 秒，播放页面显示有“5 · 12，我想对你说　让我们把伤痛和灾难铭记，把感动和祝福传递。致敬重生，惜福感恩！"的文字；视频内容为一蒙面并穿黑色帽衫的男子站在天空灰暗、地面开裂、电线杆倾斜、楼宇残破的废墟中，用手势舞进行祈福，祈福后，镜头由近及远拉伸，出现地裂合拢、电线杆竖立、绿树成排、蓝天白云重现、表演者衣袖变红等画面变化，整个过程伴随音乐。尽管短视频时长极短、其中的手势舞及伴音来自党媒平台及人民网示范视频，背景图片是从网络中下载，但经过名为"黑脸V"的用户制作者的选择编排，整个视频效果与众不同，体现了其"通过酷炫的特效方式来展示灾后重建的生机勃勃的画面，传达一种温情的祝福和美好的愿望"的创意，属于制作者的个性化表达，具有独创性。

3. 短视频运营平台履行"通知—删除"义务可以免除责任吗

可以。本案证据表明两被告属于仅提供信息存储空间的网络服务提供者。依据《信息网络传播权保护条例》第22条的规定，此类网络平台满足以下条件的不承担赔偿责任（学理上所称的避风港原则）：（1）明确标示该信息存储空间是为服务对象所提供，并公开网络服务提供者的名称、联系人、网络地址；（2）未改变服务对象所提供的作品、表演、录音录像制品；（3）不知道也没有合理的理由应当知道服务对象提供的作品、表演、录音录像制品侵权；（4）未从服务对象提供作品、表演、录音录像制品中直接获得经济利益；（5）在接到权利人的通知书后，根据本条例规定删除权利人认为侵权的作品、表演、录音录像制品。本案证据表明两被告履行了"通知—删除"义务，可以豁免侵权责任。

法律规定

1.《著作权法》第三条

内容与本专题案例四中引用的一致。

2.《著作权法》第十条第一款

著作权包括下列人身权和财产权：

……

（十二）信息网络传播权，即以有线或者无线方式向公众提供，使公众可以在其选定的时间和地点获得作品的权利；

……

3.《信息网络传播权保护条例》第二十二条

网络服务提供者为服务对象提供信息存储空间，供服务对象通过信息网络向公众提供作品、表演、录音录像制品，并具备下列条件的，不承担赔偿责任：

（一）明确标示该信息存储空间是为服务对象所提供，并公开网络服务提供者的名称、联系人、网络地址；

（二）未改变服务对象所提供的作品、表演、录音录像制品；

（三）不知道也没有合理的理由应当知道服务对象提供的作品、表演、录音录像制品侵权；

（四）未从服务对象提供作品、表演、录音录像制品中直接获得经济利益；

（五）在接到权利人的通知书后，根据本条例规定删除权利人认为侵权的作品、表演、录音录像制品。

社会意义

近年来，随着网络技术的飞速发展和我国移动终端的普及，短视频更容易被转发和点击，在瞬时风靡网络空间的同时带来可观的经济利益，因此短视频行业发展迅速，吸引了大量的个人从业者和传播平台经营者、投资者。当然，短视频行业是版权产业的一种，其也存在一定的著作权风险，但这并非著作权领域的新问题，而只是新传播技术和新业态带来的对著作权法上经典问题的新思考。

本案的争议焦点之一为：《我想对你说》短视频是否构成视听作品。对此，关键在于其独创性方面的判定。最高人民法院《关于审理著作权民事纠纷案件适用法律若干问题的解释》第15条规定，由不同作者就同一题材创作的作品，作品的表达系独立完成并且有创作性的，应当认定作者各自享有独立著作权。根据上述规定，法院认为作品具有独创性，应当具备两个要件：(1)由作者独立完成；(2)具备“创作性”。关于“创作性”的认定，法院认为短视频具有创作门槛低、录影时间短、主题明确、社交性和互动性强、便于传播等特点，是一种新型的视频形式。上述特点一般会使短视频制作过程简化，制作者以个人或小团队居多。短视频的创作和传播有助于公众的多元化表达和文化的繁荣，故对于短视频是否符合创作性要求进行判断时，对于创作高度不宜苛求，只要能体现出制作者的个性化表达，即可认定其有创作性。同时，法院否定了视频长短与创作性判定之间的必然联系，认定涉案《我想对你说》视频是基于已有素材进行选择、编排制作而成，其呈现给观众的视听效果，与其他用户的短视频完全不同，体现了制作者的个性化表达，具备著作权法的独创性要求，构成视听作品。这一判定充分考虑到“互联网＋”背景下文化领域创新的需求和特点，正确划分了著作权范围与公共领域的界限，充分实现了保护知识产权与促进创新、推动产业发展的和谐统一。同时，针对网络平台服务提供者对自己平台上著作权侵权的第三方责任，本案也进一步明确了“通知—删除”义务下免责的规则，使无任何过错的视频运营平台可以正常发展。

案例溯源

本案案号为(2018)京0491民初1号。

专题二
署名方式难统一　权利归属看证据

作者是创作作品的人,而创作是人的思维活动。如果著作权法的立法目的是要通过赋予专有权以鼓励和保护智力创造,那么作者无疑是天然原始的权利人。在我国,要理解谁是作者,首先要明确,创作是一种自然人才能完成的智力活动,而只有从事作品创作行为的自然人,才是真正的作者。当然,自然人也包括受雇于某一法人或非法人组织的自然人,可以在法人或非法人组织的主持或策划下进行创作活动。我国《著作权法》第 11 条规定,“创作作品的自然人是作者。由法人或者非法人组织主持,代表法人或者非法人组织意志创作,并由法人或者非法人组织承担责任的作品,法人或者非法人组织视为作者”。之所以将法人或者非法人组织视为作者,是因为一些大型、复杂的作品需要有组织的人力、智力投入和大量投资才有可能协力创作完成;将组织创作者和投资者视为作者、赋予其相应的权利义务,有利于激励和促进此类作品的产生,同时对于作品的使用者来说,这样的法律规定有利于其直接与被视为作者的主体协商,便于作品的利用。我国《著作权法》第 12 条规定,“在作品上署名的自然人、法人或者非法人组织为作者,且该作品上存在相应权利,但有相反证明的除外”。但在实践中,因为现实生活的复杂性,这一根据作品上的署名来判定著作权归属的一般原则往往不能直接地适用,发生争议时仍需要已经适时和法律来判定。本专题选取几个比较典型的关于著作权主体的争议,有助于了解相关规则。

▶ 案例一:写作机器人是作者吗?——A 公司诉 B 公司侵害著作权及不正当竞争纠纷案

关键词:知识产权　不正当竞争　著作权　人工智能　独创性

法律要点:判断人工智能生成的文章是否具有独创性,首先应当从是否独立创作及外在表现上是否与已有作品存在一定程度的差异，或是否具备最低程度的创造性进行分析判断；其次应当从涉案文章的生成过程来分析是否体现了创作者的个性化选择、判断及技巧等因素。在具体认定相关人员的行为是否属于著作权法意义上的创作行为时，应当考虑该行为是否属于一种智力活动，以及该行为与作品的特定表现形式之间是否具有直接的联系。

基本案情

原告：A 公司

被告：B 公司

C 公司于 2015 年 8 月 20 日开发完成一款名为“Dreamwriter”的基于数据和算法的智能写作软件，该软件被称为“C 机器人”，是满足规模化和个性化内容业务需求的高效助手。2019 年 5 月 13 日，C 公司（许可方）向原告 A 公司（被许可方）出具《Dreamwriter 软件及智能写作系统知识产权许可书》，授权 A 公司在许可区域使用上述 Dreamwriter 智能写作计算机软件（非专有使用许可）。之后 A 公司职员利用该软件和相关数据库，撰写、发布了大量文章。2018 年 8 月 20 日，A 公司在某证券网上发表了题为《午评：沪指小幅上涨 0.11% 报 2671.93 点、通信运营石油开采等板块领涨》的文章，文末注明“本文由 C 机器人 Dreamwriter 撰写”。B 公司随即于当日复制了涉案文章并通过其经营的“网贷之家”网站向公众传播。A 公司认为侵犯了其享有的著作权将 B 公司诉至法院。

据查明的事实，该智能写作软件于 2019 年 5 月 9 日由 C 公司获得了软件著作权登记证书，许可给原告 A 公司使用。法院认为，涉案文章由原告 A 公司主创团队人员运用 Dreamwriter 软件生成，其外在表现符合文字作品的形式要求，其内容体现出对当日上午相关股市信息、数据的选择、分析、判断，文章结构合理、表达逻辑清晰，具有一定的独创性，属于由 A 公司主持的多团队、多人分工整体智力创作完成的法人作品。被告 B 公司未经许可，在其经营的“网贷之家”网站上向公众提供被诉侵权文章内容，供公众在选定的时间、选定的地点获得的行为，侵害了原告 A 公司享有的信息网络传播权，应承担相应的民事责任。鉴于被告 B 公司已经删除侵权作品，应赔偿原告 A 公司经济损失及合理的维权费用人民币 1500 元。

法律讲堂

1. 涉案文章是受到著作权法保护的作品吗

是。尽管该文章是运用 Dreamwriter 软件生成，但其外在表现符合文字作品的形式要求,其内容体现出智能写作软件的操作人员即A公司员工对当日上午相关股市信息、数据的选择、分析、判断,形成的文章结构合理、表达逻辑清晰,具有一定的独创性,属于可获著作权保护的文字作品。

2. 在这篇文章上署名的“C机器人Dreamwriter”是作者吗

不是。从涉案文章产生的过程看,其创作流程主要经历数据服务、触发和写作、智能校验和智能分发四个环节;在这几个环节中,数据类型的输入与数据格式的处理、触发条件的设定、文章框架模板的选择和语料的设定、智能校验算法模型的训练等均由主创团队的相关人员进行选择和安排。因此,该文实际上是利用软件创作的作品,是体现原告A公司意图的作品,法院据此判定其属于由原告主持的多团队、多人分工形成的整体智力创作完成的法人作品。我国《著作权法》规定的署名权是表明作者身份、在作品上署名的权利,实践中作者可以署真名、假名或不署名;作品上署名“C机器人Dreamwriter”,并不表示该软件就是作者,其实际上是真正的作者想突出体现其AI技术能力及科技特征的一种意愿。

法律规定

1.《著作权法》第三条

本法所称的作品,是指文学、艺术和科学领域内具有独创性并能以一定形式表现的智力成果,包括:

(一)文字作品;

……

2.《著作权法》第十条

著作权包括下列人身权和财产权:

……

(二)署名权,即表明作者身份,在作品上署名的权利;

……

(十二)信息网络传播权,即以有线或者无线方式向公众提供,使公众可以在其选定的时间和地点获得作品的权利;

……

3.《著作权法》第十一条

著作权属于作者,本法另有规定的除外。

创作作品的自然人是作者。

由法人或者非法人组织主持，代表法人或者非法人组织意志创作，并由法人或者非法人组织承担责任的作品，法人或者非法人组织视为作者。

4.《著作权法》第十二条

在作品上署名的自然人、法人或者非法人组织为作者，且该作品上存在相应权利，但有相反证明的除外。

作者等著作权人可以向国家著作权主管部门认定的登记机构办理作品登记。

与著作权有关的权利参照适用前两款规定。

5.《著作权法实施条例》(2013年)第三条、第四条第一项

著作权法所称创作，是指直接产生文学、艺术和科学作品的智力活动。

著作权法和本条例中下列作品的含义：

(一)文字作品是指小说、诗词、散文、论文等以文字形式表现的作品。

……

十　社会意义

本案中，“C机器人Dreamwriter”由C公司开发，其功能是根据软件设计者的写作模板和框架、利用数据库爬取相关主题的关键信息，自动生成相关文章。涉案文章的生成过程看起来像机器人在创作，署名也是“由C机器人Dreamwriter撰写”，但事实上机器人自身并不具有自然人才有的思想，也不可能有创作意识和风格，其生成的内容实际上是在软件设计者的预设模板上，通过具体人员操作从习惯数据库中爬取“喂料”完成的。简单说，机器人是A公司职员的创作工具，而且机器人本身根本不知道自己是不是被侵权，更不会去法院主张救济。正因为如此，该案是由A公司提出诉讼主张，认为涉案文章由A公司主持，代表A公司意志创作，并由A公司承担责任，其著作权依法应当归属于A公司所有。法院也是这样认定的。

尽管各种宣传报道称本案为全国首例认定人工智能生成的文章构成作品的案件，但案件显示的事实和证据，最终还是落脚在人工智能软件其实是A公司主创人员的创作工具，生成物的独创性判断也与自然人创作没有差别。因此，客体是否为作品，独创性仍需要判定，而法律意义上的创作行为必定是自然人才能进行的思维活动。这个案件也表明，机器辅助创作产生的内容若构成作品，须体现在材料、数据选择和编排上的独创性，文章上的署名仅是体现创作者意志的一种方式，真正的作者可以是自然人或法人、非法人组织，但绝不可能是机器人。

案例溯源

本案案号为(2019)粤0305民初14010号。

▶ 案例二:自传体口述作品的整理者是不是合作作品著作权人?——王某、李某某1、李某某2等与李某某3著作权侵权纠纷案

关键词:口述作品　自传体　执笔人　著作权归属

法律要点:口述记录整理人与口述人不存在合作创作事实,且成书是由口述人署名、以第一人称叙述亲身经历为内容的自传体文学作品,著作权归属于口述人。此类自传的形式及内容均与口述者个人身份联系在一起,反映了其思想改造的过程和成果,体现了其个人意志,舆论评价和社会责任也由其个人承担;根据这些写作的具体背景和有关情况,口述人应是自传体成书的唯一作者。

基本案情

上诉人(原审被告):王某

上诉人(原审被告):李某某1

上诉人(原审被告):李某某2

上诉人(原审被告):李某

被上诉人(原审原告):李某某3

清朝末代皇帝溥某1在服刑时曾口述,由其弟溥某2执笔写过一份题为《我的前半生》的悔罪材料。后经领导指示,某出版社派本社编辑室主任李某某4自1960年4月开始,帮助溥某1"修订"文稿以便正式出版。初稿完成后,相关领导指出还需收集更多的材料认真加工。后李某某4等人赴东北实地调查,收集了大量丰富、生动的材料,于1961年3月底提出二稿大纲,并由某出版社组织召开了《我的前半生》修改情况汇报会。在以后的撰写工作中,仍由李某某4执笔,溥某1回忆、口述、提供材料,包括绘出了御膳时的场景、宫内服饰等细节图等,以及对写成稿件的审阅修改。同时,出版社还安排了几位同志专为此书进行收集、核对史料的工作。1962年3月《我的前半生》修改二稿完成;在广泛征求专家、领导等各方面意见的基础上,又进行了修改,于1964年3月正式出版《我的前半生》。该书溥某1署名,但实际上出版社和其他使用者均按合作作者方式向溥某1一方和李某某4一方付酬,国家版权局也认可此方式。1981年9月《我的前半生》重印。此书畅销,一连再版,影响力不断扩大。溥

某1的遗孀李某某3与李某某4、某出版社产生了谁享有该书著作权的争议。

1987年6月,李某某3以李某某4侵害溥某1《我的前半生》一书著作权为由,向北京市中级人民法院起诉,要求确认溥某1是该书唯一作者,李某某3是该书著作权的合法继承人;并要求李某某4停止侵害,公开声明挽回影响、赔偿损失。1995年1月26日法院作出一审判决认定,《我的前半生》一书是溥某1的自传体作品,在该书的写作出版过程中,李某某4根据组织的指派,曾帮助溥某1修改出书,李某某4在该书的成书过程中付出了辛勤的劳动,但李某某4与溥某1之间不存在共同创作该书的合作关系;因此,应认定溥某1为《我的前半生》一书的作者,并享有该书的著作权。李某某4的继承人王某、李某某1、李某某2、李某不服一审判决,提起上诉。北京市高级人民法院经审理认为,根据该书写作的具体背景和有关情况,溥某1应是《我的前半生》一书的唯一作者和著作权人。故驳回上诉,维持原判。

法律讲堂

1. 由他人记录整理而成的传记属于合作作品吗

不一定。传记作品是否属于口述者和整理人的合作作品不能一概而论,其著作权归属大致可以分为以下几种情况来判定:(1)如果被访者的口述内容具有独创性,记录下来即属于著作权法上的文字作品,而采访者仅是将被访者口述的内容单纯记录下来,没有进行创作性劳动,此时,被访者为自传作品的著作权人,享有著作权。(2)如果采访者并非单纯地进行笔录,而是将被访者口述的事实经历或提供的数据,以自己的理解和表达方式创作出了自传作品,则著作权人到底是谁,还要依不同情况来判定:①如果被访者与采访者之间没有就该自传作品的撰写进行任何约定,则著作权人是采访者。②如果被访者与采访者之间没有任何约定,但采访者是由某一法人或非法人组织派遣而来,且被访者也是因派遣单位的原因而接受采访,则该自传作品属于职务作品;著作权人是采访者还是其雇主单位,要依据双方的约定来判定,没有约定的依据《著作权法》关于职务作品著作权归属的规定来确定。③如果被访者出资聘请采访者撰写该自传,则著作权归属应依据双方的约定来判定;没有约定的,采访者是作者,享有著作人身权和著作财产权,而被访者在出资的目的范围内可以利用该自传,具体可参照《著作权法》对委托创作作品著作权归属的规定。

2. 以特定人物经历为题材完成的非自传体作品需要注意什么

尽量与被讲述者事先沟通。除了自传体作品外,现实中还有很多以特定人物经历为题材完成的非自传体作品，这类作品尽管大量采用特定人物的经历，但是以写作者的视角和观察来描述的，同时很多素材来自不同渠道，并非该人物的口述。在这种情况下，作品的著作权一般归属于写作者。但需要注意的是，此类作品往往会牵涉著作权领域之外的一些纠纷。例如，被描写的人物或其后人认为作品中的描写降低了自己的社会评价，或有不愿意公之于众的内容等，从而引起名誉权、隐私权等争议。因此，此类作品的撰写和发表宜尽量与被述人物或其后人事先沟通。

法律规定

1.《著作权法》第十四条第一款

两人以上合作创作的作品，著作权由合作作者共同享有。没有参加创作的人，不能成为合作作者。

2. 最高人民法院《关于审理著作权民事纠纷案件适用法律若干问题的解释》(2020 年修正)第十四条

当事人合意以特定人物经历为题材完成的自传体作品，当事人对著作权权属有约定的，依其约定；没有约定的，著作权归该特定人物享有，执笔人或整理人对作品完成付出劳动的，著作权人可以向其支付适当的报酬。

社会意义

传记作品是以历史或现实中的特定人物为描写对象，对其人物生平进行介绍的文学作品，描写的对象被称为传主。传记作品属纪实类文学创作，其内容以真实发生的事件为主，即使偶有文学创作的虚构成分，但因传记作品的特殊性质及其与传主的密切关系，传记作品既关系传主人生经历的真实性，也牵涉社会对其评价的客观性。对于自传体作品的权利归属，实践中，在执笔人并非传主自己时常会发生争议。那么由他人采访、被采访人口述，最后成书出版的自传作品，著作权到底归谁？本案中，虽然溥某 1 没有亲自撰写，只是自述、口述回忆，由他人代笔撰写，最终法院判定溥某 1 为唯一著作权人；因自传中的主人公身份极为特殊，案情复杂、时间跨度宽、牵涉面广，争议很大，最终的结果是符合自传作品著作权归属一般原则的；当然，这也反映出此类创作活动在实践中应当注意的方面，那就是事先约定的重要性。如果说本案的发生可能与当时尚无著作权法和民法上的合同观念有关，那么在今后的文艺创作领域，需要强化合同意识、知晓著作权法对于权利归属的规定。

案例溯源

本案二审案号为(1995)高知终字第18号。

▶ 案例三：可以根据图片上的水印和版权声明推定著作权人吗？
——A公司与B公司侵害作品信息网络传播权纠纷案

关键词：网络图片　供稿协议　水印　商标　著作权

法律要点：图片上显示图片公司和自然人的水印，并不能证明图片的著作权属于图片公司；在有相反证据的情况下，图片的著作权仍保留在将图片通过投稿方式许可给图片公司使用以收取使用费的摄影家手里。

基本案情

再审申请人(一审被告、二审上诉人)：B公司

被申请人(一审原告、二审被上诉人)：A公司

B公司在微信公众号中使用了4张图片，图片含“gettyimages® ”水印；该标识是Getty公司的注册商标，Getty公司通过《授权确认书》向A公司授权，由其负责中国境内权利行使和维权。A公司起诉B公司，主张其使用这4张图片侵权，并证明原图片上有“gettyimages® ”标记字样的水印和“版权所有：某图片网站”的文字，索赔40,000元。一审法院判定侵权成立，赔偿8000元；B公司上诉后，二审维持原判，B公司遂向最高人民法院申请再审。

最高人民法院认为，相关图片虽然有“gettyimages® ”的水印，但还分别标注有“DougalWaters”、“PaulBradbury”、“ImageSource”和“sdominick”的水印，而且“gettyimages”之后紧接注册商标标志，因此，不能仅以此水印认定涉案图片的著作权属于Getty公司。另外，虽然Getty公司向A公司出具了《授权确认书》，但这只能证明Getty公司向A公司授权使用图片的事实，并非Getty公司对涉案图片享有著作权的证据；权利声明属于单方陈述，在缺乏其他证据印证的情况下，不能仅以权利声明确定著作权归属；根据B公司提交的Getty公司回复邮件等相反证据，相关图片系由摄影师将自己的作品投稿给Getty公司销售、Getty公司以自己的名义对外销售后支付给摄影师相应版税，而投稿的摄影师仍然保留图片的著作权。据此，最高人民法院判决，根据双方当事人提供的在案证据，本案无法认定Getty公司取得了涉案图片的著作权，一审、二审事实认定有误，最终驳回A公司的全部诉讼请求。

法律讲堂

1. 谁是摄影作品的原始著作权人

摄影师。依据我国《著作权法》第 11 条的规定,除非法律另有规定,著作权属于创作作品的自然人,即作者;当然,依据第 12 条的规定,在特殊情形下,法人和非法人组织也可以被视为作者。一方面,之所以将原始著作权归属于作者,是因为他们是实际直接或组织从事创作活动的人;将人类创作活动智力成果的著作权归属于创作者,与将其他劳动成果归属于对成果的产生作出核心贡献的人遵循的是一样的逻辑。另一方面,即使法人或非法人组织可以被视为作者,但摄影作为一种创作活动只能由自然人完成,因此,摄影师是图片这一摄影作品的原始著作权人。

2. 网上图片的著作权人可以根据图片上的水印断定吗

不一定。依据我国《著作权法》第 12 条的规定,在作品上署名的民事主体为作者。但实践中,“署名”并不需要是作者真实身份的署名,只要是以通常方式在作品上出现的名字,可以推定此名字所代表的主体即可;如果作品上标注“©”且后面紧接名字、名称的话,按惯例“©”后所接的主体就是著作权人。但是,如果有相反证据,则需要按证据确定权利人。网上图片也遵循同样的规则,只不过除了传统的署名方式外,网上传播的内容还可以采取附加水印等方式标注来源。值得注意的是,一直以来一些图片网站通过在图片上加水印来初步证明其对图片享有著作权,或者经过著作权人的授权并据此来维权和获利;在该模式下,图片网站可能会将他人的图片也收集过来打上自己水印而蒙混过关。某图片网站曾引发过“黑洞照片”的争议,之后发现“黑洞照片”有真正的作者,且指出了自己的版权并没有授权给该图片网站;这显然属于相反证据,可以证明某图片网站在图片上打水印表明自己是著作权人并进行维权的行为无效。可见,图片上的水印不能当然确定水印所指的就是图片的著作权人;若图片拍摄者将其首次拍摄的原始底稿拿出来,就完全可以证明自己对图片享有著作权。

法律规定

1.《著作权法》第九条

著作权人包括作者和其他依法享有著作权的自然人、法人或者非法人组织。可见,首先,作者是最主要的著作权人。

2.《著作权法》第十二条

在作品上署名的自然人、法人或者非法人组织为作者,且该作品上存在相应权利，但有相反证明的除外。

3. 最高人民法院《关于加强著作权和与著作权有关的权利保护的意见》第三条

在作品、表演、录音制品上以通常方式署名的自然人、法人和非法人组织，应当推定为该作品、表演、录音制品的著作权人或者与著作权有关的权利的权利人，但有相反证据足以推翻的除外。

4. 最高人民法院、最高人民检察院《关于办理侵犯知识产权刑事案件具体应用法律若干问题的解释（三）》第二条

在刑法第二百一十七条（侵犯著作权罪）规定的作品、录音制品上以通常方式署名的自然人、法人或者非法人组织，应当推定为著作权人或者录音制作者，且该作品、录音制品上存在着相应权利，但有相反证明的除外。

社会意义

互联网上传播的内容，尽管也适用以署名推定权利人的一般原则，但由于这种无形信息的复制传播十分便捷，署名其实极为容易自行操作、随意性大，可信度并不高。例如，视觉中国拥有数量巨大的图片，基本采取在官方网站上登载图片并可直接网上购买的方式经营；故网站上的“署名”，包括权利声明、水印，仅在没有相反证据的情况下，构成证明著作权权属的初步证据。事实上，本案的证据显示，一方面，涉案图片除了标注境外图片公司的水印和注册商标标志“®”，还同时标注了摄影师、国内获得授权公司的水印或署名，因此，难以根据这些复杂的水印或标注认定涉案图片的著作权归属。另一方面，被告提交了向境外图片公司询问及回复的电子邮件证据，确认了图片著作权仍保留在摄影师手中，这一关于图片著作权归属的明确答复，是否定原告公司其他授权证据链条最有效、最关键的证据。应该说，本案进一步澄清了著作权归属的证据规则。当然，尽管如此，作品的使用者还是应该养成尊重他人劳动成果、依法使用他人作品的习惯；要具备这样的常识：网上图片以及其他任何网上版权资源，必定有其真正的权利人，未经许可随意下载使用，待真正的权利人找上门必定会承担相应的侵权责任。

案例溯源

本案二审案号为（2021）最高法民再355号。

专题三
著作权相关权内容多　文化娱乐全包括

著作权的内容,是指由著作权法所确认或保护的作者和其他著作权人所享有的权利。依据我国《著作权法》的规定,著作权包括著作人身权和著作财产权。著作人身权,是指作者基于作品依法享有的以人身利益为内容的权利,我国《著作权法》第10条规定了发表权、署名权、修改权和保护作品完整权。著作财产权,是指著作权人自己或授权他人以一定方式使用作品而获取经济利益的权利,我国《著作权法》第10条列举了复制权、发行权等17项权利。著作财产权不同于著作人身权,它可以转让、继承或放弃,且受保护期的限制,但它是世界各国著作权制度中公认和核心的内容,在著作权保护中占有举足轻重的地位。本专题选取了几个容易产生纠纷的作品使用方式以助于读者了解相关著作权权项的内容。

我国《著作权法》中也有一类"与著作权有关的权利",主要包括出版者权、表演者权、录音录像制作者权、广播者权。这类权利是以他人的作品或不构成作品的内容为基础衍生的传播权,与他人的著作权紧密相关,故称为相关权或邻接权。本专题选择与表演者和广播者权利有关的案例进行解释说明。

▶ 案例一:真人扮演动漫卡通角色属于复制吗?——A公司与B广播电视台等侵害作品信息网络传播权案

关键词:美术作品　角色形象　真人扮演　复制权　信息网络传播权

法律要点:综艺节目中演员表演采用的服装造型虽然在发型、脸型上与涉案作品存在一定差异,但经比对,演员使用的大型半身图案、服装配饰均与涉案作品相同,而涉案作品中人物形象的眉眼造型、服装配饰占据的比重较大,是区别于其他作品而具有独创性的主要体现,因此可以认定涉案综艺节目与涉案作品构成实质性相似。被告未经原告许可使用涉案作品,并通过互联网向公众传播,侵害了原告的信息网络传播权,应承担侵权责任。

基本案情

原告:A 公司

被告:B 广播电视台

被告:C 公司

A 公司是经典卡通动画形象"葫芦娃"的著作权人。B 广播电视台、C 公司共同运营制作的综艺节目《来了就笑吧:来了就笑吧之王某某再现经典变身丫蛋粉丝》,其中的歌手、舞蹈演员模仿了"葫芦娃"形象。该节目不仅在被告的卫视频道播出,还在"爱奇艺"和"腾讯"视频网站上进行全程播放。原告向北京互联网法院提起诉讼,主张被告侵犯其对"葫芦娃"角色造型美术作品享有的信息网络传播权,请求判令两被告停止侵权,赔偿损失及合理费用。

法院认为,被告制作的涉案综艺节目中,演员表演采用的服装造型虽然在发型、脸型上与涉案作品存在一定差异,但经比对,演员使用的大型半身图案、服装配饰均与涉案作品相同,而这些元素占据涉案作品的比重较大,是区别于其他作品而具有独创性的主要体现,因此可以认定涉案综艺节目与涉案作品构成实质性相似。被告未经原告许可使用涉案作品,并通过互联网向公众传播,侵害了原告的复制权和信息网络传播权,应承担侵权责任。

法律讲堂

1. Cosplay 与著作权有关系吗

有。单词"Cosplay"是英文"costume play"的简称,中文含义为"角色扮演"或者"动漫真人秀",一般以静态的模特、照片或者动态演出的形式呈现。常见的如迪斯尼乐园中的各种真人扮演的卡通形象,以及摆放在各种场所渲染环境的真人扮演的动漫形象模具或照片。可见,"Cosplay"指自然人扮演者,利用服装、化妆、道具、摄影等工具和技术,模仿虚拟作品中的角色和形象的行为;而源于美术、动画片、漫画等作品中的虚拟角色和形象,每个都可以单独成为著作权的保护对象,即使虚构文学作品中的角色和形象名称不一定享有著作权,但根据作品描述进行角色扮演和商业化利用,涉及的问题也显然与著作权紧密相关。

2. 电视节目中扮演卡通角色需要得到许可吗

需要。本案是因知名演员在电视节目中 Cosplay"葫芦娃"引起的争议,该案涉及的核心问题是视频网站播放的综艺节目中演员的扮相与卡通作品形象是否构成实质性相似。事实上,在卡通玩具等立体艺术品与动漫中的角色形象等平面美术作品是否构成实质性相似的判定上,司法实践中已有共识,即从平面到立体、立体到平面的异体复制,都属于复制权范畴,判断上一般遵循"整体感观法"规则。也就是说,如果被控侵权的对象是对涉案动漫形象从平面到立体的再现,即便局部细节有所差别,也不影响二者构成实质性相似的判断,因为被控侵权的立体物并未改变其基本特征,属于从平面到立体的复制。真人扮演美术作品中的角色,就属于这种复制他人作品的情况,因此需要得到著作权人的许可。

法律规定

1.《著作权法》第十条第一款

著作权包括下列人身权和财产权:

……

(五)复制权,即以印刷、复印、拓印、录音、录像、翻录、翻拍、数字化等方式将作品制作一份或者多份的权利;

……

(十二)信息网络传播权,即以有线或者无线方式向公众提供,使公众可以在其选定的时间和地点获得作品的权利;

……

2.最高人民法院《关于审理侵害信息网络传播权民事纠纷案件适用法律若干问题的规定》第二条

本规定所称信息网络,包括以计算机、电视机、固定电话机、移动电话机等电子设备为终端的计算机互联网、广播电视网、固定通信网、移动通信网等信息网络,以及向公众开放的局域网络。

社会意义

很多人对 Cosplay 侵犯著作权不是很理解:上电视穿什么衣服也要管吗?事实上,随着动漫、影视等文化娱乐产业的发展,在综艺节目等商业性场合中扮演、使用受著作权法保护的角色形象的行为愈加普遍。著作权是一种法定权利,行为人未经权利人的许可而实施了专有权利控制的行为,又不符合合理使用、法定许可规定的,就会构成侵权,作为"角色扮演"或"服饰装扮"的 Cosplay 也不例外。Cosplay 中行为人利用服装、道具,通过化妆、身体语言来扮演动漫中的角色,这种扮演如果利用了他人作品中具有独创性的表达,则存在侵害著作权的可能。虽然目前法院对被侵害的权利类型究竟是复制权还是展览权、表演权意见不同，但对 Cosplay 行为侵害著作权是有共识的。本案中，对于王某某在涉案综艺节目上以道具、化妆的形式装扮成“葫芦娃”的行为，法院采用“整体感观法”判断，认为该扮相与原先的美术作品尽管在发型、脸型等细节上存在一定的差异，但整体上构成实质性相似，侵害了著作权人的复制权。判断综艺节目上的 Cosplay 构成复制后，被告将综艺节目播出和上网的行为，构成侵害原告信息网络传播权就不难判断了。可见，在商业社会中，任何带有商业色彩的活动，行为人和组织者都应当具备起码的著作权意识，不能随意使用他人享有著作权的内容，否则无法以自己不知道或未以此获得收益为由免除侵权责任。

案例溯源

本案案号为（2019）京 0491 民初 21961 号。

▶ 案例二：作品的人物关系和桥段串联等情节安排相似构成侵权吗？——陈某与余某等侵害著作权纠纷案

关键词：电视剧剧本　思想表达二分法　抄袭　桥段情节　故事脉络

法律要点：著作权法保护独创性的表达。文学作品中，具有独创性的人物设置及人物关系、情节、情节串联整体等属于著作权法保护的对象。侵害著作权行为的认定可以遵循“接触 + 实质性相似”的判断思路，实质性相似的认定可以采用“抽象分离法”或“整体观感法”，同时需要排除合理借鉴的情形。

基本案情

上诉人（原审被告）：余某

上诉人（原审被告）：A 公司

上诉人（原审被告）：B 公司

上诉人（原审被告）：C 公司

上诉人（原审被告）：D 公司

被上诉人（原审原告）：陈某

1992 年 10 月，陈某创作完成剧本 1，共计 21 集；1993 年 10 月 13 日，依据该剧本拍摄的电视剧《梅花烙》在我国台湾地区首次电视播出，1994 年 4 月 13 日在我国大陆首次电视播出，引发收视热潮。2012 年 7 月 17 日，余某创作完成剧本 2；2014 年 4 月 8 日，依据剧本 2 拍摄的电视剧在湖南卫视首播。陈某得知后，认为该电视剧几乎完整套用了自己的《梅花烙》小说和剧本1的全部核心情节与故事脉络，严重侵犯了自己的改编权、摄制权，该抄袭行为还给自己造成了极大的精神伤害，后陈某起诉到法院请求判令五被告立即停止侵权、消除影响、赔礼道歉并赔偿原告全部经济损失2000万元。

一审法院认为，陈某是《梅花烙》小说、剧本1的作者及著作权人，余某等出品的电视剧《宫锁连城》，内容与原告的剧本1、小说中的独创安排高度相似，属于未经许可侵害原告改编权的行为，应立即停止电视剧《宫锁连城》的复制、发行和传播行为，并刊登致歉声明道歉、消除影响，五被告连带赔偿原告经济损失及诉讼合理开支500万元。五被告上诉后，二审法院驳回上诉，维持原判。

法律讲堂

1. 文学作品中的人物关系、桥段及桥段组合可以受到著作权法保护吗

可以。"思想与表达二分法"是著作权法领域的重要原则之一，其目的是保护公众的表达自由。一般而言，各国著作权法均承认法律保护的只是作品的具体表达、不是其中体现的思想。思想仅是最为简略的概述，如"雨后彩虹美"；而根据这一主题思想，可以创作出多种多样的具体表达不同的作品。文学作品中，情节的前后衔接、逻辑顺序将全部情节紧密结合为完整的个性化表达，这种足够具体的人物设置、情节结构、内在逻辑关系的有机结合体可以成为著作权法保护的对象。即使作品中的部分具体情节属于公共领域或者有限、唯一的表达，但是并不代表上述具体情节与其他情节的有机联合整体不具有独创性，不受著作权法保护。该案中，双方争论最激烈的就是《宫锁连城》中包括"偷龙转凤"在内的21个桥段是否涉嫌抄袭。余某等辩称陈某指控侵权的人物关系、桥段及桥段组合属于特定场景、公有素材或有限表达，属于不受著作权法保护的思想，不能因为陈某写过言情戏的主题，此类桥段就被其垄断；而陈某一方称，从人物关系、情节结构、内在逻辑联系等方面来看，余某使用了与自己作品的这些表达构成实质相似的内容。

2. 抄袭是一种道德上的评价还是有法律后果的行为

抄袭侵害著作权。在著作权领域，我们常常会听到"抄袭"一词，这并非简单的道德失范行为；从法律上看，抄袭某人的作品就是侵害其复制权或改编权。例如，甲将乙发表的文章几乎原封不动地放到自己发表的新书中作为一个章节，即甲抄袭了乙的文章，侵害其复制权；若甲没有照搬乙的小说，而是将其主要的实质性内容改写成另外的表达方式，即使是以新作品的形式出现，如将文字改为漫画,但仍然给人以十分相似的读后感,则一般还是会认为甲抄袭了乙的文章,侵害了其改编权。司法实践中,著作权人要主张他人抄袭,一是要证明他人有接触自己的作品的可能性,二是他人的作品与自己的作品构成实质性相似。本案中,法院认定被告行为构成改编。改编是改变作品、创作出具有独创性的新作品的行为,应当得到著作权人许可。新作品应当保留原作品的基本表达,而不仅仅是根据原作品的思想创作出来的新作品。对于人物关系和人物设置,应对人物与情节的相互结合、互动形成的表达进行比对;如果事件次序和人物互动均源于在先权利作品,则构成实质性相似;部分情节不构成实质性相似,并不代表整体不构成实质性相似。

3. 作品内容与他人在先作品相似有不构成抄袭的例外吗

有。在著作权纠纷中,被指抄袭的人常常会辩称自己是独立创作,使用的都是公有领域素材,并没有侵害他人著作权,两部作品的相似性纯属巧合。理论上说,著作权法也承认平行、独立创作的可能性;即不同的作者可能偶然地创作出相类似的作品,这种情况下各自享有独立的著作权,彼此间也不会构成著作权的侵害。在实务中,可通过保留创作历程和记录证明“独立创作”或在先完成创作,以推定自己没有接触他人的作品,不构成抄袭。

法律规定

1.《著作权法》第十条第一款

著作权包括下列人身权和财产权:

……

(十四)改编权,即改变作品,创作出具有独创性的新作品的权利;

……

2.《著作权法》第十一条

著作权属于作者,本法另有规定的除外。

创作作品的自然人是作者。

……

3.《著作权法》第十二条

在作品上署名的自然人、法人或者非法人组织为作者,且该作品上存在相应权利,但有相反证明的除外。

4.《著作权法》第十六条

使用改编、翻译、注释、整理、汇编已有作品而产生的作品进行出版、演出和制作录音录像制品,应当取得该作品的著作权人和原作品的著作权人许可,并支付报酬。

5.《著作权法》第十七条

视听作品中的电影作品、电视剧作品的著作权由制作者享有,但编剧、导演、摄影、作词、作曲等作者享有署名权,并有权按照与制作者签订的合同获得报酬。前款规定以外的视听作品的著作权归属由当事人约定;没有约定或者约定不明确的,由制作者享有,但作者享有署名权和获得报酬的权利。视听作品中的剧本、音乐等可以单独使用的作品的作者有权单独行使其著作权。

6.最高人民法院《关于审理著作权民事纠纷案件适用法律若干问题的解释》(2020年修正)第七条

当事人提供的涉及著作权的底稿、原件、合法出版物、著作权登记证书、认证机构出具的证明、取得权利的合同等,可以作为证据。

在作品或者制品上署名的自然人、法人或者非法人组织视为著作权、与著作权有关权益的权利人,但有相反证明的除外。

十 社会意义

本案的意义在于警示文化领域的创作行为,要遵循诚实信用原则,鼓励原创,避免变相侵权。他人原作中的表达元素,包括具体的人物设置、人物关系、情节、社会背景、矛盾冲突、情节发展串联、人物心理等,这些都融入了作者的独创性思考,凝结着作者与众不同的情感观念和人生经验,由此产生了作者独创性的表达;因此,如果要使用他人作品中的这些人物设计、情节结构、内在逻辑串联等受著作权保护的重要元素,应征得著作权人的同意。本案中原告、被告作品情节内容等方面高度相似或相同,导致观众的欣赏体验也相似;特别是原告、被告作品中出现的不寻常的细节设计具有同一性,被告无法抗辩说是巧合而只能佐证与原告作品的来源关系,证明了侵害原告改编权的事实。本案的结局对我国文艺领域的创作改编等行为具有示范效应,有利于鼓励原创、促进文化产业良性发展。

案例溯源

本案一审案号为(2014)三中民初字第7916号,二审案号为(2015)高民(知)终字第1039号。

▶ 案例三：未经许可播放他人演唱会实录侵权吗？——吴某某与某公司侵害表演者权纠纷案

关键词：演唱会录像　视频网站　表演者权　信息网络传播

法律要点：表演者依法对其表演享有许可他人通过信息网络向公众传播并获得报酬的权利；未经许可在线传播表演，侵害表演者权。

基本案情

原告：吴某某

被告：某公司

吴某某是涉案视频中歌曲的演唱者。在某公司经营的视频网站上，有“某视频音乐 > 摇滚”栏目，或者“某视频音乐 > 摇滚/民谣/另类/唱作系”的相关页面，其中包含“独播”“直播实录”标记，点击包含吴某某艺名的 9 个视频的链接后，即可播放吴某某在不同演唱会上的实录视频；视频右上角均有“某视频”或“某音乐”水印，视频播放前均有 90 秒的片前广告。吴某某主张某公司侵权。

法院认为，吴某某是涉案视频中所述的系列演唱活动的表演者，对其表演享有许可他人通过信息网络向公众传播并获得报酬的权利；某公司未经许可通过其主办的视频网站在线传播吴某某的表演，使公众可以在个人选定的时间和地点观看该表演，侵犯了吴某某对其表演享有的表演者权中的信息网络传播权，应当承担停止侵权、赔偿经济损失的法律责任。

法律讲堂

1. 歌手在演唱会上的表演可以受到著作权法保护吗

可以。表演者指演员、歌唱家、音乐家、舞蹈家以及对文学或艺术作品、民间文学艺术表达进行表演、歌唱、演说、朗诵、演奏、表现或以其他方式进行表演的其他人员。表演是指对既有作品以表演者个人的技艺进行弹、唱、舞或以其他方法加以诠释的活动，如郎朗弹奏贝多芬的钢琴曲，王菲演唱李健作曲、刘兵作词的《传奇》，郎朗或王菲就是表演者，他们的演出就是受到著作权法保护的表演。表演是包含一定智力因素的对文学艺术作品的阐释活动，通常需要专业训练。《著作权法》第 38 条至第 41 条对表演者的权利义务作了规定。

2. 直播卖货或吃播里的网红是表演者吗

不一定。表演者权保护的内容是对文学艺术作品的表演。直播卖货或吃播里的网红，如果在直播时表演文学艺术作品，属于演员；如果仅仅单纯地将日常生活展示给网民看，则不属于著作权法上的表演者。

3. 视频网站播放演唱会实录是否需要得到歌手的同意

不一定。根据《著作权法》第39条的规定，对于表演者，他人录音录像，复制、发行、出租录有其表演的录音录像制品，以及通过信息网络向公众传播，均需要获得表演者的许可并支付报酬。现实中，如果现场表演时歌手已经将这些权利全部许可给录音录像制作者，则之后的网站播放演唱会实录只需要录音录像制作者同意；但如果表演者并未将录制后的复制发行、网络传播权利授权给录制者，则网站播放演唱会实录构成侵害表演者的表演者权。可见，表演合同的约定内容十分重要。

4. 广播电台、电视台播放演唱会实录是否需要得到歌手的同意

不一定。我国《著作权法》对表演者的保护仅限于对表演的首次公开传播和录制，以及复制、发行、出租和通过网络传播其表演实况录像的权利；表演者对于该录制品后续的播放或广播则不享有权利，这些权利在首次许可录制表演时已经被录制者的权利所吸收。因此，表演者如果要保留广播权或播放权，必须在一开始同意他人录制其表演的时候，通过合同明确约定表演录制品的具体使用方式及相关利润的分享和条件。可见，表演者与录制者之间的约定十分重要。

法律规定

1.《著作权法》第三十八条

使用他人作品演出，表演者应当取得著作权人许可，并支付报酬。演出组织者组织演出，由该组织者取得著作权人许可，并支付报酬。

2.《著作权法》第三十九条

表演者对其表演享有下列权利：

（一）表明表演者身份；

（二）保护表演形象不受歪曲；

（三）许可他人从现场直播和公开传送其现场表演，并获得报酬；

（四）许可他人录音录像，并获得报酬；

（五）许可他人复制、发行、出租录有其表演的录音录像制品，并获得报酬；

（六）许可他人通过信息网络向公众传播其表演，并获得报酬。

被许可人以前款第三项至第六项规定的方式使用作品,还应当取得著作权人许可,并支付报酬。

3.《著作权法》第四十四条

录音录像制作者对其制作的录音录像制品,享有许可他人复制、发行、出租、通过信息网络向公众传播并获得报酬的权利;权利的保护期为五十年,截止于该制品首次制作完成后第五十年的12月31日。

被许可人复制、发行、通过信息网络向公众传播录音录像制品,应当同时取得著作权人、表演者许可,并支付报酬;被许可人出租录音录像制品,还应当取得表演者许可,并支付报酬。

社会意义

著作权法保护表演者,主要是因为这类主体在作品的普及、推广中扮演了很重要的角色,没有优秀表演者的努力,许多好的作品可能会被埋没。早期表演者主要是通过分享现场演出的门票收入来就自己的表演活动获利,后来随着录制和广播技术的出现,表演者从现场表演中获利的可能性受到了影响,因此各国通过法律赋予了表演者控制其表演被录制固定和传播以及从现场直接广播传送的权利。我国《著作权法》对表演者赋予了类似作者的人身权利和财产权利。但是,总的来说,表演者处于版权产业的中间环节,前端需要注意使用他人的作品表演,应首先得到著作权人的同意;而后端需要注意,在进行表演之前需要与活动组织者详细约定表演的具体利用方式,例如,是仅限于现场表演,还是延及录制演唱会,并将演唱会录音录像复制发行、网络传播和广播。本案中,某公司播放多个原告的演唱会录像,显然未经原告许可;但其录像从何而来、渠道是否正当以及视频制作者与原告之间是否有协议等问题,案件中均看不到具体细节,表明目前我国文化娱乐市场的规范化法治化程度有待提高。

案例溯源

本案案号为(2018)京0105民初1879号。

案例四:通过App提供体育赛事直播侵权吗?——B公司与A公司著作权权属、侵权纠纷案

关键词:体育赛事直播 App 用户演播室 免费直播频道 侵权

法律要点:无论体育赛事是否属于类电影作品,针对有线或者无线方式的

转播，可以适用广播组织权予以保护；未经许可在线直播赛事的行为构成侵权，App运营者根据其对用户行为的主观过错，分别承担相应的法律责任。

基本案情

上诉人（原审被告）：B公司

被上诉人（原审原告）：A公司

中超联赛（中超）有限责任公司（以下简称中超公司）经中国足球协会的授权，获得2016—2020赛季中超联赛在中国的电视、广播、互联网及各种多媒体的独家新媒体网络视频、网络产品权，并可转授权。中超公司后将2017赛季联赛的互联网直播权和信息网络传播权授权给A公司。B公司开发运营了涉案App，其介绍中有“比赛视频免费直播，随时随地观看比赛；视频秒加载，多路信号，免费高清视频直播”等描述；App首页上部有“热门、快讯、集锦、视频、专题、竞彩”等标签，“热门”标签下有涉案“赛事频道”；用户登录自己QQ号进入“赛事频道”后点击“视频直播”，可分别观看由不同主播解说的、由不同电视台和A公司自己播出的中超赛事直播节目。A公司将B公司诉至法院。

一审法院认为，涉案足球赛事节目具有独创性，符合我国《著作权法》类电影作品“摄制在一定介质上”即固定性的要求，可以作为类电影作品加以保护。原告享有涉案相关足球赛事节目的互联网独占直播权，但因为我国《著作权法》保护的广播权不包括网上直播，被告通过App和各种技术手段将涉案赛事直播节目在网上盗播，属于侵害原告“应当由著作权人享有的其他权利”的行为。涉案足球赛事节目共13场，法院根据被告提供的不同播放方式认定其法律责任：对于网络主播播放的5场涉案比赛，因均在热门分类板块中，被告对该板块应尽到相对较高的审查注意义务，也可通过一定的技术手段监测，但被告未能阻止侵权行为发生，具有帮助侵权责任；对于显示有中央和地方电视台标识的5场涉案足球赛事节目，被告构成直接侵权行为；对于播放页面显示原告标识的2场足球赛事节目，点击链接后完全跳转至原告网页播放的，被告不构成侵权，在被告的App中直接播放的，则被告构成直接侵权；对于播放画面未有任何视频来源标识的1场涉案足球赛事节目，因播放画面显示有原告标识，被告在App中直接播放，构成直接侵权。被告不服提起上诉，二审法院审理后维持原判。

法律讲堂

1. 体育赛事节目可以获得著作权法保护吗

可以。尽管在2020年修改《著作权法》之前，赛事节目是否属于视听作品，在理论和实务界均存在一定争议，但修法后进一步明确了广播权、广播组织权的内容和含义，无论是否属于视听作品，权利人都可以禁止他人网上直播和转播，因此体育赛事节目可以受到法律保护是无疑的。本案中，一审法院认为，涉案足球赛事节目通过多机位的设置、镜头的切换、慢动作的回放、精彩镜头的捕捉、故事的塑造，加以导播创造性的劳动，充分体现了创作者在其意志支配下对连续画面的选择、编辑、处理，属于文学艺术领域的“独创性的表达”，具有独创性，是《著作权法》意义上的类电影作品。二审法院认为，无论是否属于类电影作品，在2020年《著作权法》修改后已经明确规定了，广播组织享有的转播权可以针对有线或者无线方式的转播，因此对于体育赛事直播形成的连续画面，可以适用广播组织权予以保护；一审判决针对不同类型的赛事直播行为，分别认定上诉人构成帮助侵权、直接侵权、不构成侵权，二审法院予以赞同。

2. 擅自通过App为用户提供体育赛事直播节目观看服务构成侵权吗

构成。无论赛事节目属于视听作品还是广播、电视，依据《著作权法》规定权利人均享有网上直播、转播和交互式点播的权利。20世纪以来，随着无线、有线广播以及卫星信号和电缆传输等传播技术的发展，广播电视成为现代社会资讯传播和公众了解、获取信息的重要渠道；而进入信息社会后，传统的通过广播电视渠道的信号发送的节目，完全可以通过互联网实时进行传播。因此，不仅是著作权人的权利，广播者的权利也应当扩张到网上的直播。广播者权是典型的邻接权，其基本功能是通过法律赋予广播者对他人重播或转播其广播、电视，以及录制其广播、电视的控制权，以保障广播组织的投入获得正当利益回报。在“三网融合”的趋势下，广播电视除了通过传统的卫星、无线、有线电缆等信号传输方式传播外，越来越多运用新的传播技术手段，特别是通过公众可访问的互联网传播。技术在给广播电视内容的播放和接收带来便利的同时，也为广播组织权的保护带来挑战；侵权方式从传统的盗用、截取广播电视信号并录制、再传播，变成了更容易操作的网上实时转播、复制存储和再传播。为此，我国《著作权法》在2020年修改时，对广播权和广播者权的内容均做了扩张，使权利人除了能够控制广播电视的播放外，也可依法禁止他人通过信息网络实时直播或转播，即常说的“盗播”。

法律规定

1.《著作权法》第三条第一款

本法所称的作品，是指文学、艺术和科学领域内具有独创性并能以一定形式表现的智力成果，包括：

……

（六）视听作品；

……

2.《著作权法》第十条

著作权包括下列人身权和财产权：

……

（十一）广播权，即以有线或者无线方式公开传播或者转播作品，以及通过扩音器或者其他传送符号、声音、图像的类似工具向公众传播广播的作品的权利，但不包括本款第十二项规定的权利；

（十二）信息网络传播权，即以有线或者无线方式向公众提供，使公众可以在其选定的时间和地点获得作品的权利；

……

（十七）应当由著作权人享有的其他权利。

3.《著作权法》第四十七条第一款

广播电台、电视台有权禁止未经其许可的下列行为：

（一）将其播放的广播、电视以有线或者无线方式转播；

（二）将其播放的广播、电视录制以及复制；

（三）将其播放的广播、电视通过信息网络向公众传播。

4.《著作权法实施条例》（2013 年）第四条第十一项

著作权法和本条例中下列作品的含义：

……

（十一）电影作品和以类似摄制电影的方法创作的作品，是指摄制在一定介质上，由一系列有伴音或者无伴音的画面组成，并且借助适当装置放映或者以其他方式传播的作品；

……

5.《民法典》第一百七十九条

承担民事责任的方式主要有：

本条规定的承担民事责任的方式，可以单独适用，也可以合并适用。

社会意义

本案明确了依法从赛事组织者那里获得赛事直播权的主体，无论是作为视听作品的著作权人还是作为广播电视的邻接权人，对于未经许可在网上盗播赛事直播节目的行为,都可以依据《著作权法》予以禁止和请求救济。《著作权法》之所以要为赛事直播节目的权利人提供保护,是因为获得授权直播赛事并制作直播节目的成本高昂;其投资回报的实现很大程度上依赖播放时段的商业广告,而广告投放者关注的是受众范围,即赛事节目的收听收看率。与其他任何侵犯知识产权行为一样,截取直播信号在网上盗播,以低廉成本同步或几乎同步地向公众传播赛事等内容,极大损害了权利人的核心利益。在信息时代,信号的实时传播技术在互联网环境下已普及,除了传统的无线和有线电视信号系统传输控制权,将网上盗播定性为广播者有权禁止的“转播”是毫无争议的,对未经许可录制、复制、通过信息网络向公众实时转播赛事节目的行为予以禁止符合民法和著作权法的基本原则。简单地说,在“三网融合”的互联网环境下,禁止网上“转播”,无疑是著作权人和邻接权人最重要的权利。需要指出的是,当前越来越多的广播者并不仅仅是他人作品的传播者;若其播放的是经自己精心编排、制作的有独创性的节目,这些节目是受著作权法保护的作品,在此情形下广播者兼著作权人和邻接权人的身份为一身,享有法律规定的相应权利和充分救济。

案例溯源

本案一审案号为(2019)沪 0115 民初 45689 号,本案二审案号为(2021)沪 73 民终 130 号。

专题四
权利限制为特例　教育公益是目的

与知识产权其他制度一样，著作权及相关权的保护不是绝对的，在特定情形下也有限制权利的例外。著作权的限制是指有的行为本应属于侵权，但由于法律把这部分行为作为侵权的例外，不再认为其属于侵权行为。在我国著作权领域，权利的限制与例外主要有两类，即合理使用和法定许可，均针对已经发表的作品及其他受保护客体。

判断是否构成合理使用一般采取“三步检验法”：(1)是否属于法律规定的特定情形；(2)是否与作品的正常使用相冲突；(3)是否不合理地损害权利人合法权益。其中，“特定情形”须有法律明确规定，而后两项标准一般在司法实践中加以解释和判断。合理使用制度的目的，在于平衡著作权人的利益与社会公众利益，即在鼓励作品创作的同时，还要促进作品的正常传播使用，丰富人们的精神文化生活，提高人们的科学文化素质。合理使用制度在法律上将某些特定行为视为侵权行为的例外，实质上属于对著作权人享有的专有权利的限制。因此，合理使用的成立，仅限于法律、行政法规规定的特定情形。

另一项权利的限制是法定许可，也叫非自愿许可，是指依照《著作权法》规定，行为人使用他人已发表的作品，可不必征得权利人的同意，但应向其支付报酬并尊重其精神权利的一种法律制度。法定许可制度的设立，除为了教育扶贫等公益，还有为了市场公平竞争而降低交易成本，即简化法律规定的某些类别的作品使用时的著作权许可谈判、签约手续，以促进该类作品广泛、迅速地传播。我国《著作权法》规定了法定许可的几种情形，涉及教科书使用(第25条)、报刊转载(第35条)、录音制品制作(第42条)、广播电视播放(第46条)等特定情形。

本专题选择几个涉及著作权限制与例外的案例，对日常生活中可能存在认识模糊的适用条件予以说明。

▶ 案例一:图解电影软件使用电影截图正当吗?——B 公司与 A 公司侵害作品信息网络传播权纠纷案

关键词:合理使用 图解电影 图片集 独创性表达 信息网络传播权

法律要点:被告提供涉案图片集的行为已超过适当引用的必要限度,亦非出于评论性引用的目的,公众可通过浏览图片集快捷地获悉涉案剧集的关键画面、主要情节,已经影响涉案剧集的正常使用,损害权利人的合法权益,不属于合理使用。

基本案情

上诉人(一审被告):B 公司

被上诉人(一审原告):A 公司

A 公司获得了电视剧《三生三世十里桃花》的独家信息网络传播权和维权权利。"图解电影"为一款在线图文电影解说软件,以"十分钟品味一部好电影"为口号,将影视剧制作成图片集。A 公司发现 B 公司运营的"图解电影"App 和"图解电影"网站中,可播放名为《三生三世十里桃花作品 01》的图片集,共包含图片 382 张,均截取自涉案剧集第一集,图片内容涵盖涉案剧集第一集视频内容的主要画面和全部情节。A 公司主张 B 公司侵害自己依法享有的信息网络传播权,请求法院判令 B 公司赔偿损失及合理费用共计 50 万元。

一审法院认为,著作权法保护的是独创性的表达,只要使用了作品具有独创性表达的部分,均在作品信息网络传播权的控制范围内。被告截取了涉案剧集中的 382 幅画面,其截取的画面并非进入公有领域的创作元素,而是涉案剧集中具有独创性表达的部分内容,因此,提供涉案图片集的行为构成提供作品的行为。二审法院认为,连续动态的影视画面与静态图片集虽然表现形式不同,但并不意味着不存在提供作品的行为,关键在于考察涉案图片集是否使用了涉案剧集具有独创性的表达;一审法院依据现有证据认定 B 公司侵犯 A 公司对涉案剧集享有的信息网络传播权,认定正确,二审法院对此予以确认。至于被告提出的合理使用抗辩,两审法院均认为,根据《著作权法》中合理使用制度的适用条件,B 公司提供涉案图片集的行为已超过适当引用的必要限度,亦非出于评论性引用的目的,公众可通过浏览图片集快捷地获悉涉案剧集的关键画面、主要情节,已经影响涉案剧集的正常使用,损害权利人的合法权益,不属于合理使用。

法律讲堂

1. 擅自使用他人影视作品截图或片段制作软件和短视频侵权吗

侵权。就视听作品而言,是否构成著作权侵权,主要看是否使用了权利人作品中具有独创性表达的内容,至于使用的具体方式是直接截取动态片段还是用软件将截取的静态图片连续播放并不重要。本案中,被告截取的382幅画面为涉案剧集中具有独创性表达的部分内容,其目的并非所谓的引用、说明,而是为了迎合用户在短时间内获悉剧情、主要画面内容的需求;涉案图片集实质呈现了整部剧集的具体表达,对涉案剧集起到了实质性替代作用,影响了作品的正常使用,损害了权利人的合法利益,侵害了原告的信息网络传播权。

2. 利用他人作品片段制作短视频或播放软件属于适当引用吗

不一定。是否构成适当引用,需要考察使用量和使用目的。从使用目的上说,"引用"是指在自己创作的新作品中适当引用他人作品,前提是有新作品产生。但实践中,常见的影视解说类短视频使用他人作品的情形是:视频整体内容以复制影视作品片段或核心情节为主,简单的剧情介绍部分难以构成有独创性的新作品。当然,实践中对他人作品的使用也可能属于适当引用的合理使用,鉴于法律并没有明确的规定,合理的限度和范围一般依事实和惯例判定:例如,符合学术道德规范的论文作品,介绍、引用他人作品的复制比通常不超过15%,音乐作品一般不超过两个小节。需要注意的是,使用量、比例等规则并不适用于视听作品,此类作品创作过程复杂,即使是花絮、片段,也可能包含导演、演员、音乐、美术等作品的综合要素,而且还会导致"剧透"等对权利人市场营销不利的后果,按惯例一般不适用合理使用规则,除非是影评等情形下的个别镜头的引用,因此是否合理需要结合是否影响原作品的正常使用综合考虑。

法律规定

1.《著作权法》第三条第一款、第十条

参见专题三案例四。

2.《著作权法》(2010年)第十五条

电影作品和以类似摄制电影的方法创作的作品的著作权由制片者享有,但编剧、导演、摄影、作词、作曲等作者享有署名权,并有权按照与制片者签订的合同获得报酬。

电影作品和以类似摄制电影的方法创作的作品中的剧本、音乐等可以单独使用的作品的作者有权单独行使其著作权。

3.《著作权法实施条例》(2013年)第二十一条

依照著作权法有关规定,使用可以不经著作权人许可的已经发表的作品的,不得影响该作品的正常使用,也不得不合理地损害著作权人的合法利益。

社会意义

近年来,著作权领域的“二次创作”现象不断引起各方争论。“二次创作”并非著作权法律术语,在文艺领域通常指使用他人的原作品从事再创作的行为;未经许可实施这些行为,在法律上既可能构成对复制、改编、翻译、表演、广播、信息网络传播等权利的侵害,也可能属于适当引用、评论、戏仿、新闻报道等侵权的例外情形,具体需要根据个案判定。动态图、短视频等制作可能使用他人文字、音乐、美术、视听等各类作品,在网络社交媒体的广泛传播极容易引起原创作品和内容创作者的反对。在实践中,尽管因时长关系,短视频制作中未经许可使用他人视听作品的一部分不构成典型的复制和传播行为,但所谓“切条、搬运、速看、合辑”等方式,若其实质是对原作进行分割并分次上传,使用了原作实质性或核心内容,构成侵权;而另一类以“解说”为名的对他人视听作品的精华内容进行使用的方式,则容易打“擦边球”,以合理使用中的适当引用为由主张抗辩。本案中,法院明确了对此种侵害著作权行为坚决制止的司法态度,有利于规范网络视听文化市场,打击各种变相的侵权行为;有利于尊重原创、保护创新驱动之源,打击盗版、推进网络视听行业健康发展。

案例溯源

本案一审案号为(2019)京0491民初663号,二审案号为(2020)京73民终187号。

▶ 案例二:拍摄城市宣传片使用他人作品属于合理使用吗?——唐某与某广播电视集团著作权权属、侵权纠纷案

关键词:视听作品　汇编权　执行公务　合理使用

法律要点:延时摄影作品属于著作权法上的视听作品。未经许可将延时摄影作品中的部分片段进行选择、编排,与其他素材一起汇集成新作品,侵犯了延时摄影作品作者的汇编权。将汇编的新作品在移动地铁频道和网站上播放且未给原作者署名,侵害原作者的署名权、放映权、信息网络传播权。

基本案情

上诉人(原审原告):唐某

被上诉人(原审被告):某广播电视集团

原告制作了将拍摄长沙市风光的众多图片压缩在一个较短的时间内、以视频方式播出的《延时长沙》延时摄影作品。被告是事业单位法人,负责广播电视节目创作、播出、转播等,“智慧长沙”是其开发的一款新闻生活类城市应用软件,可通过网页端、手机端使用。“智慧长沙”网站发布了名为《改革开放40年长沙纪事:3分钟视频尽览长沙40年辉煌巨变》的宣传视频,点击链接可直接观看时长3分13秒的视频,上有“某广电新闻中心荣誉出品”字样,网站页面底端显示“某广播电视台(集团)版权所有”;另“伟大的变革——庆祝改革开放40周年大型展览网上展馆”、长沙市一号线地铁的站台上方显示屏,也播放了内容一致的宣传短片,短片左上角有“智慧长沙”字样图标。原告以侵害著作权为由将被告诉至法院。

一审法院认为,涉案延时摄影作品具有一定的独创性,属于我国《著作权法》以类似摄制电影的方法创作的作品。原告提交了其创作发表涉案延时摄影作品的记载和底片等证据,在无相反证据的情况下,可认定其为著作权人。被告截取延时摄影作品的部分片段使用但没有表明作者身份,侵犯了原告的署名权、汇编权;其使用方式也侵犯了原告对该延时摄影作品享有的放映权、信息网络传播权及获得报酬权。被告主张,其使用原告作品中的素材,不具有牟利性,属于国家机关在合理范围内使用已经发表作品的行政行为。法院认为,构成合理使用有严格的条件限制,被告仅提供了当地宣传部门开具的《关于支持配合栏目摄制的函》,但该函无法证明授权被告执行公务,且被告对于原告视频素材的使用不具有必须性,传播范围十分广泛,影响较大,不属于合理使用。最终一审法院判决被告停止侵权,赔偿损失(含合理开支)1万元,二审维持原判。

法律讲堂

1.各地负责广播电视节目创作播出的机构是国家机关吗

不是。国家机关是从事国家管理和行使国家权力的机关,一般指立法、行政、监察、审判、检察、军事等机关,不包括实施这些机关主管事务的事业机构,除非专门授权某事业单位执行某项国家公务。本案中,被告负责的广播电视节目创作、播出、转播等服务,不是国家公务;宣传主管机关发文要求各部门配合作品创作,并不等于授权给某个机构执行某项公务。

2. 被告制作宣传视频时使用原告作品属于在合理范围内吗

不属于。被告制作的宣传视频时长仅3分钟左右，所选取的内容是原告作品的实质性部分，且未给原作者署名，损害了其精神权利；其后宣传视频传播范围极广，损害了原告对自己作品应享有的经济利益，不属于合理使用的范围。

法律规定

1.《著作权法》第三条第一款、第十条

参见本专题案例一引述的法律规定。

2.《著作权法实施条例》（2013年）第二十一条

参见本专题案例一引述的法律规定。

3.《著作权法》（2010年）第二十二条第一款

……

（七）国家机关为执行公务在合理范围内使用已经发表的作品；

……

4. 最高人民法院《关于审理著作权民事纠纷案件适用法律若干问题的解释》（2020年修正）第七条

当事人提供的涉及著作权的底稿、原件、合法出版物、著作权登记证书、认证机构出具的证明、取得权利的合同等，可以作为证据。

社会意义

现实生活中，国家机关使用他人作品的情况并不少见，例如，立法机关为制定法律，复印或者摘编某些法学论文；司法机关办案需要复制与案件有关作品；行政机关为行政管理的需要使用受著作权保护的政治、经济、文化、教育、科学技术等方面的资料；以及军事机关为演习、作战复制使用他人的地图等。国家机关为了执行公务，可以不经著作权人许可，不向其支付报酬。但是，国家机关的使用，首先，必须是为了执行公务，如果并非公务活动的需要，则仍不属于合理使用；其次，也须控制在合理、必要的范围内，否则容易损害著作权人的利益。实践中不乏具有一定公共职能的单位在执行日常事务中忽视著作权的现象，例如，在新媒体公众号中宣传自己的工作或组织活动、制作发送附随纪念品时，随意把别人的作品拿来用。本案中，法院认定了被告的身份并非国家机关，且其摄制宣传视频的活动也并非执行公务，使用方式上也超出了合理范围。这一判决对今后从事此类活动的行为人具有警示意义：即使创作目的具有一定的公益性，主管部门也发文指导和倡导，但对自身角色和行为性质的定位和遵循《著作权法》基本原则，也有利于避免法律纠纷、树立诚信守法的形象。

案例溯源

本案一审案号为（2019）湘01知民初585号，二审案号为（2020）湘知民终179号。

▶ 案例三：教辅书使用义务教育课本上的作品属于合理使用吗？——孙某与某公司著作权侵权纠纷案

关键词：教科书　教辅图书　适当引用　替代效应　链接出处

法律要点：构成"适当引用"包括五个方面，一是引用的是他人已经发表的作品；二是使用目的是介绍、评论某一作品或者说明某一问题；三是引用是在适当范围内；四是指明了作者姓名或者名称、作品名称；五是未对作品的正常使用和著作权人的合法利益造成负面影响。

基本案情

再审申请人（一审原告、二审被上诉人）：孙某

被申请人（一审被告、二审上诉人）：某公司

孙某创作了诗歌《西部畅想》，该诗歌被编入被告某公司2015年5月第4版《九年义务教育课本语文八年级第一学期（试用本）》（以下简称语文课本）第5单元第16课，署名为孙某。2018年孙某与某公司签订了作品版权授权书及稿酬协议。之后，孙某发现某公司出版的语文课本教辅图书《说题做题语文课后练习精讲（8年级上册）》（以下简称教辅图书）中部分使用了涉案诗歌《西部畅想》，但是并未署名，也未支付报酬。2019年6月，孙某向法院提起诉讼，要求判令被告就教辅图书中未经许可使用其作品的侵权行为赔偿经济损失并承担维权的合理费用。一审法院认定被告侵犯原告署名权、复制权、发行权，应承担相应民事责任。与之相反，二审法院认为，被控侵权图书对于涉案诗歌的使用，属于"适当引用"，符合我国《著作权法》规定的合理使用情形，不构成对涉案著作权的侵害。孙某不服，提出再审审查申请，上海市高级人民法院驳回了孙某的再审申请。

法律讲堂

1. 出版社将《西部畅想》诗歌编入八年级语文课本符合法律规定吗

符合。我国对义务教育使用作品实行法定许可。根据《著作权法》第25条

规定,“为实施义务教育和国家教育规划而编写出版教科书,可以不经著作权人许可,在教科书中汇编已经发表的作品片段或者短小的文字作品、音乐作品或者单幅的美术作品、摄影作品、图形作品,但应当按照规定向著作权人支付报酬,指明作者姓名或者名称、作品名称,并且不得侵犯著作权人依照本法享有的其他权利”。本案中,出版社将诗歌《西部畅想》编入八年级语文课本,事后与作者签订了协议并支付了稿酬;八年级语文课本无疑是完成义务教育必须使用的教材,事后使用者也支付了稿酬,这种使用符合教科书法定许可的规定。

2. 八年级语文课本的教辅图书适用法定许可的规定吗

不适用。教辅图书尽管是配合义务教育而编制的,但不属于实施义务教育必须使用的指定教材,在教辅市场上也可以有多种多样的竞争性商品,因此教辅图书使用他人作品的行为定性依据《著作权法》的一般规则来判定。

3. 教辅图书使用义务教育教科书中的内容可以适用合理使用规则吗

可以。本案中,孙某的作品已发表且被纳入教科书;教辅图书中引用该作品的目的在于介绍、解读、评论该作品的内容、含义、意境以及所涉及的相关自然景观、人文景观等,以便帮助读者更好地了解、感受、体会;虽然引用比例超过原作品的70%,但引用时并非以被引用的作品来代替自己的介绍、解读和评论,而是引用为了介绍、说明该作品所必须的部分;且引用的部分就被控作品整体而言仅占较少比重、属合理范畴,整个解读作品形成了具有独创性的新作品。关于指明原作者姓名及作品名称的问题,教辅图书必须与语文课本配套使用,实际上在“相关链接”部分已经指向载明了作者简介的语文课本中的部分。最后,被控侵权的教辅图书上的作品,不会产生替代涉案诗歌《西部畅想》的效果,反而有助于学生加深对原作的理解。综上,教辅图书的使用属于适当引用,不构成侵权。

法律规定

1.《著作权法》第一条

为保护文学、艺术和科学作品作者的著作权,以及与著作权有关的权益,鼓励有益于社会主义精神文明、物质文明建设的作品的创作和传播,促进社会主义文化和科学事业的发展与繁荣,根据宪法制定本法。

2.《著作权法》第十条

著作权包括下列人身权和财产权:

……

（二）署名权，即表明作者身份，在作品上署名的权利；

……

（五）复制权，即以印刷、复印、拓印、录音、录像、翻录、翻拍、数字化等方式将作品制作一份或者多份的权利；

（六）发行权，即以出售或者赠与方式向公众提供作品的原件或者复制件的权利；

……

3.《著作权法》第二十五条

为实施义务教育和国家教育规划而编写出版教科书，可以不经著作权人许可，在教科书中汇编已经发表的作品片段或者短小的文字作品、音乐作品或者单幅的美术作品、摄影作品、图形作品，但应当按照规定向著作权人支付报酬，指明作者姓名或者名称、作品名称，并且不得侵犯著作权人依照本法享有的其他权利。

前款规定适用于对与著作权有关的权利的限制。

4.《著作权法》（2010年）第二十二条第一款

……

（二）为介绍、评论某一作品或者说明某一问题，在作品中适当引用他人已经发表的作品；

……

社会意义

本案的争议焦点是被告在教辅图书中使用涉案作品《西部畅想》是否符合我国《著作权法》关于"法定许可"及"合理使用"的规定。首先，可以肯定的是，由于教辅图书不属于为实施义务教育和国家教育规划范围而编写出版的教科书，其中使用他人作品的行为，无法构成法定许可。其次，对于教辅资料引用教材内容的合理使用边界，法院总结了判断"适当引用"行为的五个因素，并通过具体因素的分析，认为被告的行为符合"不得影响该作品的正常使用，也不得不合理地损害著作权人的合法权益"的标准。因涉案诗歌和其作者在国内具有一定影响力，案件的审理受到一定关注。再审法院考虑到，以介绍、解读、评论教学课文为主要目的的引用，虽具有一定营利性，但尚未逾越著作权权利边界，亦未损害著作权人法定权益，仍在《著作权法》"适当引用"的合理使用范畴内，故著作权人对此理应予以容忍，以更好地提升社会福祉、促进社会主义文化事业的发展与繁荣。这一判决明确的相关裁判规则,也为此后同类案件审理提供了指引与借鉴。

案例溯源

本案一审案号为(2019)沪0104民初15960号,二审案号为(2020)沪73民终154号,再审案号为(2020)沪民申2416号。

案例四:将他人作品改制为有声光盘出版发行和演播适用法定许可吗?——贾某某与A公司等著作权权属、侵权纠纷案

关键词:文字作品 有声读物 广播电台播放 法定许可 侵权

法律要点:未经许可将他人文字作品转换为适于演播的口头语言形式,并且进行了演绎,并将口头演播的作品录制为光盘出版发行,后在广播节目中播放光盘,整个过程中未提及原告姓名,构成对原作者署名权、改编权、表演权、复制权、发行权、广播权的侵害,应依法承担侵权责任。

基本案情

原告:贾某某

被告:A公司

被告:B广播电台

被告:谢某某

贾某某系"贾某某说春秋"丛书的作者。B广播电台下属单位C公司,委托A公司出版发行了由该广播电台播音员谢某某演播的有声读物光盘《听世界春秋》。该光盘中的音频文件内容,绝大部分与贾某某的文字作品相同,另外一小部分内容是在原作基础上增加修饰性词语、解释性表达、演绎性独创性表达。光盘外包装的简介部分,载明"B广播电台的著名主持人谢某某历时两年半,不分昼夜,艰苦创作"。之后,B广播电台在一档商业节目《听世界》中播放了《听世界春秋》光盘。贾某某向法院起诉,称B广播电台侵犯了其享有的署名权、修改权、复制权、广播权、改编权、发行权及获得报酬权,请求法院判令B广播电台销毁涉案音像出版物,同时登报道歉,赔偿经济损失、精神抚慰金和维权合理费用。法院判决,被告B广播电台应当承担销毁音像出版物《听世界春秋》,赔偿原告贾某某经济损失、精神损害抚慰金、维权合理支出,以及赔礼道歉的侵权责任。

在诉讼过程中，被告主张其行为构成法定许可，不应承担侵权责任。但是，依据我国《著作权法》的相关规定，广播电台、电视台播放他人已经发表的作品时，不仅需要指明作者姓名和作品名称，还需要尊重作者的修改权、保护作品完整权等精神权利。本案中，首先，被告在使用原作"贾某某说春秋"丛书演播节目《听世界春秋》时，不仅未给原告署名，而且对原作的改动使用明显已超出适度的范围，故该行为不属于法定许可。其次，被告委托制作和播放的光盘《听世界春秋》将以文字形式表达的原作转换为适于演播的口头语言形式，并且进行了再度创作，形成具有独创性的新作品并出版发行；但是，这一改编行为没有取得原告的授权，因此构成对原告改编权的侵犯。再次，被告将未经许可改编后的有声读物《听世界春秋》公开向公众广播，侵犯了原告的广播权。对于连续播出的《听世界春秋》节目，除最后一期节目外，被告从未提及原告姓名，构成对原告署名权的侵犯。最后，在法律责任方面，除了经济损失，法院考虑到被告侵权持续两年之久，侵犯原告署名权的情节严重，判决被告赔偿原告精神损害抚慰金。

法律讲堂

1. 未经许可将他人文字作品稍作修改录制成有声读物出版发行侵权吗

侵权。将他人文字作品稍作修改录制成有声读物，如果读物的内容与原作品存在实质性相同，或增加了有独创性的解释性、演绎性新表达，首先，侵害著作权人的复制权和改编权；其次，将文字作品进行诵读录制为录音制品，侵害文字作品著作权人的复制权和表演权；最后，将有声读物制作为光盘出版发行，侵害了著作权人复制、发行权。本案中，有声读物未给原作者署名，还侵害了其署名权。

2. 未经许可将他人文字作品制作为有声读物进行广播适用法定许可吗

不一定。我国《著作权法》规定了广播法定许可，即"播放他人已发表的作品，可以不经著作权人许可，但应当按照规定支付报酬"。因此，是否适用广播法定许可，首先要看是不是已经发表的作品；其次是否支付了报酬。鉴于实践中我国的《著作权法实施条例》(2013 年)尽管明确了广播者应当自使用该作品之日起 2 个月内向著作权人支付报酬，但对于如何支付并无具体规定，长期以来这项著作权人的获得报酬权实际上难以兑现，本案中文字作品的原作者即是如此，所以被告的行为不符合法定许可条件，构成了侵权。当然，广播者事后也可及时与作者联系并支付报酬以避免纠纷。需要注意的是，广播者还有一项法定许可的付酬义务是针对录音制品使用行为的，尽管《广播电台电视台播放录音制品支付报酬暂行办法》将这项义务的履行期限延长至5年，但至少可以保障录制者的获酬权；但这里的录音制品应当是事先经原著作权人许可的合法录制品，或者录制者事先已经向原作者支付了报酬，而不像本案中一样，录制者实际上是未经许可而改编、表演和录制的，构成侵权。

法律规定

1.《著作权法》第十条

著作权包括下列人身权和财产权：

……

（二）署名权，即表明作者身份，在作品上署名的权利；

……

（五）复制权，即以印刷、复印、拓印、录音、录像、翻录、翻拍、数字化等方式将作品制作一份或者多份的权利；

（六）发行权，即以出售或者赠与方式向公众提供作品的原件或者复制件的权利；

……

（九）表演权，即公开表演作品，以及用各种手段公开播送作品的表演的权利；

……

（十一）广播权，即以有线或者无线方式公开传播或者转播作品，以及通过扩音器或者其他传送符号、声音、图像的类似工具向公众传播广播的作品的权利，但不包括本款第十二项规定的权利；

……

（十四）改编权，即改变作品，创作出具有独创性的新作品的权利；

……

2.《著作权法》第四十五条

将录音制品用于有线或者无线公开传播，或者通过传送声音的技术设备向公众公开播送的，应当向录音制作者支付报酬。

3.《著作权法》第四十六条第二款

广播电台、电视台播放他人已发表的作品，可以不经著作权人许可，但应当按照规定支付报酬。

4.《著作权法实施条例》（2013年）第三十二条

依照著作权法第二十三条、第三十三条第二款、第四十条第三款的规定，使用他人作品的，应当自使用该作品之日起2个月内向著作权人支付报酬。

社会意义

广播电台电视台播放作品的法定许可制度是随着广播技术的发展产生的。广播行为会用到大量作品，从经济利益上来看，事先与权利人逐一谈判协商许可合同，需要耗费极高的交易成本，不利于广播电视产业的发展。法定许可制度则显著降低了成本、提高了作品和其他受保护客体的利用效率，同时也能保障公众信息获取和兼顾权利人获得合理报酬的权利。尽管如此，法定许可制度的有效实施，需要保障著作权人和相关权利人的基础利益，即起码的精神权利的尊重和基本报酬的获得。否则，如果广播者长期忽视这些基础利益、疏于履行法定付酬义务，极容易挫败权利人的作品创作和文化内容制作的积极性。本案判决强调了使用他人文字作品的一些基本规则，有利于鼓励原创、推动文化产业链的各环节树立著作权法律意识；无论是改编、表演、复制、发行和广播，均基于原创内容，后续的使用者应当尊重原创者，行为要符合法律的规定。

案例溯源

本案案号为（2014）东民初字第01501号。

专题五
作品和内容要利用　权利与义务须明确

著作权许可使用是指著作权人授权他人以一定的方式,在一定的时期和一定的地域范围内商业性使用其作品的法律行为,其在许可人和被许可人之间产生权利义务关系,通常以许可使用合同或类似的协议体现。著作权人利用许可使用合同可以将著作财产权中的一项或多项许可给他人使用,并收取使用费以保障实现自己的经济利益。国际上通常将这种著作权利用方式称为版权许可证贸易,是著作权人实现其著作权的主要方式和途径。我国《著作权法》第26条规定,使用他人作品应当同著作权人订立许可使用合同,本法规定可以不经许可的除外。这里的除外即指立法上明确规定的法定许可和合理使用情形。可见,使用他人享有著作权的作品或享有相关邻接权的内容,都应当通过与权利人签订许可使用合同的方式,合法合理地取得使用权,以明确双方的权利和义务,避免不必要的纠纷。本专题选择几个与许可使用有关的案例,以说明约定不清时如何处理相关争议。另外,著作权集体管理虽然不是典型的许可使用方式,而是一种特殊的权利信托,但也是著作权和相关权利用的重要方式,而且今后在我国版权产业中也会发挥日益重要的作用,本专题也选择一例加以介绍。

▶ 案例一:期刊网转载他人作品属于法定许可吗?——某公司与周某某侵害作品信息网络传播权纠纷案

关键词:投稿声明　报刊转载法定许可　数据库　合同　信息网络传播权

法律要点:学术期刊公司将涉案文章收录,供用户在线浏览及下载的行为,显然不属于期刊法定许可制度调整的范围。在涉案文章作者不予认可的情况下,学术期刊公司与杂志社之间的协议书等,不足以证明杂志社自作者处取得了合法授权,也不足以证明学术期刊公司通过杂志社取得了作者的合法授权。

基本案情

上诉人(原审被告):某学术期刊公司

被上诉人(原审原告):周某某

涉案作品《汉代的农业生产水平有多高——与某某同志商榷》一文发表于某杂志1979年第2期,作者周某某、赵某某,文章共计七千字,赵某某出具《情况说明》放弃主张作品的信息网络传播权、复制权、发行权、汇编权等实体权利,且不参加诉讼。1999年8月18日,上述某杂志社作为甲方与乙方某学术期刊公司签署光盘版“入编协议书”,协议载明乙方将甲方刊物的目录和正文资料编入其光盘版,甲方向乙方提供的刊物资料,版权归甲方所有,文责由甲方自负。1999年10月14日,双方又签署了“入网协议书”,协议载明经甲方授权,乙方将甲方刊物每期目录与全文资料编入乙方网络数据库和CAJ-CD进行信息服务,网络数据库整体版权归乙方所有,承担相应出版责任;取得作者版权授权与著作权使用费分配办法由甲方负责,乙方将甲方与作者的著作权使用费交由甲方分配。2001年12月13日,甲方某杂志社与乙方某学术期刊公司签署“收录协议书”,协议载明甲方向乙方提供上述期刊自创刊至入编该学术期刊公司系列数据库之前的全部期刊的样刊、电子文件;乙方提供甲方入编后的数据;甲方期刊版权归甲方和作者所有,文责自负;精品光盘的检索软件及数据编辑版权归乙方所有,某学术期刊公司系列数据库的整体版权归乙方所有。

周某某经取证,证明在某学术期刊公司所有的数据库网站中输入账号密码进行登录,搜索作者名后可点击涉案文章并可下载后阅读全文,于是将某学术期刊公司诉至法院。法院认为,周某某是合作作品著作权人,有权单独提起本案诉讼。该学术期刊数据库网站上传涉案作品并允许用户下载,使公众可以在个人选定的时间和地点获得该作品,已经构成对周某某信息网络传播权的侵害。现有证据无法证明相关期刊或数据库已经从周某某处取得了涉案作品信息网络传播权授权;在线浏览及下载的行为也显然不属于期刊与期刊之间的转载或摘编行为,不属于法定许可制度调整的范围。二审法院支持了一审判决,驳回了被告某学术期刊公司的上诉。

法律讲堂

1.我国《著作权法》中的报刊法定许可适用于网络转载吗

不适用。我国《著作权法》第35条所规定的报刊转载法定许可,明确了可以转载或作为文摘、资料刊登,但应当按照规定向著作权人支付报酬的主体仅限于“其他报刊”。本案中,学术期刊公司虽然名称上带有“期刊”二字,但实际上是经营包括在线内容服务在内的数据库、为用户提供已发表的各个领域作品等资料的在线浏览和下载(复制)服务的市场主体。

2.作者投稿行为可视为将信息网络传播权专有许可给报刊、杂志社吗

不一定。一般情况下,除了合理使用、法定许可特殊情形,使用他人作品均应当同著作权人订立许可使用合同,不过在实践中,因为报纸、期刊使用作品量大,为其开展业务的便利考虑,以作者投稿行为和刊发结果来推定著作权许可使用合同的成立。但是,专有使用权许可涉及权利人的核心利益,应当采取书面形式与著作权人明确约定;《著作权法》第29条规定,许可使用合同和转让合同中著作权人未明确许可、转让的权利,未经著作权人同意,另一方当事人不得行使。可见,按照传统习惯,作者投稿仅表示其许可报刊、杂志社发表、复制、发行其作品,并未明确同意全部授予作品的一切权利。即使有些报刊、杂志出版者事先刊登声明,表示"对本刊发表的作品一律拥有专有使用权,包括但不限于复制权、信息网络传播权等一切权利",该声明也不必然具有法律效力,因为这种声明是单方拟定的格式合同条款,并没有与著作权人事先或事后就此形成合意,签订书面合同。若将此类声明视为著作权人已经授权许可的默示条款,尤其是包括了信息网络传播权在内的一切经济权利的专有使用权许可,将严重损害著作权人的利益,违背公平原则。对此,《民法典》第496条第2款指出,采用格式条款订立合同的,提供格式条款的一方应当遵循公平原则确定当事人之间的权利和义务,并采取合理的方式提示对方注意免除或者减轻其责任等与对方有重大利害关系的条款,按照对方的要求,对该条款予以说明。提供格式条款的一方未履行提示或者说明义务,致使对方没有注意或者理解与其有重大利害关系的条款的,对方可以主张该条款不成为合同的内容。《民法典》第497条还规定了不合理限制或排除对方主要权利等格式条款无效的情形,第498条规定了对格式条款的理解发生争议时应当作出不利于提供格式条款一方解释的原则。可见,报刊、杂志社是否合法拥有其刊发的所有作品的作者的专有授权,还需要结合个案事实证据加以判断。本案中,法院认为现有证据无法证明相关期刊或学术期刊公司已经从周某某处取得了涉案作品信息网络传播权的授权,因此被告成立侵权。

法律规定

1.《著作权法》第十条第一款

著作权包括下列人身权和财产权:

……

(十二)信息网络传播权,即以有线或者无线方式向公众提供,使公众可以在其选定的时间和地点获得作品的权利;

……

2.《著作权法》第三十五条

著作权人向报社、期刊社投稿的,自稿件发出之日起十五日内未收到报社通知决定刊登的,或者自稿件发出之日起三十日内未收到期刊社通知决定刊登的,可以将同一作品向其他报社、期刊社投稿。双方另有约定的除外。

3.最高人民法院《关于审理侵害信息网络传播权民事纠纷案件适用法律若干问题的规定》(2020年修正)第三条

网络用户、网络服务提供者未经许可,通过信息网络提供权利人享有信息网络传播权的作品、表演、录音录像制品,除法律、行政法规另有规定外,人民法院应当认定其构成侵害信息网络传播权行为。

4.最高人民法院《关于审理著作权民事纠纷案件适用法律若干问题的解释》(2020年修正)第十七条

著作权法第三十三条第二款规定的转载,是指报纸、期刊登载其他报刊已发表作品的行为。转载未注明被转载作品的作者和最初登载的报刊出处的,应当承担消除影响、赔礼道歉等民事责任。

5.《民法典》第四百九十六条至第四百九十八条

社会意义

长期以来,作者与报刊、杂志社对于用稿的著作权问题实际上并没有任何明确的约定,很多报刊、杂志社登载投稿声明将作者的著作权全部收到自己的手里,但这种单方声明与著作权法上的许可使用合同是否可以等同,是需要依据合同法的原理进行解释的。基于双方地位的不平等,对于一般投稿行为的解释,应限定为作者给予出版者复制发行权的普通许可为宜,不应解释为刊发文章即由报刊、杂志社获得专有使用权。当然,考虑到我国报纸期刊出版资源的紧缺,作者尽管理论上享有这些权利,但在实践中的行使往往是消极的,鲜有为此发生争议的情况。一些发生的涉及学术期刊数据库的争议和以此引发的社会关注,将网络转载是否属于法定许可和报刊、杂志社是否获得了专有许可权这些著作权领域的疑难问题推上了台面。除此之外,作为大型数据库的运营者,其服务方式可能还涉及学术资源商业化及垄断等更为复杂的问题。本案虽然在个案事实与证据上具有特殊性——年代久远的文章,在作者与报刊、杂志社之间更无任何关于著作权许可使用的约定或声明,但法院的判决有利于进一步认识著作权专有许可权范围等影响面大的问题，值得进一步关注。

案例溯源

本案一审案号为(2021)京0491民初33099号，二审案号为(2022)京73民终35号。

案例二：独家被许可人是否可以主张著作权侵权救济？——A公司、B公司侵害作品信息网络传播权纠纷案

关键词：著作权　专有许可　独立诉权　授权

法律要点：在著作权侵权纠纷中，作品被许可人若要以自己的名义提起诉讼，应当举证证明其属于独占性专有使用权人，属于排他性使用权人且著作权人不起诉，或著作权人已明确授权被许可人可以自己名义起诉三种情形之一。否则，该作品被许可人不能以自己名义提起侵权之诉，其不具有原告主体资格。

基本案情

上诉人(原审原告)：A公司

被上诉人(原审被告)：B公司

原告通过转授权获得52集国产动画片《毛毛的故事》的“独家信息网络传播权”，后发现被告B公司在某云盘通过信息网络向公众提供涉案作品的在线播放服务，遂向法院提起诉讼。

经审查，涉案作品制作者C公司向D公司出具的授权书载明，“将我公司拥有版权的52集国产动画片《毛毛的故事》和26集《玉玺传奇》的部分权利授予贵公司，授权贵公司拥有全国数字电视、IPTV、移动电视、手机视频和信息网络传播权及转授权。授权期限为2010年6月1日至2020年12月31日”。后C公司又出具《补充说明》，明确“以上《授权书》系独家授权，D公司独家拥有以上两部动画片的信息网络传播权及相关著作权且享有转授权的权利。原授权书的范围和期限不变”之后，D公司又将涉案作品信息网络传播权转授权给原告。

法院认为，著作权授权包含专有使用许可授权和非专有使用许可授权两种。其中，就专有许可使用而言，被许可人取得的权利内容应当以合同的具体约定为准；在合同仅约定授予被许可人以专有使用权但未约定具体内容或约定

不明的前提下,可以根据《著作权法实施条例》(2013 年)的规定推定为独占性的许可使用权。因而,在著作权侵权纠纷中,若原告以作品被许可人的名义提起诉讼,应当举证证明其属于独占性专有使用权人,排他性使用权人但著作权人不起诉,或著作权人已明确授权被许可人可以自己名义起诉三种情形之一。否则,该作品被许可人不能以自己名义提起侵权之诉,不具有原告主体资格。上述《授权书》及《补充说明》中载明的授权性质为"独家",在没有其他授权条款印证的情况下,"独家"不能当然理解为可以排除包括著作权人在内的任何人以同样方式使用作品的独占性许可使用权;上述《授权书》及《补充说明》亦没有写明 D 公司可以以自己的名义对侵权行为提起诉讼。因此,原告不具有诉讼主体资格,法院判决驳回起诉。

法律讲堂

1. 著作权的被许可人可以依据"独家授权"主张第三人侵权吗

不一定。实践中有些版权领域从业者习惯采用行业术语而不去对照法律的具体规定,如本案中的"独家"授权许可。在产生争议时,只能根据合同中的具体授权内容对著作权使用权的范围以及是否包括主张侵权的诉权加以判断。如果原始的著作权许可合同中没有明确授予被许可人专有许可权和诉权,则被许可人会面临不能通过诉讼对第三人的侵权行为主张和获得救济的情况。

2. 独家许可是专有许可吗

不是。独家许可是行业口头惯用语,其法律属性并不等于专有许可。在著作权领域,许可使用的权利是专有使用权或者非专有使用权,属于合同的核心条款,应当在合同中加以明确;因为专有许可的实质,是排除了包括著作权人在内的任何第三人的使用,关系重大。但是,《著作权法》仅针对出版强调了专有出版权合同的重要性,对于其他著作权许可合同没有作出规定,这是因为著作权合同是文化娱乐产业中十分常见的种类,数量极多,不可能对其条款内容逐一明确。

法律规定

1.《著作权法》第二十六条第二款

许可使用合同包括下列主要内容:

(一)许可使用的权利种类;

(二)许可使用的权利是专有使用权或者非专有使用权;

……

2.《著作权法实施条例》(2013年)第二十四条

……专有使用权的内容由合同约定，合同没有约定或者约定不明的，视为被许可人有权排除包括著作权人在内的任何人以同样的方式使用作品；除合同另有约定外，被许可人许可第三人行使同一权利，必须取得著作权人的许可。

3.《民事诉讼法》(2017年)第一百一十九条

起诉必须符合下列条件：

(一)原告是与本案有直接利害关系的公民、法人和其他组织；

……

社会意义

一般情况下，遭受侵权时著作权人可直接通过诉讼的方式维护自己的合法权益；但对于被许可人，现行法律并未就其诉权作出明确规定，由此发生争议后被许可人是否可以获得救济具有不确定性。理论上认为，著作权的许可分为独占许可、排他许可和普通许可，但该分类并无法律明文规定。《著作权法》虽然指出许可使用分为专有使用权和非专有使用权，但其并未对专有使用权和非专有使用权的含义作出明确界定。不过，《著作权法实施条例》(2013年)强调了专有许可合同的优势，即合同没有约定或者约定不明的，视为被许可人有权排除包括著作权人在内的任何人以同样的方式使用作品。因此，在签订许可使用合同时，如果要获得与著作权人同等的法律地位，须明确是专有许可。本案中，获得转授权的原告主张侵权，但上游许可合同本身载明“独家”，并未明确是专有许可，因此不能解释为排除著作权人的专有许可，也就不能推定其获得诉权。司法实践中认为，在非专有许可的情况下，被许可人要获得诉权还需要著作权人的专门授予。本案判决再一次强调了授权合同条款明确对被许可人维权的重要性。

案例溯源

本案一审案号为(2017)浙8601民初2052号，二审案号为(2018)浙01民终286号。

▶ 案例三：权利人可以委托他人代为主张侵权救济吗？——B公司与A公司侵害表演者权纠纷案

关键词：表演者权　信息网络传播　专有许可　诉权　著作权集体管理

法律要点：著作权人和相关权利人依法可以转让权利或许可他人行使其权

利,并依照约定或者著作权法有关规定获得报酬。这种转让或许可的自由,既是合同法中的契约自由原则在著作权行使中的直接体现,也是著作权法鼓励作品传播、促进文化发展与繁荣的应有之义。市场主体从多个权利人处获得某项权利并依法代为行使,并不属于从事非法著作权集体管理活动。

基本案情

上诉人(原审被告):B 公司

被上诉人(原审原告):A 公司

原审被告:C 公司

钢琴演奏家姚某某是音乐专辑《幸福时光》中 15 首乐曲的作者和弹奏者。姚某某将其音乐作品的信息网络传播权和非交互式的网络播放权许可给 A 公司专有使用。授权书还约定,A 公司有权以自己的名义制止、打击侵权和盗版行为。A 公司发现 B 公司通过其开发的某音乐播放软件,向公众提供涉案乐曲的在线播放及下载服务,遂以 B 公司侵犯了其享有的表演者信息网络传播权为由起诉到法院。一审法院认定,被告行为直接侵害了原告对涉案曲目享有的表演者信息网络传播权,判决被告承担赔偿损失(含合理支出)的侵权责任。B 公司不服,提起上诉,认为 A 公司的经营行为和诉讼行为,实质是行使著作权集体管理组织的相关职能及权利,违反了《著作权集体管理条例》(2013 年)关于除著作权集体管理组织外,任何组织和个人不得从事著作权集体管理活动的禁止性规定。因此,A 公司不具有诉讼主体资格。

二审法院认为,姚某某对 A 公司的授权不违背法律规定,A 公司具有诉讼主体资格。根据《著作权法》第 10 条第 2 款、第 3 款的规定,著作权人可以转让或许可他人行使著作财产权,并依照约定或者著作权法有关规定获得报酬。这种转让或许可的自由,既是合同法中的契约自由原则在著作权行使中的直接体现,也是著作权法鼓励作品传播、促进文化发展与繁荣的应有之义。认定行为人是合法获得授权或受让权利,还是违法从事著作权集体管理活动,应综合行为人的行为进行判断,不能因行为人获得多个权利人多个作品的授权,便认定其从事了著作权集体管理活动。本案中,A 公司从多个权利人处获得了通过信息网络向公众传播授权作品的权利,而非这些作品著作权的管理权,故 B 公司主张 A 公司实际履行了著作权集体管理组织的职能与事实不符。综上,二审法院判决,对 B 公司的主张均不予采纳,驳回上诉,维持原判。

法律讲堂

1. 被许可人有权以自己的名义制止、打击侵权盗版行为吗

看授权内容。以自己的名义维权是著作权和邻接权人的基本诉讼权利。但是,在权利人将相关实体权利专有许可给他人后,事实上被许可人享有了独占性权利,制止侵权行为与之有直接利害关系,因此在专有许可情形下,被许可人有权以自己的名义起诉,当然著作权人也有和被许可人共同起诉的权利。虽然不是专有许可,但权利人也在授权书中明确,允许被许可人以自己名义维权的,该授权并未妨碍任何第三人或公共利益,一般认为其合法有效,即被许可人同时获得了以自己名义制止侵权和请求救济的权利。

2. 非法集体管理的说法有法律依据吗

没有。尽管根据《著作权集体管理条例》(2013 年)的规定,除著作权集体管理组织外,任何组织和个人不得从事著作权集体管理活动。但是,在实践中,对于什么是从事著作权集体管理活动,缺乏明确的法律规定和公认的判断标准。本案中,法院认为,不能仅因某主体获得多个权利人多个作品的授权并进行维权,便认定其从事了非法著作权集体管理活动,否则权利人对其财产权的依法授权与转让以及基于此获得相应对价的权利将被不合理地限制。

法律规定

1.《著作权法》第八条第一款

著作权人和与著作权有关的权利人可以授权著作权集体管理组织行使著作权或者与著作权有关的权利。依法设立的著作权集体管理组织是非营利法人,被授权后可以以自己的名义为著作权人和与著作权有关的权利人主张权利,并可以作为当事人进行涉及著作权或者与著作权有关的权利的诉讼、仲裁、调解活动。

2.《著作权法》第十条第二款、第三款

著作权人可以许可他人行使前款第五项至第十七项规定的权利,并依照约定或者本法有关规定获得报酬。

著作权人可以全部或者部分转让本条第一款第五项至第十七项规定的权利,并依照约定或者本法有关规定获得报酬。

3.《著作权法》第三十九条第一款

表演者对其表演享有下列权利:

……

（六）许可他人通过信息网络向公众传播其表演，并获得报酬。

4.《著作权集体管理条例》（2013 年）第二条

本条例所称著作权集体管理，是指著作权集体管理组织经权利人授权，集中行使权利人的有关权利并以自己的名义进行的下列活动：

（一）与使用者订立著作权或者与著作权有关的权利许可使用合同（以下简称许可使用合同）；

（二）向使用者收取使用费；

（三）向权利人转付使用费；

（四）进行涉及著作权或者与著作权有关的权利的诉讼、仲裁等。

社会意义

本案关于表演者身份的认定、音乐作品和表演者权代理公司的法律地位、侵犯表演者权的侵权判定等方面的裁判对类案具有一定借鉴意义，尤其是以下两点：其一，专有许可的方式涉及被许可人的重要利益，实践中一般认为被许可人与权利人具有同等的法律地位，是实体和诉讼权利上的利害关系人；尽管如此，如果授权书进一步对此予以明确，将对被许可人的维权十分有利，本案中的A公司正是在约定的期限内取得了涉案音乐作品及表演通过信息网络向公众传播的独占性授权和明确的维权授权，法院才认定原告具有诉讼主体资格。其二，对著作权集体管理活动性质的认定，不能仅因音乐作品和表演者权利的管理公司获得多个权利人多个作品的授权并进行维权，便认定其从事了非法著作权集体管理活动，否则权利人依法所享有的对自己财产权的许可与转让，以及基于此获得相应对价的合法权益，将不合理地受到限制而无法自由行使。应该说，法院对"版权代理不等于著作权集体管理"的解释，有利于对权利人的保护，符合《民法典》的精神和《著作权法》鼓励作品传播、促进文化发展与繁荣的立法宗旨。

案例溯源

本案一审案号为（2016）沪 0110 民初 15577 号，二审案号为（2017）沪 73 民终 203 号。

专题六
权利保护要落地　侵权盗版要担责

要落实对著作权和相关权的保护，在权利人遭遇侵权盗版时须给予足够的救济，这是整个著作权法中最后也是最重要的环节。著作权侵权行为有两类：一类是《著作权法》第52条所规定的创作者之间的侵权行为，另一类是《著作权法》第53条规定的主要涉及作品的传播者侵犯权利人著作权和相关权的行为。前一类由于损害的主要是权利人的权益，因此侵权人只承担民事责任；后一类则在损害权利人权益的同时扰乱了版权管理秩序、损害了社会公共利益、欺骗了公众，因此侵权人除承担民事责任外还要承担行政责任甚至刑事责任。

著作权侵权案件是我国司法实践中最常见、数量最多的知识产权案件，每个案件的事实证据和时代背景千变万化，而且还涉及多种多样的作品、受保护客体类型和不同的权利内容、许可关系等，因此难以完全展示所有著作权侵权领域需要关注的问题。本专题仅选择几个案例，对侵权认定的一般规则——实质性相似的判定进行说明，此外，案件还涉及侵权复制品及工具设备的销毁、临时禁令、刑事处罚，以及技术措施和权利管理信息等比较特殊的问题。

▶ 案例一：根据历史题材创作的作品如何判定是否侵权？——张某某诉雷某某、赵某、某公司著作权侵权纠纷案

关键词：历史题材　文字作品　电视剧　实质性相似

法律要点：根据同一历史题材创作的作品中的题材主线、整体线索脉络，是社会共同财富，属于思想范畴，不能被个别人垄断，任何人都有权对此类题材加以利用并创作作品。著作权法保护作品，保护作者具有独创性的表达，但是对创意、素材、公有领域信息、创作形式、必要场景，以及具有唯一性或有限性的表达形式，则不予保护。判断作品是否构成侵权，应当从被诉侵权作品作者是否接触过权利人作品、被诉侵权作品与权利人作品之间是否构成实质相似等方面

进行判断。在判断是否构成实质相似时,应比较作者在作品表达中的取舍、选择、安排、设计等是否相同或相似,而不应从思想、情感、创意、对象等方面进行比较。

基本案情

再审申请人(一审原告、二审上诉人):张某某

被申请人(一审被告、二审被上诉人):雷某某

被申请人(一审被告、二审被上诉人):赵某

一审被告、二审被上诉人:某公司

张某某于2000年以20世纪80年代的军事历史故事为题材,创作了《高原骑兵连》剧本并拍摄了同名电视剧(张剧),雷某某也参与了该电视剧的拍摄。此后,雷某某于2004年也基于同一历史题材创作了《最后的骑兵》剧本,并拍摄了同名电视剧(雷剧)。经对比,张剧和雷剧除了主要人物设置及关系部分类似外,主要线索脉络亦存在相似之处;存在部分相同或近似情节,但除了一处语言表达基本相同外,其他情节具体表达基本不同。张某某向法院起诉雷某某侵犯其作品的著作权。

判断作品是否构成侵权,应当从被诉侵权作品的作者是否"接触"过权利人的作品、被诉侵权作品与权利人的作品之间是否构成"实质性相似"两个方面进行判断。本案各方当事人对雷某某接触过张剧剧本及电视剧并无争议,因此双方争议的核心问题在于两部作品是否构成实质性相似。本案经一审、二审和再审,最终最高人民法院支持了二审判决,认为在判断雷剧与张剧是否构成实质性相似时,应比较两部作品中对于思想和情感的表达,看两部作品表达中作者的取舍、选择、安排、设计是否相同或相似,而不是离开表达看思想、情感、创意、对象等其他方面。通过对张剧、雷剧以及《骑马挎枪走天涯》《天苍茫》的比对,4部作品均系以20世纪80年代中期精简整编中骑兵部队撤(缩)编为主线展开的军旅历史题材作品;即便雷剧与张剧的题材主线存在一定的相似性,但题材主线不受著作权法保护,此类历史题材是公有领域财富,任何个人不能垄断。关于人物设置与人物关系相同、相似的问题,例如,作品中都包含三角恋爱关系、官兵上下级关系、军民关系等人物设置,这样的表现方式属于军旅题材作品不可避免地采取的必要场景,不受著作权法保护。至于二者相同的语言表达和元素,多属于公有领域特定语境下的惯常用语、缺乏独创性的素材,不受著作权保护;少数相似情节处于作品中的次要位置,并不能当然得出两部作品相同、相似的结论。

法律讲堂

1. 历史题材是可以免费使用的公有领域财富吗

是。历史题材指的是客观发生和存在的史实。一般来说,除了杜撰、纯属虚构的作品外,很多纪实类的作品都会使用一些历史故事作为素材,这些素材在著作权法意义上属于思想范畴或者公有领域的表达。因此,即使两部作品在描述人物、时间、事件等内容时所反映的客观史实和利用的史料相同,也不能必然成为构成剽窃、侵权的证据。实际上,对于相同的主题和历史题材,任何人都拥有独立创作的自由和空间,如果允许任何人独占,则会限制文学艺术领域的创作空间,违背了著作权法的立法本意。

2. 判定实质性相似时需要剔除思想和事实素材等内容吗

需要。实质性相似就是从读者、观众、听众、用户、游客、网民等公众的角度出发,在阅读、观看或欣赏了原告、被告作品之后,感受到两部作品基本没有差别或者大部分的内容相似,特别是能引起关注或感受最深的部分相同或近似。从市场角度来说,如果被控侵权的内容与权利人的相同或实质性相似,读者等相关消费者就有可能购买被告的而不是原告的内容;在被告因抄袭原作实际上没有或极少付出创造性智力劳动成本、以低价竞争取代原权利人所应占有的市场的情况下,必定会侵害原权利人的合法权利。正因为实质性相似的判定通常涉及原告、被告的核心利益,从著作权法的立法本意出发,原告、被告作品进行对比时需要具体到作品或内容的表达层面,如果仅仅是思想、主题、素材等相同,或者表达方式具有唯一性或有限性,则不能简单地认为后创作者构成侵权。

法律规定

1.《著作权法》第三条

本法所称的作品,是指文学、艺术和科学领域内具有独创性并能以一定形式表现的智力成果……

2.《著作权法》第五十二条

有下列侵权行为的,应当根据情况,承担停止侵害、消除影响、赔礼道歉、赔偿损失等民事责任:

……

(五)剽窃他人作品的;

……

3. 最高人民法院《关于审理著作权民事纠纷案件适用法律若干问题的解释》(2020 年修正)第十五条

由不同作者就同一题材创作的作品,作品的表达系独立完成并且有创作性的,应当认定作者各自享有独立著作权。

社会意义

本案明确了历史题材是公有领域的素材、不受著作权法的保护,这种对公有领域和专有领域的划分,在文学艺术创作,特别是判断影视剧是否侵犯小说或剧本等文字作品著作权的问题上,具有指导意义。作品的创作并非从零开始,公共领域中的素材是创新的“养料”,不可由私人垄断;历史题材的作品创作需要尊重基本史实,同时对前人作品的适度参考和借鉴也不可避免。至于是合理借鉴还是对他人作品的独创性部分的侵权使用,是可以依据原理、法律、常识以及技术手段进行判定的。本案中,司法机关在审判过程中即采取了鉴定手段,委托中国版权保护中心版权鉴定委员会进行鉴定。本案还强调,在判定是否构成实质性相似时,应当进行整体比较,尤其要针对独创性的要点进行对比,看是否与原作者在作品具体表达和素材的取舍、选择、安排、设计等方面相同或实质性相似,而不应从作品体现的不受著作权法保护的思想、创意、素材等方面进行比较。

案例溯源

本案一审案号为(2010)济民三初字第 84 号,二审案号为(2011)鲁民三终字第 194 号,再审案号为(2013)民申字第 1049 号。

▶ 案例二:著作权人可以请求销毁侵权复制品吗?——陈某某与 A 公司、B 公司、C 公司著作权权属、侵权纠纷案

关键词:雕塑　美术作品　标志性建筑　署名　销毁

法律要点:未经许可将他人作品制作为大型雕塑并安装于公共场所,且不注明作者名称,构成侵权。除了承担停止侵权、赔偿损失和赔礼道歉的责任外,对权利人不愿意在仿造雕塑复制品上署名、销毁侵权复制品的诉求,法院予以支持。

基本案情

原告(上诉人):陈某某

被告(上诉人):A 公司

被告:B公司

被告:C公司

陈某某是某省雕塑艺术学会会长、国家一级美术师、著名雕塑家,其2004年创作了名为“足球之舞”的仿铜雕塑美术作品,后被收录于D出版公司出版的《中国当代美术家·陈某某作品集》。A公司2018年在为某镇改造工程设计过程中,使用陈某某的雕塑作品作为该镇的标志性建筑,在设计说明中用小字标明“本套图纸仅提供雕塑位置及效果示意,具体样式及做法需由厂家定制、二次设计”。B公司根据施工图纸中的“足球镇标”效果示意,制作了“足球镇标”大型雕塑,并由C公司建造安装于某市某镇高速公路永兴互通路口处;该雕塑未标明制作单位及作者名称,与陈某某的“足球之舞”仿铜雕塑外观基本一致。陈某某将被告诉至法院,要求三被告承担著作权侵权责任,停止侵权,拆除或销毁该侵权雕塑,登报赔礼道歉,消除影响,并赔偿损失。

一审法院判决三被告在争议雕塑显著位置署名“作者陈某某”,共同在被诉侵权雕塑所在省某日报上刊登声明向陈某某赔礼道歉;C公司赔偿10万元、A公司赔偿15万元、B公司赔偿5万元。陈某某与A公司均不服判决,提起上诉。二审法院判决三被告停止侵权,销毁仿“足球之舞”雕塑,维持一审判决其他内容,驳回A公司的上诉。

法律讲堂

1. 停止侵权的责任是否包括销毁侵权复制品

包括。对于侵犯他人著作权的行为,权利人有权要求停止侵权。停止侵权既包括要求侵权人停止一切正在进行的侵权行为,也包括制止任何在未来将会继续侵犯被侵权人著作权或必然导致侵权损害进一步扩大的行为。针对权利人发现并证明的、被告已经或正在采取的侵权行为,法院可以明确要求侵权人不得为相关行为(民事诉讼中的行为保全);但是,尚未流入市场的侵权复制品,以及专门用于制造该侵权复制品的一系列材料、工具、设备等,使被告有可能随时进行发行或传播、再复制、展览等侵权行为,而权利人很难随时跟踪、及时发现主张救济,或者疲于反复主张权利,因此销毁侵权复制品和主要用于制造侵权复制品的材料、工具、设备,也应当包含在针对著作权侵权行为的“停止侵权”责任方式中。

2. 权利人是否可以主张销毁属于侵权复制品的大型城市雕塑

可以。实践中,在仅涉及当事人双方利益时,法院应当应权利人请求,判定被告销毁所有侵权复制品以及制造侵权复制品的材料、工具、设备。由于侵权复制品对于权利人的著作权存在直接的威胁,一般情况下法院应当判令被告销毁库存的侵权复制品;但对于制造侵权复制品的材料、工具、设备的处理,则应当以专门或者主要用于采取侵权活动为限。法院在判定责任承担方式时,应当兼顾当事人双方的利益,考虑具体责任方式的合目的性、必要性和均衡性,从有效实现停止侵害的目的出发,在可能涉及公共利益、权利人未提出明确主张的情况下,法院也可采取司法制裁措施,没收违法所得、侵权复制品以及进行违法活动的财物,防止侵权人继续从事侵权行为,根除其从事侵权活动的隐患。本案中,涉案大型城市雕塑是侵权复制品,其实体如果一直作为"镇标雕塑"放置于公共场所,将极大损害雕塑家的精神权利和经济利益,权利人请求予以销毁的,法院应予支持。

法律规定

1.《著作权法》第五十四条第五款

人民法院审理著作权纠纷案件,应权利人请求,对侵权复制品,除特殊情况外,责令销毁;对主要用于制造侵权复制品的材料、工具、设备等,责令销毁,且不予补偿;或者在特殊情况下,责令禁止前述材料、工具、设备等进入商业渠道,且不予补偿。

2.《著作权法》第五十八条

人民法院审理案件,对于侵犯著作权或者与著作权有关的权利的,可以没收违法所得、侵权复制品以及进行违法活动的财物。

3. 最高人民法院《关于加强著作权和与著作权有关的权利保护的意见》第六条

当事人请求立即销毁侵权复制品以及主要用于生产或者制造侵权复制品的材料和工具,除特殊情况外,人民法院在民事诉讼中应当予以支持,在刑事诉讼中应当依职权责令销毁。在特殊情况下不宜销毁的,人民法院可以责令侵权人在商业渠道之外以适当方式对上述材料和工具予以处置,以尽可能消除进一步侵权的风险。销毁或者处置费用由侵权人承担,侵权人请求补偿的,人民法院不予支持。

社会意义

本案中,三被告的行为侵犯了陈某某的著作权,按一般情况应判决停止侵权、赔偿损失,关键问题在于陈某某要求销毁侵权复制品的主张是否应该支持。

在停止侵权、赔偿损失、赔礼道歉等请求得到支持后，原告之所以提起上诉，是因为其认为侵权雕塑细节粗糙、线条死板，缺少原作的流动和灵动性，“在这样一件作品上署上我的名字，不仅没有保护我的合法权益，还是对我的二次伤害”，为此，二审判决撤销了一审判决中要求三被告在雕塑上署名“作者陈某某”的内容，支持了原告请求销毁侵权复制品的诉求。该判决以销毁涉案侵权雕塑的方式来彻底终止侵权产生的后果，满足了权利人“希望侵权少一点，尊重更多一点”的愿望；同时可以对侵权行为提出警示，为权益受到侵害的艺术家提供维权处理的示例，有利于推动更多机构和个人树立良好的知识产权保护意识。

案例溯源

本案一审案号为(2019)琼01民初538号，二审案号为(2020)琼民终108号。

▶ 案例三：如何判定是否给予行为保全临时救济？——A公司等与D公司、E公司申请诉前停止侵害著作权纠纷案

关键词：诉前行为保全　热门国漫　删除视频　信息网络传播权

法律要点：是否同意申请人的行为保全申请，应当从以下几个方面进行审查：(1)申请人的行为保全申请是否具有事实基础和法律依据；(2)不采取行为保全措施是否会使申请人的合法权益受到难以弥补的损害；(3)采取行为保全措施是否会造成申请人与被申请人之间的利益失衡；(4)采取行为保全措施是否对社会公共利益造成损害；(5)申请人是否提供了足够的担保。

基本案情

申请人：A公司

申请人：B公司

申请人：C公司

被申请人：D公司

被申请人：E公司

3个申请人称对热播的动漫作品《斗罗大陆》享有独占的信息网络传播权。该作品由申请人运营的某视频播放平台独家播放，每周六10:00更新1集，截至2021年5月29日已经更新至第158集。《斗罗大陆》第1集至第130集，用

户需观看该视频播放平台广告后方可收看；第131集至第158集，用户需要开通该视频播放平台VIP会员权限才能收看。被申请人D公司运营的某短视频App上有大量侵害《斗罗大陆》信息网络传播权的视频，这些视频多是直接搬运或剪切该动漫作品某一集全部或部分内容而形成的，该App用户量巨大，但申请人从未授权用户在该App中上传涉及动漫作品《斗罗大陆》的视频。发现该侵权行为后，申请人持续不断地向被申请人发送侵权告知函，要求其立即停止传播侵权视频并采取合理措施阻止侵权视频的上传，但截至目前D公司运营的某短视频App上仍然存在海量的《斗罗大陆》侵权视频，而且还在源源不断地上传和传播。例如，最新的第158集侵权视频短时间内被某用户分段上传。《斗罗大陆》侵权视频具有极高的播放量，如单日上传的158集侵权视频仅1小时左右播放量即高达76.2万，24小时内播放量超过402.2万。D公司不仅未采取有效措施删除已有的侵害动漫作品《斗罗大陆》著作权的侵权视频，而且还教唆、引诱用户上传并积极推介侵权视频。另外，E公司在其运营网站的下载中心向用户提供某短视频App的下载服务，帮助D公司扩大侵权范围及侵权损害后果，构成共同侵权。

申请人认为，《斗罗大陆》动漫正处于热播期，被申请人的上述行为仍在持续，如不立即对其采取行为保全措施，将严重侵害申请人的合法权益，并对申请人造成难以弥补的损害。鉴于本案行为保全不会影响两个被申请人正常的业务经营，也不损害社会公共利益，且申请人已提供足额的担保，并愿意承担因保全错误而导致的损失，请求法院依法对申请人的诉前行为保全作出裁定。

法院经审查，认为申请人的权利基础具有稳定性，申请人就涉案被诉侵权行为提起侵权诉讼具有极高的胜诉可能性；首先，涉案作品正在热播，被申请人的App用户数量庞大，如不及时制止被控侵权行为，将导致申请人市场交易机会丧失，给申请人造成流量降低、收入减少和竞争优势削弱等难以弥补的损害。其次，D公司及其短视频App用户对被控侵权视频不享有合法权益，被控侵权视频在该App上的传播行为侵犯了申请人的合法权益。申请人要求D公司删除已有被控侵权视频，采取有效措施删除、过滤和拦截用户上传和传播被控侵权视频，并不影响D公司的正常生产经营，不会损害D公司的合法权益。再次，本案的行为保全措施仅涉及被申请人采取有效措施删除已有被控侵权视频，采取有效措施删除、过滤及拦截用户上传和传播被控侵权视频，仅会影响双方当事人的权利义务，并不会影响其他内容的播放和传播，亦不会损害社会公共利益。最后，综合考虑D公司可能因执行行为保全措施所遭受的损失，申请人提供的担保数额符合规定等因素，法院认为，申请人的涉案行为保全申请符合法律规定，应予以支持。但E公司仅在其运营的网站上提供某短视频App的下载服务，与涉案App中用户上传涉案被控侵权视频没有必然联系，对上述用户的上传行为亦不具备控制能力；因此，申请人对于E公司的申请，法院不予支持。

法律讲堂

1. 未经许可搬运或剪切原视听作品的全部或部分制作的短视频侵权吗

侵权。搬运或剪切原视听作品的全部或部分内容，是对其独创性部分的直接复制，即使增加少量解说旁白、字母音效等，也构成与原作品的实质性相似。合理使用应该是适当引用他人作品的少量内容，这种整个短视频内容或实质性内容均是他人创作的视频，并未产生新的独创性内容，不属于合理使用。

2. 平台需要对平台内用户的著作权侵权行为承担责任吗

视情况。平台是网络服务提供商，其是否对平台内用户的侵权行为承担责任，要根据其在侵权中的角色判定。如果是直接与用户商定制作侵权内容造成侵权后果，则属于直接侵权；如果是教唆帮助，则构成帮助侵权；如果是明知其用户侵权而放任不管，或接到权利人通知后怠于采取及时合理有效的措施，也构成帮助侵权；如果的确不知道也没有理由知道其用户侵权，收到通知后立即依法采取了删除等措施，则不承担侵权责任。总之，需要结合具体情况判定。

3. 对热播剧的侵权平台需要提高注意义务吗

需要。视听作品的热播期是权利人收回投资、就自己的智力成果获得应有回报的重要期间，无论是票房还是收视率，在传统技术条件下一般相对容易控制，而到了网络环境下，复制和传播极为便捷，热播期更短，这一期间的盗播更容易给权利人带来不可挽回的损失。因此，尽管多数情况下平台责任以过错为前提，但对于热播影视剧，平台应该知道权利人不可能在此期间将自己的作品分销，尤其是分销给那些并非专业文化产品运营者的个体短视频用户，对此平台应该采取适当的预防措施；鉴于技术上全部审查比较困难，平台可以事先与权利人方商议恰当的措施，权利人也应当主动提供合理的、双方可接受的筛查方式。

法律规定

1.《民事诉讼法》第一百零三条第一款

人民法院对于可能因当事人一方的行为或者其他原因，使判决难以执行或者造成当事人其他损害的案件，根据对方当事人的申请，可以裁定对其财产进行保全、责令其作出一定行为或者禁止其作出一定行为；当事人没有提出申请的，人民法院在必要时也可以裁定采取保全措施。

2.《著作权法》第五十六条

著作权人或者与著作权有关的权利人有证据证明他人正在实施或者即将实施侵犯其权利、妨碍其实现权利的行为，如不及时制止将会使其合法权益受到难以弥补的损害的，可以在起诉前依法向人民法院申请采取财产保全、责令作出一定行为或者禁止作出一定行为等措施。

3.《民法典》第一千一百九十五条

网络用户利用网络服务实施侵权行为的，权利人有权通知网络服务提供者采取删除、屏蔽、断开链接等必要措施。……网络服务提供者接到通知后，应当及时将该通知转送相关网络用户，并根据构成侵权的初步证据和服务类型采取必要措施；未及时采取必要措施的，对损害的扩大部分与该网络用户承担连带责任。

4.最高人民法院《关于审查知识产权纠纷行为保全案件适用法律若干问题的规定》第二条

知识产权纠纷的当事人在判决、裁定或者仲裁裁决生效前，依据民事诉讼法第一百条、第一百零一条规定申请行为保全的，人民法院应当受理。

知识产权许可合同的被许可人申请诉前责令停止侵害知识产权行为的，独占许可合同的被许可人可以单独向人民法院提出申请；排他许可合同的被许可人在权利人不申请的情况下，可以单独提出申请；普通许可合同的被许可人经权利人明确授权以自己的名义起诉的，可以单独提出申请。

5.最高人民法院《关于审查知识产权纠纷行为保全案件适用法律若干问题的规定》第七条

人民法院审查行为保全申请，应当综合考量下列因素：

（一）申请人的请求是否具有事实基础和法律依据，包括请求保护的知识产权效力是否稳定；

（二）不采取行为保全措施是否会使申请人的合法权益受到难以弥补的损害或者造成案件裁决难以执行等损害；

（三）不采取行为保全措施对申请人造成的损害是否超过采取行为保全措施对被申请人造成的损害；

（四）采取行为保全措施是否损害社会公共利益；

（五）其他应当考量的因素。

6. 最高人民法院《关于审查知识产权纠纷行为保全案件适用法律若干问题的规定》第十一条

申请人申请行为保全的，应当依法提供担保。

申请人提供的担保数额，应当相当于被申请人可能因执行行为保全措施所遭受的损失，包括责令停止侵权行为所涉产品的销售收益、保管费用等合理损失。

在执行行为保全措施过程中，被申请人可能因此遭受的损失超过申请人担保数额的，人民法院可以责令申请人追加相应的担保。申请人拒不追加的，可以裁定解除或者部分解除保全措施。

社会意义

行为保全，是指被申请人正在实施或将要实施的行为，如不及时制止将会使申请人遭受不可弥补损害的，申请人可以请求法院责令对方进行或停止进行某一行为，即理论和实务中所称的"临时禁令"。由于著作权本身是一项排他性权利，而临时禁令或行为保全是诉讼程序中保护该排他性权利最有效的方式，同时，是否采取行为保全也关系被申请人的切身利益，因此在实践中给予权利人行为保全的救济意义十分重大，需要充分查明相关因素进行综合考量。对行为保全的适用，判定的难点在于什么是"情况紧急"和"难以弥补的损害"，对此可参照最高人民法院的法释〔2018〕21 号司法解释。本案中，法院对申请是否符合诉前行为保全的条件进行了比较详细的阐述，这一裁决对于今后发生类似纠纷的当事人的行为具有引导作用，对于今后的类案处理具有示范作用。近年来，短视频与自媒体产业蓬勃发展，但该领域的著作权侵权问题也十分严重，权利人面对大量的侵权用户只能向平台投诉，而其维权行动依据平台责任相关规则不时陷入"通知—删除—再通知—再删除"的循环，难以对侵权起到有效遏制作用。本案的行为保全裁定为解决这一侵权顽疾传递了积极的信号，在全面加强知识产权保护的司法理念下，有利于推动整个视听娱乐行业网络治理效果的提升。

案例溯源

本案案号为（2021）渝 01 行保 1 号裁定书。

▶ 案例四：什么情况下侵犯著作权要承担刑事责任？——丁某某侵犯著作权犯罪案

关键词：视频解析程序　技术措施　在线播放　非法牟利　侵犯著作权罪

法律要点：以营利为目的，未经著作权人许可，通过信息网络传播其影视作品，传播作品数量在500部以上，具有其他严重情节的，其行为构成侵犯著作权罪。被告人具有坦白情节、认罪认罚的，可以从轻处罚、从宽处理。

基本案情

公诉机关：上海市人民检察院第三分院

被告人：丁某某

2018年5月起，丁某某以营利为目的，通过向涉案人员王某（已判决）购买、免费下载等方式先后获取"平民解析""jiexi"视频解析程序，并嵌入其经营的几个视频网站数据库内，在未经A公司、B公司等著作权人许可的情况下，利用视频解析程序绕开著作权人设置的技术保护措施，非法获取视频真实播放地址，并通过自设的视频网站向用户免费提供在线播放服务。与此同时，被告人在其经营的上述视频网站页面提供广告服务，并通过其个人支付宝账户及银行账户收取广告费用非法牟利。经司法鉴定，上述视频网站内可供播放的盗版影视作品共计2415部。被告人被公安人员抓获到案后如实供述了上述犯罪事实。

法院认为，被告人丁某某以营利为目的，未经著作权人许可，通过信息网络复制发行他人的影视作品，传播作品数量巨大、情节严重，其行为已构成侵犯著作权罪，应依法惩处。公诉机关的指控事实清楚，证据确实、充分，指控的罪名成立。被告人到案后如实供述自己的罪行，依法可以从轻处罚；被告人自愿认罪认罚，于庭前缴纳了全部罚金，依法可以从宽处理。最终法院判处被告人有期徒刑10个月，并处罚金4万元（已缴纳）；同时对违法所得予以追缴，供犯罪所用的本人财物予以没收。

在本案中，丁某某经营的C公司未经许可在网站上免费提供他人的电影、音乐、软件等作品，在客观上实施了"未经著作权人许可，复制发行其音乐、电影、计算机软件"的行为；在主观上，其通过收取会员费的方式来进行营利，属于"以营利为目的"；其违法所得为100万元，传播他人作品超过4.5万部，累计点击量超过13亿次，属于"违法所得数额巨大"和具有"其他特别严重情节"，构成了侵犯著作权罪。在量刑过程中，由于本案实施的主体为单位，即C公司整体；根据《刑法》第220条的规定，“单位犯本节第二百一十三条至第二百一十九条之一规定之罪的，对单位判处罚金，并对其直接负责的主管人员和其他直接责任人员，依照本节各该条的规定处罚”。因此，法院可对C公司判处罚金，对其直接负责的主管人员和其他直接责任人员处3年以上7年以下有期徒刑，并处罚金。

法律讲堂

1. 侵犯著作权需要承担刑事责任吗

视具体情况。虽然著作权是一项民事权利，但如果某些侵犯著作权的行为不仅侵犯了民事主体的权利，同时还危害了文化市场秩序和社会公共利益，则有必要由公权力机关主动进行查处和处罚。除采取行政处罚手段外，情节严重、构成犯罪的行为人，将依法承担刑事责任。

2. 侵犯著作权在犯罪构成上有门槛吗

有。依据现行《刑法》和《著作权法》的相关规定，构成侵犯著作权罪，须符合两方面条件：第一，行为人实施了侵犯著作权的行为。在主观方面行为人必须以营利为目的，即旨在通过侵害著作权的行为非法获利，包括直接和间接的获利。在客观方面表现为未经著作权人许可的四类行为：(1)复制发行其文字作品、音乐、电影、电视、录像作品、计算机软件及其他作品；(2)出版他人享有专有出版权的图书；(3)未经录音录像制作者许可，复制发行其制作的录音录像；(4)制作、出售假冒他人署名的美术作品。概括而言，《刑法》主要规制严重的非法复制、发行侵权复制品的行为，而“发行”在刑法上包括通过信息网络传播的行为。第二，侵犯他人著作权的行为情节严重。情节严重可分为违法所得数额较大或有其他严重情节、违法所得数额巨大或有其他特别严重情节两种不同程度，对不同程度侵权《刑法》对其施以的处罚不同，最高人民法院和最高人民检察院的司法解释对具体判定作出详细的规定，如本案中的传播数量即属于“其他严重情节”。

法律规定

1.《著作权法》第五十三条

有下列侵权行为的，应当根据情况，承担本法第五十二条规定的民事责任；侵权行为同时损害公共利益的，由主管著作权的部门责令停止侵权行为，予以警告，没收违法所得，没收、无害化销毁处理侵权复制品以及主要用于制作侵权复制品的材料、工具、设备等，违法经营额五万元以上的，可以并处违法经营额一倍以上五倍以下的罚款；没有违法经营额、违法经营额难以计算或者不足五万元的，可以并处二十五万元以下的罚款；构成犯罪的，依法追究刑事责任：

（一）未经著作权人许可，复制、发行、表演、放映、广播、汇编、通过信息网络向公众传播其作品的，本法另有规定的除外；

……

（六）未经著作权人或者与著作权有关的权利人许可，故意避开或者破坏技术措施的，故意制造、进口或者向他人提供主要用于避开、破坏技术措施的装置或者部件的，或者故意为他人避开或者破坏技术措施提供技术服务的，法律、行政法规另有规定的除外；

……

2.《刑法》第二百一十七条

以营利为目的，有下列侵犯著作权或者与著作权有关的权利的情形之一，违法所得数额较大或者有其他严重情节的，处三年以下有期徒刑，并处或者单处罚金；违法所得数额巨大或者有其他特别严重情节的，处三年以上十年以下有期徒刑，并处罚金：

（一）未经著作权人许可，复制发行、通过信息网络向公众传播其文字作品、音乐、美术、视听作品、计算机软件及法律、行政法规规定的其他作品的；

……

3.最高人民法院、最高人民检察院《关于办理侵犯知识产权刑事案件具体应用法律若干问题的解释》第十一条第三款

通过信息网络向公众传播他人文字作品、音乐、电影、电视、录像作品、计算机软件及其他作品的行为，应当视为刑法第二百一十七条规定的“复制发行”。

4.最高人民法院、最高人民检察院、公安部《关于办理侵犯知识产权刑事案件适用法律若干问题的意见》第十三条

关于通过信息网络传播侵权作品行为的定罪处罚标准问题

以营利为目的，未经著作权人许可，通过信息网络向公众传播他人文字作品、音乐、电影、电视、美术、摄影、录像作品、录音录像制品、计算机软件及其他作品，具有下列情形之一的，属于刑法第二百一十七条规定的“其他严重情节”：

……

（二）传播他人作品的数量合计在五百件（部）以上的；

……

5.《刑事诉讼法》第十五条

犯罪嫌疑人、被告人自愿如实供述自己的罪行，承认指控的犯罪事实，愿意

接受处罚的，可以依法从宽处理。

社会意义

我国《著作权法》一直有关于严重侵权行为应承担刑事责任的规定，但实践中犯罪行为构成的具体要件和法律后果是由《刑法》来规定的。《刑法》分则第3章“破坏社会主义市场经济秩序罪”中，即包括了“侵犯知识产权犯罪”一节，其中第217条和第218条规定了“侵犯著作权罪”和“销售侵权复制品罪”。这些法律规定通过严格的刑事责任来震慑严重的著作权侵权行为。但在实践中，由于复制和传播技术的迅速发展，侵权的手段也随时花样翻新。本案通过案件的侦破、起诉和判决，对明显的故意侵权，甚至以此为业的恶性行为予以打击；同时，对于符合《刑法》规定的从轻情节也予以了考虑，在一定程度上反映了现阶段我国加强网络治理，打击侵犯著作权犯罪行为的刑事政策，具有警示作用。

案例溯源

本案案号为（2020）沪03刑初54号。

▶ 案例五：故意规避技术措施需要承担法律责任吗？——A公司诉B公司著作权侵权及不正当竞争纠纷案

关键词：技术措施　规避破坏　视频软件　播放器　侵权

法律要点：通过技术手段避开权利人设置的收费或广告等技术措施，直接获取涉案作品并予以传播的行为，属于《著作权法》规定的故意避开或破坏其为涉案作品采取的技术措施的行为，构成侵权，应承担赔偿损失的法律责任。

基本案情

原告：A公司

被告：B公司

A公司依法取得了电视剧《甄嬛传》的独占专有信息网络传播权，另自行投资制作了电视剧《绝命卦师》。其通过公证取证，下载“蜜蜂视频”后通过搜索的方式可点击播放涉案作品若干集，播放画面中含有A公司字样，但未出现片头及片中的广告。A公司委托鉴定机构出具了意见，证明无论使用手机还是机顶盒安装“蜜蜂视频”访问涉案剧集，均可以绕过自己设置的技术措施，非授权情况下获得视频服务的相应链接。A公司认为“蜜蜂视频”的经营者B公司未经授权故意避开技术保护措施,非法获取涉案作品在服务器上的加密数据(视频资源地址),通过互联网向公众提供,侵害了自己的合法权益。此外,B公司还恶意去除播放页面广告及播前贴片广告,通过"盗链"吸引海量用户下载并使用其软件,获取不法收益,无偿占用A公司宽带资源、增加服务器负担,破坏网络视频行业通用的商业模式,扰乱市场经济秩序,B公司构成不正当竞争。

法院认为,影视作品著作权由制片者享有,根据涉案电视剧署名情况及权利证明、《网络剧承制合作合同书》等相应证据,在无相反证据的情况下,可以认定原告享有电视剧《甄嬛传》信息网络传播权的专有使用权及网络剧《绝命卦师》的著作权,有权以自身名义进行维权、提起诉讼。根据原告提交的视频网站工作原理说明、司法鉴定意见书等证据可知,其将涉案作品上传存储至自己视频网站中的"绝对视频地址",并设置了技术措施,使用户在观看涉案作品前需经过收费会员登录或观看推送广告等程序,才能获取涉案作品的"绝对视频地址"进行观看。上述技术手段防止、限制了未经许可浏览、欣赏作品的行为,属于著作权法及相关法规规定的"技术措施"。A公司视频网站中的权利声明中也有反盗版和防盗链等技术措施的声明。公证书、司法鉴定书等证据表明,在"蜜蜂视频"中播放涉案作品时,画面一角显示有A公司的标志,但播放时未出现广告及片头画面。B公司在庭审中也承认其采用了"盗链"方式,使用技术手段获取涉案作品的"绝对视频地址"。因此,法院认为,被告通过技术手段避开原告设置的收费或广告等技术措施,直接获取涉案作品并传播的行为,属于《著作权法》规定的故意避开或破坏为涉案作品采取的技术措施的行为,构成侵权,应承担赔偿损失的法律责任。此外,针对同一被诉侵权行为,不再适用《反不正当竞争法》第2条予以调整。

法律讲堂

1. 权利人可以设置技术保护措施防止侵权吗

可以。依据我国《著作权法》有关规定,为保护著作权和与著作权有关的权利,权利人可以采取技术措施。未经权利人许可,任何组织或者个人不得故意避开或者破坏技术措施,不得以避开或者破坏技术措施为目的制造、进口或者向公众提供有关装置或者部件,不得故意为他人避开或者破坏技术措施提供技术服务。但是,法律、行政法规规定可以避开的情形除外。《著作权法》所称的技术措施,是指用于防止、限制未经权利人许可浏览、欣赏作品、表演、录音录像制品或者通过信息网络向公众提供作品、表演、录音录像制品的有效技术、装置或者部件。

2. 权利人采取的所有技术措施都可以获得法律上的保护吗

不是。法律赋予权利人采取技术手段自我保护的权利,是因为在信息网络传播环境下,作品复制和传播都极其便利,著作权侵权成本也大大地降低,如果仅通过事后法律救济可能难以对著作权人提供有效的保护。但是如果任由权利人采取保护措施,也可能造成滥用,妨碍公共利益。因此在法律另有规定的情况下,例如,在合理使用的相关情形中,可以避开技术措施保护。另外,权利人采取的技术措施应当合理、适度,例如,技术措施遭遇破坏时将产生毁损侵权人财产等严重后果的,权利人应当对此予以说明或标注。

法律规定

1.《著作权法》(2010 年)第四十八条

……

(六)未经著作权人或者与著作权有关的权利人许可,故意避开或者破坏权利人为其作品、录音录像制品等采取的保护著作权或者与著作权有关的权利的技术措施的,法律、行政法规另有规定的除外;

……

2.《信息网络传播权保护条例》第四条

为了保护信息网络传播权,权利人可以采取技术措施。

任何组织或者个人不得故意避开或者破坏技术措施,不得故意制造、进口或者向公众提供主要用于避开或者破坏技术措施的装置或者部件,不得故意为他人避开或者破坏技术措施提供技术服务。但是,法律、行政法规规定可以避开的除外。

社会意义

对于以破坏技术措施的方式设置深层链接的行为,权利人通常主张该行为构成侵犯信息网络传播权或不正当竞争。但我国司法实践中对于设置深层链接行为的性质有争议,很多情况下法院会坚持服务器标准,要求证明被告有初始上传行为,因此,很难认定设置深层链接的行为构成直接侵权。此外,《反不正当竞争法》具有个案认定的特征,其保护的利益具有较大的不确定性,总是适用第 2 条原则性条款也容易产生什么是公认的商业道德的争议。因此,权利人通过主张破坏技术措施构成侵权提起诉讼,有利于简化论证。当然,这种情况下得出的侵权结论往往依赖于双方比较认可的技术鉴定意见。本案中,法院采纳了关于原告设置的“绝对视频地址”安全保护措施和被告侵入此地址获取视频资源，以及去除广告等技术问题的鉴定意见，认定被告构成侵权。此案支持了单独针对破坏技术措施行为提起的诉讼主张，有一定示范作用；维权困难或面临不确定性的权利人，可以适用法律有关技术措施的规定，有效打击盗链等侵权行为，并获得相应赔偿等救济。

案例溯源

本案案号为(2017)京0105民初37120号。

▶ 案例六：故意删除权利管理信息有什么法律责任？——A公司侵犯信息网络传播权案

关键词：外文图书　权利管理信息　非法删除　在线传播

法律要点：被投诉人在不能提供合法授权文件的情况下，改变几千种外文电子图书的权利管理电子信息，并通过校园网向公众提供，且涉及的众多权利人为国外知名出版单位，影响非常恶劣；此种严重违反《著作权法》对权利管理信息的规定，侵犯权利人信息网络传播权的行为应予以惩处。

基本案情

2015年2月3日，北京市文化市场行政执法总队在接到国家版权局交办的相关权利人投诉A公司侵犯信息网络传播权的案件转办函后，成立了专案组投入案件查处工作。经调查，A公司成立于2007年2月，于2012年开发了“外文图书数据库系统V1.0”，主要业务是向国内高校图书馆提供外文学术著作目录检索以及提供部分电子图书的全文数据。在数据库创办早期，其通过国外B公司引入了4000册电子书，但B公司提供的电子书质量较差，后经双方协商，B公司同意另向A公司交付2000册质量好、学术价值高的图书。A公司在验收过程中发现后来B公司提交2000册外文电子图书都没有版权页、出版社和书号等信息；而当时A公司正赶上电子图书创业初期，为了便于经营管理和尽快充实图书数据库，就把B提供的质量较好的2000册电子图书的数据格式作为统一标准，将其“外文图书数据库系统”中提供的所有电子图书都删掉了版权页、出版社和书号等信息。此后，A公司在向国内C公司取得许可引进1000册电子书后，同样删除了图书版权页、出版社和书号等电子信息，通过网络向高校用户提供。C公司主张A公司的行为构成对其著作权的侵害，向国家版权局举报。

执法机关认为，C公司的版权页、出版社和书号等电子信息表明了作者身份以及相关出版信息，属于作品的权利管理信息，A公司为了管理上的便利，故意删除了相关管理信息，且不属于技术上不可避免的情形，构成对C公司合法权利的侵害。根据查明的事实，可认定A公司将3029册外文电子图书改变了权利管理电子信息后通过校园网向公众提供，且该公司不能提供合法的授权文件。由于案件涉及的权利人众多，并且都是斯普林格出版社、爱思唯尔出版社、剑桥大学出版社等国外知名的出版单位，造成的影响非常恶劣，因此，在无法一一取得侵权鉴定的情况下，为了使此种严重侵犯权利人信息网络传播权的行为得到应有的惩处，经请示国家版权局，北京市文化市场行政执法总队于2015年9月21日对A公司作出行政处罚，没收A公司违法所得2.82万元，罚款12.6万元。

法律讲堂

1.权利人可以禁止他人删除权利管理信息吗

可以。权利管理信息是指在作品或录音制品中添加的用于识别作品、作者、表演、表演者、录音制品、录制者等与权利人、权利状态等相关的信息，以及有关作品、表演或者录音制品的使用条款和条件的信息。简单来说，就是指与作品一起使用，用以识别特定作品、权利人身份和许可条件等内容的信息。典型的权利管理信息有国际标准书号（ISBN）及其对应的条形码，电影片头的制片人导演等信息，软件安装时的“最终用户许可协议”等。在作品上添加权利管理信息是版权产业的惯例，它可以有效地起到公告和宣示作用，在数字网络环境下其作用更为重要，因为作品或录制品在网上的无形传播极为便捷，很多权利的行使、对著作权法保护对象的控制，都需要借助权利管理信息来实现。一方面，权利管理信息可以向公众表明作者或者其他权利人的身份，指明权利归属。例如，在作品上标注版权符号、打水印、在电视上显示台标等。另一方面，还可标明权利人在作品传播过程中附带的许可条件。例如，是否可以通用公共许可协议（GPL）、知识共享许可协议（CC）使用等。也就是说，使用人在看到该信息之后，可以按照权利人的意愿和标示的条件来使用作品，从而减少无意侵权的可能性。他人未经许可故意删除或者改变权利管理信息，会显著削弱权利人对使用者的合理约束，还可能导致使用者无从知晓作品和相关权利人的身份，使作者和相关权利人无法获得与之付出相称的声誉和尊敬，进而加大侵权风险。

2. 将他人删除权利管理信息的内容向公众提供构成侵权吗

构成。除了自己未经许可故意删除权利管理信息侵权，向公众提供明知是他人未经许可删除权利管理信息的作品、表演音像、广播电视等内容的，也构成侵权。向公众提供侵权品的方式除了传统的复制发行外，也包括出租和网络传播。

法律规定

1.《著作权法》第五十一条

未经权利人许可，不得进行下列行为：

（一）故意删除或者改变作品、版式设计、表演、录音录像制品或者广播、电视上的权利管理信息，但由于技术上的原因无法避免的除外；

（二）知道或者应当知道作品、版式设计、表演、录音录像制品或者广播、电视上的权利管理信息未经许可被删除或者改变，仍然向公众提供。

2.《著作权法》第五十三条

……未经著作权人或者与著作权有关的权利人许可，故意删除或者改变作品、版式设计、表演、录音录像制品或者广播、电视上的权利管理信息的，知道或者应当知道作品、版式设计、表演、录音录像制品或者广播、电视上的权利管理信息未经许可被删除或者改变，仍然向公众提供的，法律、行政法规另有规定的除外。

3.《信息网络传播权保护条例》第十八条

违反本条例规定，有下列侵权行为之一的，根据情况承担停止侵害、消除影响、赔礼道歉、赔偿损失等民事责任；同时损害公共利益的，可以由著作权行政管理部门责令停止侵权行为，没收违法所得，非法经营额 5 万元以上的，可处非法经营额 1 倍以上 5 倍以下的罚款；没有非法经营额或者非法经营额 5 万元以下的，根据情节轻重，可处 25 万元以下的罚款；情节严重的，著作权行政管理部门可以没收主要用于提供网络服务的计算机等设备；构成犯罪的，依法追究刑事责任：

……

（三）故意删除或者改变通过信息网络向公众提供的作品、表演、录音录像制品的权利管理电子信息，或者通过信息网络向公众提供明知或者应知未经权利人许可而被删除或者改变权利管理电子信息的作品、表演、录音录像制品的；

……

社会意义

随着信息网络技术和移动互联网的快速发展,新技术和新应用层出不穷,产业形态与盈利模式的多元化给著作权保护带来了影响和挑战。网络环境下,侵权行为相对隐蔽、侵权行为人容易快速逃逸,民事纠纷解决机制程序较慢、刑事程序启动也有重重困难,权利人往往难以有效维权。我国特有的行政执法可以为权利人维权带来便利,行政责任也相对明晰易判,且可以顺利与刑事程序相衔接,强化了数字网络环境下的著作权保护。特别是随着国家对文化产业和知识产权保护工作重视程度的加深,政府对侵权盗版行为的查处呈现高压态势。国家版权局、国家互联网信息办公室、公安部、工业和信息化部联合开展的“剑网”专项行动,连续多年针对特定互联网领域展开版权联合执法行动,查处了一批重大的侵权盗版案件。本案即2015年度国家版权局选定的全国打击侵权盗版十大典型案件之一。本案中被控侵权人的主要服务对象是高校,侵权行为不是常见的非法复制、发行、传播,而是删除权利管理信息和提供删除权利管理信息的作品这一更为隐蔽的方式。本案的查处为提供此类数据库服务的主体敲响了警钟,对其今后规范提供合法作品、尊重版权、守法经营,均具有示范引导作用。

案例溯源

本案为国家版权局《关于公布2015年度全国打击侵权盗版十大案件的通知》(国办函〔2016〕5号)中的“A公司侵犯信息网络传播权案”;另参见邹韧:《一张12.6万元行政罚单的开出》,载《中国新闻出版广电报》2015年11月23日,第3版。

第二章
科技创新需动力
发明创造有专利

习近平总书记在主持中共中央政治局第二十五次集体学习时指出："创新是引领发展的第一动力，保护知识产权就是保护创新。"专利权是知识产权的重要组成部分，尤其是含金量最高的核心技术的专利权。我国《专利法》的立法宗旨是，"为了保护专利权人的合法权益，鼓励发明创造，推动发明创造的应用，提高创新能力，促进科学技术进步和经济社会发展，制定本法"。本章包含11个专题并附以真实案例，涉及发明专利客体的要求、职务发明、新颖性、创造性、实用性、充分公开要件、实用新型、专利权评价报告的作用、外观设计、专利侵权判断、抗辩事由，以及侵权损害赔偿等问题。

专题一
专利须有技术性　仅为想法不授权

新一轮技术革命的兴起,促使发明创造的形式与内容日益多样化,社会公众更加深刻地感受到科技带来的便捷和福利。专利是经专利局审查批准赋予发明人或者其他申请人就发明创造享有的一段时期内的独占性权利。技术的快速发展对于准确划定可以获得专利权保护的对象(客体)范围发起了挑战,对于专利申请人而言,全面了解专利客体的相关法律规定和司法案例,有助于合理预期专利申请结果,避免不必要的时间和经济损失,选择最有利的市场经营策略。本专题选取了2个案例以便读者理解发明专利的本质是一项技术方案。

▶ 案例一:构成《专利法》保护的技术方案应当具备三个要素——何某某与国家知识产权局原专利复审委员会发明专利申请驳回复审行政纠纷案

关键词:技术方案　技术问题　技术手段　技术效果

法律要点:《专利法》所称的发明,是指对产品、方法或者其改进所提出的新的技术方案。未采用技术手段解决技术问题获得符合自然规律的技术效果的方案,不构成《专利法》保护的技术方案。

基本案情

再审申请人(一审原告、二审上诉人):何某某,专利申请人

被申请人(一审被告、二审被上诉人):国家知识产权局原专利复审委员会

2006年12月6日,何某某向国家知识产权局提出名称为"资源整合管理与应用,企业与消费者资源的整合应用"的发明专利申请。经实质审查,国家知识产权局审查部门向何某某发出驳回决定,其理由是:本申请权利要求1中的

方法属于《专利法》第25条第1款第2项规定的智力活动的规则和方法。何某某对驳回决定不服,向国家知识产权局原专利复审委员会(现称国家知识产权局专利局复审和无效审理部)提出了复审请求。后专利复审委员会作出决定:维持国家知识产权局对本申请作出的驳回决定。

何某某不服专利复审委员会的决定,向北京市第一中级人民法院(现为北京知识产权法院)提起诉讼,请求撤销被诉决定。北京市第一中级人民法院认为,本申请权利要求1所要解决的问题并不是技术问题,所采用的手段不是技术手段,获得的效果也不是技术效果,因此其要求保护的方案不是技术方案,不属于专利所保护的客体。据此,北京市第一中级人民法院判决驳回何某某的诉讼请求。何某某不服一审判决,向北京市高级人民法院提出上诉,请求撤销原审判决和专利复审委员会作出的驳回决定。二审法院认为,原审判决认定事实清楚,适用法律正确,判决驳回上诉,维持原判。何某某表示不服,向最高人民法院申请再审。

最高人民法院经审理认为,该专利申请权利要求请求保护一种资源整合管理实现方法,且如该申请说明书所述,资源整合管理就是在社会某个大型资源或资源组形成的工作环境中,应用系统规则将资源实施有效的管理和价值分配的一种方法体系,其要解决的是现有的资源整合局限性问题,即社会资源的管理问题,而社会资源的合理整合分配问题并不属于专利法意义上的技术问题。该方案使用以积分卡号形式体现的数字字符序列串对社会资源的成员进行指代,形成价值链,通过资源管理服务平台进行统一配置、实现积分管理等都未涉及技术手段,并且其所获得的资源整合的效果也不是技术效果。因此,该专利申请权利要求不属于专利法所保护的客体。最高人民法院裁定驳回何某某的再审申请。

法律讲堂

1. 怎么知道所申请内容是否属于可获专利权的技术方案

根据权利要求判断。所谓权利要求(书),是指用以确定专利申请和专利权保护范围的书面法律文件。国家知识产权局对特定专利申请进行审查,判断该专利申请是否符合《专利法》规定的授予专利权的有关条件;审查员要判断申请专利的是不是可以受《专利法》保护的技术方案,是否符合新颖性、创造性和实用性等实质要件,以及说明书是否具备清晰和充分公开等要件,均以权利要求为基准。在专利侵权纠纷案件中,法院同样以权利要求确定保护范围从而判定是否构成专利侵权行为。

2. 本案中何某某提出的专利申请是否构成技术方案

不构成。根据我国《专利法》第 2 条的规定，能够获得专利法保护的发明是一种技术方案。依据国家知识产权局《专利审查指南》第 2 部分第 1 章第 2 节的规定，技术方案是对要解决的技术问题所采取的利用自然规律的技术手段的集合。技术手段通常是由技术特征来体现的。未采用技术手段解决技术问题，以获得符合自然规律的技术效果的方案，不属于《专利法》第 2 条第 2 款规定的客体。简言之，《专利法》保护的技术方案应当具有 3 个要素，即技术问题、技术手段和技术效果，三者缺一不可。就何某某的专利申请而言，审查人员以本技术领域普通技术人员的眼光来阅读和理解其权利要求，认为它解决的是有关社会资源管理的问题而非技术问题，采用的手段涉及消费者积分卡号和积分值等非技术特征，没有利用自然规律；虽然记载的内容中也包含局域网和互联网等公知技术，但权利要求并未体现出对已有局域网和互联网技术的任何改进，这些已有技术只是用于提供积分数据来源和对积分进行分配和管理。可见，权利要求中记载的方案只是按照人为制定的各项规则和公知的局域网和互联网来解决资源整合问题，并没有解决技术问题，故该申请中要求保护的内容不是可获专利的技术方案。

3. 本案中何某某提出的专利申请是否属于智力活动规则和方法

属于。根据国家知识产权局《专利审查指南》第 2 部分第 1 章第 4 节的规定，如果专利权利要求中既包含智力活动的规则和方法（如组织、生产、商业实施和经济等方面的管理方法及制度，交通行车规则，时间调度表，比赛规则；演绎、推理和运筹的方法等），又包含技术特征时，不能绝对地将其排除在可申请专利客体范围之外，而是应当遵循整体判断原则，确定该权利要求究竟属于智力活动规则和方法还是属于技术方案。本案中，何某某提出的专利申请权利要求中虽然涉及公知的局域网和互联网等技术特征，但其中记载的方案整体上仍然是通过定义数字字符序列串、积分使用管理和分配规则等人为主观制定的规则实现社会资源整合的管理效果，是一种不属于专利权保护客体的智力活动的规则和方法。

法律规定

1.《专利法》第二条

本法所称的发明创造是指发明、实用新型和外观设计。

发明，是指对产品、方法或者其改进所提出的新的技术方案。

实用新型，是指对产品的形状、构造或者其结合所提出的适于实用的新的技术方案。

外观设计，是指对产品的整体或者局部的形状、图案或者其结合以及色彩与形状、图案的结合所作出的富有美感并适于工业应用的新设计。

2.《专利法》第二十五条第一款第二项

对下列各项，不授予专利权：

……

（二）智力活动的规则和方法；

……

3. 国家知识产权局《专利审查指南》（2020 年）第二部分第一章第 4.2 节

……智力活动的规则和方法是指导人们进行思维、表述、判断和记忆的规则和方法。

由于其没有采用技术手段或者利用自然规律，也未解决技术问题和产生技术效果，因而不构成技术方案。

社会意义

2021 年，中共中央、国务院印发了《知识产权强国建设纲要（2021－2035 年）》，其中提出要"适应科技进步和经济社会发展形势需要，依法及时推动知识产权法律法规立改废释，适时扩大保护客体范围，提高保护标准"。从客体的角度来看，专利与科学技术创新的联系最为紧密，特别是互联网、大数据和人工智能等信息技术的发展确实在一定程度上导致了专利权客体范围扩张的趋势，但是专利法保护的客体本质——技术方案并没有发生改变。而我国专利审查部门通过"技术问题＋技术手段＋技术效果"三要素判定申请专利的书面方案是否能够获得专利法的保护，对此，专利申请人应适当了解以便就相应的申请方案作出合理预期，避免因驳回申请而造成不必要的经济损失，也有利于切实提高我国科技创新水平。

案例溯源

本案一审案号为（2014）一中行（知）初字第 8600 号，二审案号为（2016）京行终 4655 号，再审案号为（2017）最高法行申 3553 号。

▶ 案例二：商业方法能否获得专利法保护？——蒋某与国家知识产权局发明专利申请驳回复审行政纠纷案

关键词：商业方法 技术特征 整体考虑原则

法律要点：对于既包含技术特征又包含商业方法特征的发明专利权利要求，不应当简单割裂技术特征、商业方法特征，而应将权利要求记载的所有内容作为一个整体考虑。

基本案情

再审申请人（一审原告、二审上诉人）：蒋某，专利申请人

再审被申请人（一审被告、二审被上诉人）：国家知识产权局

2013 年 3 月 27 日，蒋某向国家知识产权局提出名称为"信息币"的发明专利申请。该申请有 5 项权利要求，其中请求保护的方案描述了信息币的内容和特征、运作管理、与证券的关联，信息币的流通、信息币的属性和职能、作用方式、传输媒介、电子成像图等概念；申请人蒋某还对这些概念给出了自己的定义，如数据库、密码等计算机技术以及通信技术等，以显示其方案的技术特征。然而，国家知识产权局经审查认为，该方案整体上实际是一种虚拟的金融活动规则，解决的问题是如何根据人为制定的金融货币规则、以虚拟货币为媒介进行金融活动，采用的手段是制定信息币的金融流通规则，并依据该规则进行操作，获得的效果也是上述金融流通规则所带来的，因而方案整体不具备技术性，不符合《专利法》第 2 条第 2 款规定，遂作出驳回申请的决定。蒋某提出复审请求，专利复审委员会维持了国家知识产权局对该申请作出的驳回决定。

蒋某不服，向北京知识产权法院提起诉讼，请求撤销该被诉决定。北京知识产权法院判决驳回了蒋某的诉讼请求。蒋某又向北京市高级人民法院提起上诉。北京市高级人民法院经审理认为，虽然本申请权利要求 1 的方案中涉及计算机技术、智能化信息工具、有线带宽技术、无线带宽技术等技术特征，但这些都属于已经广泛使用的现有技术，申请人的权利要求 1 并没有对这些现有技术的结构、性能及其他方面作出任何技术上的改进，因此，权利要求 1 并未记载可以获得专利法保护的技术方案。据此，二审判决驳回上诉，维持原判。

蒋某仍然不服，向最高人民法院申请再审。最高人民法院认为原审判决的认定并无不当，裁定驳回蒋某的再审申请。

法律讲堂

1. 一种新构思的商业方法是否可以申请发明专利

不可以。单纯的商业方法是指不包含任何技术特征,由一系列从事金融、保险、工商管理等商业活动的步骤组成的方法;这种人为设计的新方法,即使被认为是一种创新,依据《专利法》也不应当被授予专利权。《专利审查指南》第2部分第9章第6.1节对这类发明作了例举:例如,一种根据用户的消费额度进行返利的方法。由此类推,即使采用计算机程序来处理这类商业活动规则,如果要求保护的是程序采用的抽象算法和数学模型本身,那么得出的结果仅基于各种数学公式和运算、不包含任何技术特征,同样不属于专利法保护的客体。

2. 利用智能手机或计算机执行的特定商业规则是否可以被授予专利权

不一定,取决于该方案整体上是否具有技术特征。举例来讲,Mobike等共享单车的使用方法解决了匹配共享单车位置并获得共享单车使用权限的技术问题,运营人员采用终端设备和服务器运行计算机程序,从而对用户使用共享单车的行为进行引导和控制,采集和计算相关位置信息、认证等数据,这种方法属于一种利用自然规律的技术手段,实现了匹配共享单车的位置、获得使用权限和计时扣费等技术效果。因此,该发明专利申请的解决方案属于专利法所说的技术方案。反之,如果申请所载明的方案没有解决技术问题、没有利用技术手段、没有获得符合自然规律的技术效果,则不属于专利法保护的客体。例如,一种基于用电特征的经济景气指数分析方法。该申请通过统计各项经济指标和用电指标,来评估待检测地区的经济景气指数。它所解决的问题是对经济走势进行判断,不构成技术方案,所采用的手段是根据经济数据和用电数据对经济情况进行分析,本质上是依照经济学原理和规律实施的管理手段而非技术手段,获得的效果是实现经济景气指数的评估,不属于符合自然规律的技术效果。故该解决方法不符合《专利法》第2条第2款的规定,不能被授予专利权。

法律规定

国家知识产权局《专利审查指南》(2020年)第二部分第九章第6.1节

如果权利要求涉及抽象的算法或者单纯的商业规则和方法,且不包含任何技术特征,则这项权利要求属于专利法第二十五条第一款第(二)项规定的智力活动的规则和方法,不应当被授予专利权。

……

如果权利要求中除了算法特征或商业规则和方法特征,还包含技术特征,该权利要求就整体而言并不是一种智力活动的规则和方法，则不应当依据专利法第二十五条第一款第（二）项排除其获得专利权的可能性。

……

对一项包含算法特征或商业规则和方法特征的权利要求是否属于技术方案进行审查时，需要整体考虑权利要求中记载的全部特征。如果该项权利要求记载了对要解决的技术问题采用了利用自然规律的技术手段，并且由此获得符合自然规律的技术效果，则该权利要求限定的解决方案属于专利法第二条第二款所述的技术方案。

……

社会意义

信息时代，人们的发明创造越来越多地依赖于计算机软件、互联网等数字化手段，发明专利申请中有相当比例的发明全部或者部分由计算机实施。可以说，信息技术给人类社会带来方方面面的便利和前所未有的高效，同时它也成为驱动创新、助力科研的新型工具。纵观世界各主要国家和地区的专利政策，对这类发明普遍采取逐步开放和宽松的态度。2019 年，为全面贯彻党中央、国务院关于加强知识产权保护的决策部署，回应创新主体对进一步明确人工智能等新业态新领域专利申请审查规则的需求，国家知识产权局在《专利审查指南》第 2 部分第 9 章新增第 6 节，细化了可专利客体、创造性等方面的审查规则，同时也澄清了实践中的部分疑难问题。在经济全球化背景下，互联网企业一方面要积极开展专利布局从而确保自身技术优势，另一方面也要充分了解专利审查的基本规则，就相关申请方案能否通过专利审查作出合理预期，制定相应的经营管理战略方针，也可以及时对竞争对手的此类专利提出无效请求，应对专利侵权诉讼。

案例溯源

本案一审案号为（2017）京 73 行初 7331 号，二审案号为（2018）京行终 5838 号，再审案号为（2019）最高法行申 7298 号。

专题二
职务发明要约定　没有约定应奖励

21世纪以来,科学技术水平大幅提升,发明创造日益复杂。过去,大多数发明创造均由个人完成,然而如今的发明创造往往是个人力量难以企及的,越来越多的发明需要企业、高校或者研究机构组织众多人员在履行职务时完成,于是出现了“职务发明”的概念。其实,职务发明并不是一种特殊类型或特殊领域的发明,只不过它的权利主体是与发明人存在劳动关系的用人单位,对发明人利益的保护主要体现在赋予其署名权和获得奖励以及合理报酬的权利。本章选取的典型案例,涉及职务发明构成要件、劳动关系或临时工作关系的判断方法和标准等问题,意在强调正确区分职务发明与非职务发明,对维护发明人自身合法权益、与用人单位协商合理确定各自的权利义务有至关重要的作用。

▶ 案例:如何认定职务发明?——B公司、白某某与A公司专利权权属纠纷案

关键词:职务发明　劳动关系　临时工作关系　意思自治原则

法律要点:职务发明认定的前提条件是发明人与单位之间存在劳动关系或者临时工作关系。依据发明人与单位之间关系的性质判断是否属于职务发明,应当以约定优先为原则;在没有约定的情况下,需要根据双方所实施的实际行为和取得的成果进行综合判断。

基本案情

上诉人(原审被告):B公司
上诉人(原审被告):白某某(发明人)
被上诉人(原审原告):A公司

A公司系一家经营传感器芯片、集成电路芯片及相关电子产品的设计、生产、研发、销售和进出口业务的公司。B公司的经营范围与A公司相似。2012年8月4日,白某某作为申请人及发明人,向国家知识产权局提交"用于销售终端的读出磁头"的专利申请,后专利申请人变更为B公司。该专利于2014年3月18日获得授权公告,专利权人为B公司,发明人为白某某。A公司向苏州市中级人民法院提起诉讼,请求确认A公司是诉争专利的专利权人,并提交了自2011年5月至2012年6月,白某某个人社会保险参保证明以及部分个人所得税缴税记录、白某某的工作周报邮件记录、费用报销记录,以及A公司通讯录和员工名册邮件、公司内部发放工资、参加会议等相关证据,以证明白某某曾在A公司任职,职务为新产品开发总监,涉案发明专利属于职务发明,A公司应当是专利权人。B公司及白某某辩称,白某某是兰州大学的教授,并非A公司员工,白某某与A公司之间只存在咨询服务合作关系,A公司不能作为白某某的全职工单位或者临时工单位。

一审法院认为,首先,依据A公司提交的相关证据材料,足以证明白某某从2011年5月至2012年6月实际履职于A公司,白某某与A公司之间形成了事实上的劳动关系。其次,通过对比诉争专利授权文件的记载内容与A公司提交的内部邮件可知,后者基本覆盖诉争专利的所有发明点。根据《专利法实施细则》第12条第1款的规定,涉案专利申请日为2012年8月4日,该专利属于白某某与A公司劳动关系终止后1年内所作出的与其在原单位工作相关的发明创造,为职务发明创造。依照《专利法》第6条第1款规定,职务发明创造申请专利的权利属于原单位,申请被批准后,该单位为专利权人,故一审法院判决确认诉争专利权归A公司。

B公司与白某某因不服一审判决,向最高人民法院提起上诉。最高人民法院经审理认为,白某某与A公司之间工作关系性质的判定应当以约定优先为原则。根据兰州大学与A公司签订的《技术开发(委托)合同》(白某某系合同联系人)以及白某某个人与A公司之间签订的《咨询服务合同》,白某某与A公司之间并不存在职务发明所要求的劳动关系或者临时工作关系。并且从双方实际所实施的行为来看,仅仅是履行合同约定的各自义务,A公司的主张或许与白某某系兰州大学方的联系人的工作身份有关,但是无法证明双方的工作关系已变更为职务发明所要求的劳动关系或者临时工作关系。据此,A公司提出的诉争专利系白某某的职务发明并要求将权属归于A公司的主张,缺乏事实和法律依据,最高人民法院判决撤销一审判决,驳回A公司全部诉讼请求。

法律讲堂

1. 什么是职务发明

按照《专利法》第6条第1款的规定，职务发明创造有2种类型：一是发明人执行本单位的任务所完成的发明创造；二是发明人主要是利用本单位的物质技术条件所完成的发明创造。上述第一种类型即执行本单位任务所完成的职务发明，主要包含3种情形：(1)在本职工作中作出的发明创造；(2)履行本单位交付的本职工作之外的任务所作出的发明创造；(3)退休、调离原单位后或者劳动、人事关系终止后1年内作出的，与其在原单位承担的本职工作或者原单位分配的任务有关的发明创造。其中"本职工作"是指根据劳动合同、聘用合同等确定的工作人员的工作职责；"本职工作之外的任务"一般是指单位临时或者在一段时间内分配的其他任务，这部分任务的分配应当有明确、具体的依据，如有关部门发出的书面通知、办理的有关手续，而不能仅仅以领导的口头部署或者指示为依据；离职1年内的职务发明规定是为了保护原工作单位的合法利益，因为发明创造是一种脑力劳动，发明人从一家工作单位离职进入另一家业务范围接近的新工作单位，其研发的新成果与在原单位工作期间积累的知识和经验难以分割。当然，判断离职后的发明创造是否属于职务发明，需要考虑发明涉及的技术方案与发明人原所在单位及其工作职责的相关性。第二种类型，即主要利用本单位的物质技术条件完成的职务发明，其中"物质技术条件"既包括软实力，如专业人才队伍、专门知识和经验、技术秘密等，也包括硬实力，如设备、材料、资金等。需要指出的是，只有"主要利用"本单位的物质技术条件完成的发明创造才是职务发明，应当将"主要利用"理解为对本单位物质技术条件的利用是完成技术成果的研究开发不可缺少并且不可代替的前提条件；若只是少量利用或者对发明创造的完成没有实质性帮助，则不认为是"主要利用"，如使用单位统一配购的手机等通用设备。

2. 构成职务发明的前提是什么

发明人与单位之间存在劳动关系或者临时工作关系。劳动关系一般通过劳动合同、社会保险和个人所得税缴纳记录等证据材料予以证明；临时工作关系是指因借调、兼职、实习等建立的工作关系，虽然被借调人员、兼职人员或者实习人员的编制、工资发放关系仍然在原所在单位，但在工作任务上受借入单位、聘用单位、实习单位支配。因此，这些单位属于临时工作单位，执行临时工作单位分配的任务或者主要利用其物质技术条件完成发明创造的情况下，该发明创造应当是职务发明。可见，发明人与单位之间是否存在劳动关系或者临时工作关系关键在于单位对发明人的创造性劳动是否已取得支配权。

3. 如何判断发明人与单位之间工作关系的性质

首先根据双方订立的合同约定的内容进行判断；没有约定的，参考双方所实施的实际行为和相应结果进行综合判断。遵循意思自治、约定优先原则。例如，本案中白某某所在的兰州大学与A公司达成了《技术开发(委托)合同》，白某某只是代表兰州大学与A公司联系合同履行过程中的具体事宜，显然不能据此认定他与A公司之间建立了劳动关系或者临时工作关系；从白某某个人与A公司之间签订的《咨询服务合同》的约定内容来看，白某某仅提供技术培训服务、技术合作和项目申请的中介服务，也不能证明双方确立了劳动关系或者临时工作关系。只有在没有约定的情况下，才根据双方的实际行为和相应结果进行判断。本案中，白某某在与A公司合作过程中，始终以兰州大学教师的身份参与沟通，故不能认定白某某与A公司之间存在职务发明意义上的劳动关系或者临时工作关系。

法律规定

1.《专利法》第六条

执行本单位的任务或者主要是利用本单位的物质技术条件所完成的发明创造为职务发明创造。职务发明创造申请专利的权利属于该单位，申请被批准后，该单位为专利权人。该单位可以依法处置其职务发明创造申请专利的权利和专利权，促进相关发明创造的实施和运用。

非职务发明创造，申请专利的权利属于发明人或者设计人；申请被批准后，该发明人或者设计人为专利权人。

利用本单位的物质技术条件所完成的发明创造，单位与发明人或者设计人订有合同，对申请专利的权利和专利权的归属作出约定的，从其约定。

2.《专利法实施细则》第十二条

专利法第六条所称执行本单位的任务所完成的职务发明创造，是指：

(一)在本职工作中作出的发明创造；

(二)履行本单位交付的本职工作之外的任务所作出的发明创造；

(三)退休、调离原单位后或者劳动、人事关系终止后1年内作出的，与其在原单位承担的本职工作或者原单位分配的任务有关的发明创造。

专利法第六条所称本单位，包括临时工作单位；专利法第六条所称本单位的物质技术条件，是指本单位的资金、设备、零部件、原材料或者不对外公开的技术资料等。

社会意义

职务发明及其权利归属制度通过赋予组织技术成果研发的主体一定时期的垄断权，使其能够收回因技术研发活动付出的大量人力、物力和财力，充分利用集体协同创新主体与发明人个人创新主体相比的优势，创造出更多有价值的技术发明。对于为发明作出重要贡献的发明人，职务发明制度也保障了其享有署名权的精神权利，以及获得奖励以及合理报酬的经济权利，以激发科研人员的创新积极性、促进成果转化，同时平衡发明人与单位之间的利益关系。然而在现实生活中，职务发明制度对于发明人的利益保障和创新激励明显不足，形成了“强资本、弱劳动”的格局。随着相关立法的完善以及普法宣传的深入开展，发明人个人的法律意识将日益增强，关于职务发明的企业规章制度会逐渐完善，进而推动国家科技竞争力不断提高。

案例溯源

本案一审案号为(2019)苏05知初506号，二审案号为(2020)最高法知民终1258号。

专题三
发明须有新颖性　现有技术要选全

新颖性是技术发明获得专利授权的实质要件,要求技术发明是区别于现有技术的新技术方案。作为新颖性审查的参照系,现有技术范围的大小直接决定了新颖性标准的高低。如果划定的现有技术范围过大,就会导致原本应当被授予专利权的技术发明因为不具备新颖性而无法取得专利权,对发明人的创新激励不足。反之,则可能引发专利泛滥现象,形成"专利丛林"甚至是"专利蟑螂",破坏正常的市场竞争秩序。因此,在新颖性和创造性判断过程中,现有技术范围的确定可以说是重中之重。此外,新颖性判断的具体方法是将一项技术发明包含的全部技术特征与每一项现有技术包含的全部技术特征进行单独对比。本专题选取 2 个案例对新颖性要求和现有技术判断进行讲解。

▶ 案例一:设备照片或者技术协议书能否被认定为现有技术?——A 公司、B 公司等侵害发明专利权纠纷案

关键词:现有技术　申请日前　为公众所知

法律要点:设备照片及技术协议书所体现的技术方案能否作为现有技术,取决于其是否于本专利申请日之前为公众所知,即处于公众想得知就能够得知的状态。

基本案情

上诉人(原审原告):A 公司,专利权人、被侵权人

上诉人(原审被告):B 公司,无效宣告请求人、侵权人

被上诉人(原审被告):C 公司,被诉侵权产品销售者

被上诉人(原审被告):D 公司,被诉侵权产品购买者

2014 年 10 月 17 日,A 公司提出涉案专利申请"一种清洗机辊系分离系

统”，于2016年4月6日获得授权并公告。后B公司以涉案专利技术不具备创造性、权利要求得不到说明书支持且未能清楚限定保护范围为由，向国家知识产权局原专利复审委员会提起无效宣告请求。国家知识产权局经审查作出维持涉案专利全部有效的决定。B公司在其公司网站上展示编号为g 001、名称为“板料清洗机”的产品图片及详细信息，涉嫌侵犯A公司享有的专利权，A公司遂申请采取证据保全措施。2016年3月，C公司中标D公司的“冲压A/B线及调试压机自动化项目”，该项目承建过程中所需的分离式板料冲洗机由B公司制造并销售给C公司。

2018年8月15日，A公司向山东省济南市中级人民法院提起诉讼，请求判令被告立即停止侵权、赔偿经济损失。被告B公司提出现有技术抗辩，主张没有侵犯涉案专利权，所依据的事实是经公证的相关清洗机机械设备照片和录像、设备销售订单和技术协议书。一审法院认为，B公司提供的证据不足以证明其清洗机的相关技术方案属于在涉案专利申请日前已经存在的现有技术，对其提出的现有技术抗辩，不予支持。

二审阶段，B公司仍主张被诉侵权产品使用的是现有技术，并补充提交了经公证的设备照片。A公司主张，其在专利申请日之前销售的产品是由自己而非他人销售，且产品处于客户厂房中，并未对外公开。对此，最高人民法院认为，“为公众所知”并不要求实际上已经为公众普遍知悉，只要处于公众想得知就能够得知的状态即可。A公司与案外人签订的设备销售合同足以证明涉案专利产品在专利申请日前已经对外销售，由于销售合同中没有约定保密义务，也没有证据证明A公司向案外人销售的产品处于保密状态，最高人民法院据此认定被诉侵权产品使用的是现有技术，B公司主张的现有技术抗辩成立。

法律讲堂

1. 什么是现有技术？它的用途是什么？

现有技术是指申请日或者优先权日以前在国内外为公众所知的技术。现有技术的定义对整个专利制度具有十分重要的意义，它实际上是《专利法》第22条第2款规定的新颖性标准和第3款规定的创造性标准的基础。此外，现有技术的确定也是《专利法》第67条规定的专利侵权纠纷中现有技术抗辩的基础。根据公开方式的不同，现有技术可以分为两种类型：一种是通过国内外出版物公开的现有技术，如专利文献、科技期刊和书籍、学术论文、专业文献、技术手册、样本、说明书、产品目录、公开的会议记录和技术报告、微缩胶片、影片、磁带、光盘、照相底片等。另一种是以其他方式公开的现有技术,主要包括使用公开、销售公开、展示公开、口头公开(如讲课、报告、发言等)。关于现有技术,在新颖性判断中,需要考察申请专利的发明是否属于现有技术;在创造性判断中,则要考察申请专利的发明相对于现有技术而言,是否具有突出的实质性特点和显著的进步,实用新型是否具有实质性特点和进步。专利侵权纠纷案件中,被诉侵权人提出现有技术抗辩,应审查其主张现有技术抗辩的技术方案是否在专利申请日前已为公众(不特定的人)所知,即处于公众想得知就能够得知的状态;被诉技术方案的全部技术特征与现有技术方案中的相应技术特征是否相同或无实质性差异。

2. 判断现有技术的标准是什么?

从公开时间和公开程度两个角度进行现有技术的认定。在公开时间方面,现有技术必须在专利申请日以前公开;在公开程度方面,现有技术的公开应当满足“为公众所知”的条件。根据我国《专利审查指南》第 2 部分第 3 章第 2.1 节的规定,“为公众所知”仅是一种现实可能的状态,而不要求这种状态已经实际存在。如果负有保密义务的人违反规定、协议或者默契泄露秘密,导致技术内容公开,使公众能够得知这些技术,这些技术也就构成了现有技术的一部分。需要指出的是,若现有技术的载体是机器设备,即使它们被置于公众中不负保密义务的成员所能看见的地方,也不一定被认定为该机器设备涉及的技术方案已经为公众所知,除非本领域技术人员单纯通过外部审视该机器设备就能够获知所有相关知识。如果只有通过拆开或者破坏该机器设备才能获知它的隐蔽技术特征,则不能视为已经为公众所知。

另外,《专利法》第 24 条规定了 4 种不丧失新颖性的情形,也就是新颖性宽限期制度。申请专利的发明创造在申请日以前 6 个月内通过该条规定的 4 种方式予以公开的,该发明创造并不因这些公开行为而被认定为丧失新颖性,不会失去获得专利保护的机会。换言之,尽管申请专利的发明创造事实上已经自公开之日起成为现有技术或现有设计,但是由于法律规定了新颖性宽限期,该现有技术或现有设计不影响专利申请人获得专利权。《专利法》规定的新颖性宽限期一并适用于发明、实用新型和外观设计专利权。

法律规定

1.《专利法》第二十二条第五款

本法所称现有技术,是指申请日以前在国内外为公众所知的技术。

2.《专利法》第二十四条

申请专利的发明创造在申请日以前六个月内,有下列情形之一的,不丧失新颖性:

(一)在国家出现紧急状态或者非常情况时,为公共利益目的首次公开的;

(二)在中国政府主办或者承认的国际展览会上首次展出的;

(三)在规定的学术会议或者技术会议上首次发表的;

(四)他人未经申请人同意而泄露其内容的。

3.《专利法》第六十七条

在专利侵权纠纷中,被控侵权人有证据证明其实施的技术或者设计属于现有技术或者现有设计的,不构成侵犯专利权。

4.《专利法实施细则》第三十条

专利法第二十四条第(一)项所称中国政府承认的国际展览会,是指国际展览会公约规定的在国际展览局注册或者由其认可的国际展览会。

专利法第二十四条第(二)项所称学术会议或者技术会议,是指国务院有关主管部门或者全国性学术团体组织召开的学术会议或者技术会议。

申请专利的发明创造有专利法第二十四条第(一)项或者第(二)项所列情形的,申请人应当在提出专利申请时声明,并自申请日起2个月内提交有关国际展览会或者学术会议、技术会议的组织单位出具的有关发明创造已经展出或者发表,以及展出或者发表日期的证明文件。

申请专利的发明创造有专利法第二十四条第(三)项所列情形的,国务院专利行政部门认为必要时,可以要求申请人在指定期限内提交证明文件。

申请人未依照本条第三款的规定提出声明和提交证明文件的,或者未依照本条第四款的规定在指定期限内提交证明文件的,其申请不适用专利法第二十四条的规定。

5.最高人民法院《关于审理侵犯专利权纠纷案件应用法律若干问题的解释》(2009年)第十四条第一款

被诉落入专利权保护范围的全部技术特征,与一项现有技术方案中的相应技术特征相同或者无实质性差异的,人民法院应当认定被诉侵权人实施的技术属于专利法第六十二条规定的现有技术。

社会意义

现有技术是专利实质要件中的"新颖性"和"创造性"判断的参照系。只有区别于现有技术,与现有技术相比不仅具有新颖性,而且创造性程度也足够明显,并非只是非实质性的、简单的区别,才能够被赋予垄断性的专利权。因此,现有技术范围的准确界定,对于判断一项技术发明是否具有新颖性和创造性,是否能够被授予专利权有决定性意义。社会公众了解现有技术的概念、范围和构成条件,可以有意识地提醒自己在从事科研工作中广泛获取各类最新的技术知识并将其运用到研发活动中去,避免重复研究,促使我国发明专利的质量不断提升;同时,申请人掌握现有技术概念,可以在撰写专利申请文件时更加规范、全面地描述现有技术,对审查授权结果作出合理预期,妥善应对专利无效和侵权纠纷,维护和强化市场竞争力。

案例溯源

本案一审案号为(2018)鲁01民初1732号,二审案号为(2020)最高法知民终711号。

▶ 案例二:网络空间信息是否构成现有技术或现有设计?——刘某某与某公司、国家知识产权局外观设计专利权无效行政纠纷案

关键词:网络空间信息　现有技术/现有设计　商业用途

法律要点:综合考虑网络空间的主要用途、信息的上传时间、信息的公开情况等要素,以此判断公众是否能够获知专利申请要求保护的信息,以及该信息何时处于为公众所知的状态。

基本案情

上诉人(原审第三人):刘某某,专利权人

被上诉人(原审原告):某公司,专利无效宣告请求人

原审被告:国家知识产权局

2015年12月4日,刘某某就产品名称为"电源支架"的外观设计向国家知识产权局申请外观设计专利,并于2016年5月4日获得授权公告。随后,某公司以本专利不符合《专利法》第23条规定为由,向国家知识产权局原专利复审委员会提出无效宣告请求,其提交的证据之一是"周顺兴五金空间"中的最新动态和商品照片相册等信息。国家知识产权局原专利复审委员会经审查认为,该证据所示的涉案QQ空间的所有人、其添加好友的标准、该空间的公开程度以及所示图片相关信息等无从核实,不予采信,作出了维持专利权有效的被诉

决定。

某公司不服，向北京知识产权法院提起诉讼，请求撤销被诉决定。在审理过程中，某公司补充提交的证据之一是经公证打印的用户名称为“周顺兴监控支架”的 QQ 空间相关信息，其中包括特定相册中的照片、文字描述和评论，以及该相册的权限设置（所有人可见/允许转载、分享、圈人/显示相机型号、拍摄时间）。北京知识产权法院认为，涉案 QQ 空间中相关相册所示的外观设计在申请日前处于公众想获得就能够获得的状态，可以作为评价本专利是否符合《专利法》第 23 条第 2 款规定的创造性、第 4 款所称的现有设计的依据，遂判决撤销国家知识产权局原专利复审委员会作出的无效宣告审查决定，国家知识产权局就某公司所提无效宣告请求重新作出决定。

刘某某不服一审判决，向最高人民法院提起上诉。最高人民法院认为，“周顺兴五金的空间”中《ZSX－708》相册展示的全部内容均为商品信息，相册的上传时间为 2015 年 1 月 3 日，权限显示为对“所有人可见”，公众完全可以通过添加好友等方式获知商品照片，没有证据显示该用户会对添加好友的请求进行特定筛选，也没有证据显示其所添加的好友需要遵守保密义务。因此，涉案 QQ 空间中相关商品照片处于为公众所知的状态，且其上传时间（公开时间）早于本专利申请日，应该作为评价本专利是否符合《专利法》第 23 条第 2 款规定的现有设计。于是，二审判决驳回上诉，维持原判。

法律讲堂

1. 网络信息能否构成现有技术或现有设计

可以。根据《专利审查指南》第 2 部分第 3 章第 2.1.2.1 节的规定，通过出版物公开的现有技术包含存在于互联网或其他在线数据库中的资料等。因此，在网络环境中以数字化形式传输或存储的资料在符合公开时间和公开程度的条件下，与具有有形载体的出版物一样构成现有技术或现有设计。

2. 如何认定网络空间信息是否属于现有技术或现有设计

不能一概而论，应当综合考虑特定网络空间的特点、主要用途，相关信息上传的时间和公开情况等要素进行个案认定。就本案中涉及的 QQ 空间来讲，它兼具公开性与秘密性，这是因为，一方面，QQ 空间需要经用户同意添加好友后方能查看，另一方面，QQ 空间的访问权限可以设置为“所有人可见”，而且当用户没有对添加好友的请求进行特定筛选，也不要求其所添加的好友遵守保密义务时，实际上 QQ 空间中的电子信息处于公众想得知就能够得知的公开状态。

此外,网络信息的公开时间一般为该信息上传的时间,除非有其他相反的证据。构成现有技术或现有设计的网络空间信息,其上传时间应当在专利申请日以前。

法律规定

《专利法》第二十三条第二款、第四款

……

授予专利权的外观设计与现有设计或者现有设计特征的组合相比,应当具有明显区别。

……

本法所称现有设计,是指申请日以前在国内外为公众所知的设计。

社会意义

互联网、大数据和人工智能技术的普及大大扩充了人类能够获取的信息的来源,作为一种新工具,它们增加了人类技术知识的总量,强化了可付诸实践的技能水平,致使现有技术的范围呈现不断扩张的趋势。这也给专利审查和司法裁判中现有技术的认定带来了不确定性。本案判决意在告诉读者,网络公开的信息应当满足哪些条件才能构成专利法意义上的现有技术,以此指导和规范专利申请与专利维权程序。另外,随着信息技术检索和处理技术的不断发展和进化,今后还有可能出现新的公开方式,例如,利用人工智能技术自动生成的技术信息,因此《专利法》第22条第5款并没有对现有技术公开的方式进行限制,为适应社会的发展提供了足够的余地。

案例溯源

本案一审案号为(2018)京73行初7134号,二审案号为(2020)最高法知行终422号。

专题四
发明须有创造性　专利质量把好关

根据我国《专利法》第22条第3款的规定,创造性,是指与现有技术相比,该发明具有突出的实质性特点和显著的进步,该实用新型具有实质性特点和进步。在专利审查和司法实践中,由于“本领域技术人员”和“显而易见”这两个重要概念具有抽象性,即使创造性是客观存在的,但是对它的判断往往存在很强的主观不确定性,许多专利纠纷案件也因此而起。虽然在理论上创造性判断方法和标准尤为复杂,但对创造性要件基本规则的了解,有助于理解专利制度的立法宗旨,体会对高质量的技术发明赋予一定时期内排他性专利权的必要性。本专题选取了涉及创造性判断的两个典型案例,希望能够强化大众专利法律意识,共同推动专利工作从追求数量向提高质量转变。

▶ 案例一:发明专利创造性的判断方法和标准是什么?——陈某某与国家知识产权局发明专利申请驳回复审行政纠纷案

关键词:创造性　最接近的现有技术　显而易见

法律要点:判断一项技术发明是否具有创造性,应当遵循“三步法”:首先,确定最接近的现有技术;其次,分析发明与最接近的现有技术相比有哪些区别特征,根据这些区别特征所能达到的技术效果确定发明实际解决的技术问题;最后,判断发明对本领域技术人员来说是否显而易见。

基本案情

上诉人(原审原告):陈某某,专利申请人

被上诉人(原审被告):国家知识产权局

2015年7月8日,陈某某向国家知识产权局提交名称为“电压力锅内胆及内胆盖”的发明专利申请。国家知识产权局审查部门经实质审查,作出驳回决定，理由是该专利申请的权利要求不具有创造性。陈某某不服，提出复审申请，国家知识产权局原专利复审委员会维持了对本申请作出的驳回申请决定。

陈某某对上述复审决定不服，向北京知识产权法院提起诉讼。北京知识产权法院经审理认为，本申请的电压力锅与记载现有技术的文件相比，区别特征仅在于内胆和内胆盖非直接受热的外表面保温，均属于本领域技术人员容易想到的技术，因而陈某某请求保护的技术方案不具备突出的实质性特点和显著的进步，即缺乏创造性。于是，北京知识产权法院判决驳回陈某某的诉讼请求。陈某某不服，向最高人民法院提起上诉。最高人民法院针对涉案专利申请是否具有创造性的问题，采用"三步法"给出了否定性结论。首先，确定最接近的现有技术是"一种多重保温的节能电饭煲"。其次，将涉案专利申请的权利要求与该现有技术文件对比，得出两项区别特征，进而总结本申请所要解决的技术问题是如何延长电压力锅的自然保温时间。最后，判断在前述对比文件已公开技术方案的基础上，为延长电压力锅的自然保温时间，本领域技术人员容易想到将电压力锅的内胆以及同样属于散热面的内胆盖非直接受热面增加保温功能。故涉案专利申请请求保护的技术方案对于本领域技术人员来说是显而易见的，不具备创造性。

法律讲堂

1. 在创造性和新颖性判断中，均需要将申请专利技术方案与现有技术对比，二者有何不同

对比方法不同。新颖性判断采用单独对比原则；而创造性判断则是结合若干现有技术，认定专利申请或者专利权利要求记载的技术方案对本领域技术人员来说是否显而易见。由于新颖性判断是将发明与单独一件现有技术作比较，审查申请专利的技术方案所包含的全部技术特征是否被该项现有技术披露，因此判断结论相对客观可靠。而创造性判断需要考察不同现有技术的组合是否对要求保护的技术方案具有启示、教导和增强动机的作用，结论的主观性较强，可能导致专利审查部门与法院或者不同法院之间就同一项技术发明的创造性问题得出截然相反的结论。

2. 如何认定要求保护的发明对本领域技术人员来说是否显而易见

下列3种情形下，可以认为发明在本领域技术人员看来是显而易见的：(1)发明与最接近的现有技术之间的区别特征是公知常识；(2)所述区别特征为与最接近的现有技术相关的技术手段（如同一对比文件其他部分披露的技术手段);(3)所述区别特征为另一份对比文件中披露的相关技术手段,该技术手段在该对比文件中所起的作用与该区别特征在要求保护的发明中为解决该重新确定的技术问题所起的作用相同。可见,以上第二种和第三种情况下,发明是否具有创造性的关键在于该技术手段在现有技术对比文件中所起的作用与该区别特征在要求保护的发明中为解决该重新确定的技术问题所起的作用是否相同。

法律规定

1.《专利法》第二十二条第三款

创造性,是指与现有技术相比,该发明具有突出的实质性特点和显著的进步,该实用新型具有实质性特点和进步。

2. 国家知识产权局《专利审查指南》第二部分第四章第 2.2 节、第 2.3 节

发明有突出的实质性特点,是指对所属技术领域的技术人员来说,发明相对于现有技术是非显而易见的。如果发明是所属技术领域的技术人员在现有技术的基础上仅仅通过合乎逻辑的分析、推理或者有限的试验可以得到的,则该发明是显而易见的,也就不具备突出的实质性特点。

发明有显著的进步,是指发明与现有技术相比能够产生有益的技术效果。例如,发明克服了现有技术中存在的缺点和不足,或者为解决某一技术问题提供了一种不同构思的技术方案,或者代表某种新的技术发展趋势。

3. 国家知识产权局《专利审查指南》第二部分第四章第 3.2.1.1 节

……

最接近的现有技术,是指现有技术中与要求保护的发明最密切相关的一个技术方案,它是判断发明是否具有突出的实质性特点的基础。最接近的现有技术,例如可以是,与要求保护的发明技术领域相同,所要解决的技术问题、技术效果或者用途最接近和/或公开了发明的技术特征最多的现有技术,或者虽然与要求保护的发明技术领域不同,但能够实现发明的功能,并且公开发明的技术特征最多的现有技术。应当注意的是,在确定最接近的现有技术时,应首先考虑技术领域相同或相近的现有技术。

……

(3)判断要求保护的发明对本领域的技术人员来说是否显而易见

在该步骤中,要从最接近的现有技术和发明实际解决的技术问题出发,判断要求保护的发明对本领域的技术人员来说是否显而易见。判断过程中,要确定的是现有技术整体上是否存在某种技术启示,即现有技术中是否给出将上述

区别特征应用到该最接近的现有技术以解决其存在的技术问题(发明实际解决的技术问题)的启示,这种启示会使本领域的技术人员在面对所述技术问题时,有动机改进该最接近的现有技术并获得要求保护的发明。如果现有技术存在这种技术启示,则发明是显而易见的,不具有突出的实质性特点。

社会意义

新颖性和创造性在逻辑上具有递进关系。仅仅与现有技术之间存在细微差别的发明创造不足以获得专利保护,它与现有技术相比,还要具有突出的实质性特点和显著的进步,也就是专利法上的创造性。专利审查实践中,一般先进行新颖性审查,后进行创造性审查。一项技术方案可能出现符合新颖性要件,却不具备创造性的情况。创造性是专利实质性授权条件的核心,它从质的方面反映了发明创造的本质特征,解决发明创造的技术水平问题。只有具有创造性的先进技术才能推动技术和经济发展,才有必要通过专利法予以保护。

案例溯源

本案一审案号为(2019)京73行初10346号,二审案号为(2021)最高法知行终60号。

▶ 案例二:简单叠加的组合发明不具备创造性——任某某与国家知识产权局发明专利申请驳回复审行政纠纷案

关键词:组合发明　创造性　简单叠加　意料不到的技术效果

法律要点:因简单叠加的组合发明效果可以预见,并没有取得意料不到的技术效果,该发明不具备创造性。

基本案情

上诉人(原审原告):任某某,专利申请人

被上诉人(原审被告):国家知识产权局

2004年3月8日,任某某向国家知识产权局提出名称为“一种多功能通讯装置”的发明专利申请,其特征是将小灵通、手机、手提电脑、步话机等装置组合,从而达到不同功能组合的效果。国家知识产权局经实质审查,以不具备创造性为由驳回了任某某的专利申请。任某某不服该驳回决定,向国家知识产权局提出复审请求。后国家知识产权局作出复审决定:维持对本申请作出的驳回决定。

任某某不服,向北京知识产权法院提起诉讼。北京知识产权法院经审理认为,该专利申请的6项权利要求均不具有创造性,遂驳回了任某某的诉讼请求。任某某对一审判决仍然表示不服,向最高人民法院提出上诉。最高人民法院认为,本申请的组合手段是常规组合方式,不具有组合难度;该技术方案仅仅是将现有技术中的方法或产品依据常规的组合结构或步骤组合在一起,各部分独立以其常规的方式工作,并且总的技术效果是各组合部分效果之和,组合后各技术特征之间在功能上无相互协同促进作用,仅仅是一种简单的叠加,其效果是本领域技术人员可以预见的,并没有取得意料不到的技术效果,所以不具备创造性。于是,最高人民法院二审判决驳回上诉,维持原判。

法律讲堂

1.本案中涉及的发明专利申请为什么是简单叠加的组合发明

综合考虑组合手段或方式的常规性、将现有技术中的产品或方法组合在一起的难易程度、构成组合发明的各项技术特征在功能上有无协同促进作用,以及实现的技术效果是否可以预见等因素进行判断。以本案专利申请的权利要求中的技术方案为例,"其特征是将步话机、小灵通、手机、手提电脑其中至少2种装置组合在一起,同时具备2种或以上功能;所述的组合,包括电路、软、硬件的组合,达到功能组合的效果"。现有技术的对比文件1公开了具有无线对讲功能的无线电话机组,它与本案专利申请技术方案的主要区别,一是通讯装置的组合种类不同,二是对比文件1没有公开组合中包括电路、软、硬件的组合这一技术特征。在通讯装置组合种类方面,构成本案专利申请技术方案的都是信息通讯领域的常规装置,结合对比文件1和对比文件2中"第五代大统一移动无线网系统"的技术启示,本领域技术人员容易想到以更多的常规通讯装置组合以拓展组合功能。在电路、软、硬件的组合方面,它所解决的技术问题是如何实现功能转换,就本领域技术人员而言,以电路或软、硬件组合的方式具体实现功能模块的组合,属于本领域的常识。综上,本案专利申请技术方案没有带来意想不到的技术效果,对本领域技术人员而言是显而易见的。故任某某请求保护的技术方案缺乏显著性。

2.什么样的组合发明具备专利法要求的创造性

判断标准的落脚点应在组合发明作为一个整体所实现的技术效果上。组合发明中各项技术特征是现有技术范围内的产品结构或者方法步骤,它们在功能上彼此支持,使组合发明获得了新的、更加优越的技术效果,这种技术效果是本领域技术人员意料之外的。例如，一项“深冷处理及化学镀镍—磷—稀土工艺”的发明，其特征在于将公共所知晓的深冷处理和化学镀相互组合。其实现的技术效果不仅省去了现有技术深冷处理后必要进行的回火处理，更使工件具有稳定的基体组织以及耐磨、耐蚀并与基体结合良好的镀层，这超出了本领域技术人员的预期。因此，该项发明具有创造性。

法律规定

国家知识产权局《专利审查指南》第二部分第四章第4.2节

组合发明，是指将某些技术方案进行组合，构成一项新的技术方案，以解决现有技术客观存在的技术问题。

在进行组合发明创造性的判断时通常需要考虑：组合后的各技术特征在功能上是否彼此相互支持、组合的难易程度、现有技术中是否存在组合的启示以及组合后的技术效果等。

(1)显而易见的组合

如果要求保护的发明仅仅是将某些已知产品或方法组合或连接在一起，各自以其常规的方式工作，而且总的技术效果是各组合部分效果之总和，组合后的各技术特征之间在功能上无相互作用关系，仅仅是一种简单的叠加，则这种组合发明不具备创造性。

……

此外，如果组合仅仅是公知结构的变型，或者组合处于常规技术继续发展的范围之内，而没有取得预料不到的技术效果，则这样的组合发明不具备创造性。

(2)非显而易见的组合

如果组合的各技术特征在功能上彼此支持，并取得了新的技术效果；或者说组合后的技术效果比每个技术特征效果的总和更优越，则这种组合具有突出的实质性特点和显著的进步，发明具备创造性。其中组合发明的每个单独的技术特征本身是否完全或部分已知并不影响对该发明创造性的评价。

社会意义

在技术创新领域，组合发明和选择发明、转用发明、新用途发明一样，都属于改进性发明，不能依据发明创造的不同类型划定它们是否具有创造性，这些类型的发明都有可能具备创造性，也都不当然具备创造性。对于组合发明来说，虽然《专利审查指南》和司法案例都列举了多项判断组合发明创造性的考量因素,但归根结底还是要看组合现有技术要素构成的新发明整体上是否获得了本领域技术人员无法预见的技术效果,而且其判断方法实质上并未脱离创造性判断中通常所用的“三步法”。信息时代,很多新领域、新业态的发明创造可能都属于组合发明,例如,共享单车的使用方法,或者由不同模块组成的集传感、显示、信息处理与通信功能为一体的智能设备等。为适应新技术的发展趋势,了解掌握组合发明的创造性判断方法和标准,对准确衡量发明的创造性、提高专利质量十分必要。

案例溯源

本案一审案号为(2019)京73行初12409号,二审案号为(2021)最高法知行终335号。

专题五
专利须有实用性　立法目的才实现

与新颖性、创造性相比,以缺乏实用性驳回专利申请或者宣告专利无效的情况较少发生。对于大部分发明创造来说,《专利法》规定的"能够制造或者能够使用"并且"能够产生积极效果"的条件相对容易满足。因此,实用性要件在过去常常得不到人们的重视。然而,随着高新技术的兴起,尤其是生物、医药技术的快速发展,该领域的发明数量持续增长,实用性标准被赋予了新的功能和作用。例如,针对涉及生物基因的发明专利申请,仅仅在说明书中公开特定基因排序是远远不够的,还要明确这种排序能够以何种方式在工业上予以利用及其具体的制造和使用的方法,合理限制一些市场主体在该领域非正常地申请专利,"跑马圈地"占用应该广为运用的科学技术信息,破坏专利法的立法目的。

▶ 案例:明显违背自然规律的发明因其技术方案无法实际实施而不具备实用性——任某某与国家知识产权局发明专利申请驳回复审行政纠纷案

关键词:实用性　自然规律　产业应用　积极效果

法律要点:发明专利申请具备实用性的基本前提是该发明建立在现有且公认的自然规律之上。明显违背自然规律的发明因其技术方案无法实施而不具备实用性。

基本案情

上诉人(原审原告):任某某,专利申请人

被上诉人(原审被告):国家知识产权局

2011年4月27日,任某某向国家知识产权局提出名称为"重力能的获取方法及重力节能抽油机"的发明专利申请。经实质审查,国家知识产权局向其发出驳回决定，理由是本申请不符合专利法规定的实用性要求。根据说明书的记载，通过一个圆柱体或球体的滚动，做到输出的能量大于输入的能量，实现了“永动机”的梦想，这违背了能量守恒定律，基于“圆周定律”制成的重力节能装置无法在产业上制造或使用，因而该专利申请的权利要求不具备实用性。任某某不服，向国家知识产权局原专利复审委员会提出了复审请求，后专利复审委员会维持了原驳回决定。

任某某不服上述复审决定，向北京知识产权法院提起诉讼。北京知识产权法院经审理认为，任某某在说明书中定义了“圆周定律”，但没有任何证据证明所谓“圆周定律”已为本领域接受并验证，成为本领域公认的自然规律。而本申请违背了能量守恒定律，因为其中涉及的驱动装置驱动圆周体进行运动，在运动过程中必然会有摩擦损耗，并且没有新的能量产生，这使圆周体传递的动力小于驱动装置产生的驱动力，无法实现节能目的，也无法在产业上制造和使用，不具备实用性。北京知识产权法院遂判决驳回任某某的诉讼请求。

任某某对一审判决表示不服，向最高人民法院提起上诉。最高人民法院指出，在现有理论水平的情况下，任某某所声称的“圆周定律”违背了公认的基本力学定律、能量守恒定律等自然规律，该技术方案不能在产业上应用并产生积极的效果，不具备《专利法》第22条第4款规定的实用性要求。

法律讲堂

1. 发明创造不具备实用性的主要情形有哪些

《专利审查指南》规定了6种不具备实用性的主要情形：(1)无再现性；(2)违背自然规律；(3)利用独一无二的自然条件的产品；(4)人体或者动物体的非治疗目的的外科手术方法；(5)测量人体或者动物体在极限情况下的生理参数的方法；(6)无积极效果。第一种情形中的“再现性”是指所属技术领域的技术人员，根据公开的技术内容，能够重复实施专利申请中为解决技术问题所采用的技术方案。这种重复实施不得依赖任何随机的因素，并且实施结果应该是相同的。第二种情形，如违背能量守恒定律的永动机。第三种情形下，利用特定的自然条件建造的自始至终都是不可移动的唯一产品不具备实用性。第四种情形，如为美容而实施的外科手术方法，或者采用外科手术从活牛身体上摘取牛黄的方法。之所以规定第五种情形不具有实用性，是考虑到测量人体或动物体在极限情况下的生理参数需要将被测对象置于极限环境中，这会对人或动物的生命构成威胁，不同的人或动物个体可以耐受的极限条件是不同的，需要有经验的测试人员根据被测对象的情况来确定其耐受的极限条件，因此这类方法无法在产业上使用。最后一种情形是指明显无益、脱离社会需求的发明创造。

2. 判断发明创造具有实用性是否要求其已经实际实施

不要求。《专利法》第 22 条第 4 款仅规定发明“能够制造或使用”，也就是说根据专利申请案中的权利要求书和说明书，发明所属领域的技术人员结合其具有的技术知识可以得出该发明能够予以制造或使用的肯定性结论即可。

3. 实用性审查与新颖性、创造性审查在逻辑上有无先后顺序关系

理论上没有，但审查实践中一般先审查发明创造的实用性。尽管《专利审查指南》第 2 部分第 5 章第 3 节规定，实用性审查应当在新颖性和创造性审查之前首先进行判断。但这并非因概念之间的逻辑顺序而作出的要求，只是因为实用性审查不需要像新颖性和创造性审查那样，将申请专利的发明创造与申请日前的现有技术进行比较，也就没有必要进行相关检索，所以审查指南规定这样的审查顺序，完全是出于节约公共资源，缩短审查时间的考虑。

4. 否定一项发明创造的实用性是否与该申请案的说明书公开不充分有关

无关。申请专利的技术发明因不能制造或者使用而不具备实用性，不是由于说明书没有公开关于该技术方案的细节，致使本领域技术人员在阅读说明书后无法实施，而是因技术方案本身固有的缺陷造成的，如本案中涉及的违反能量守恒定律的节能装置，其被驳回专利申请与说明书公开的程度无关。

法律规定

1.《专利法》第二十二条第四款

实用性，是指该发明或者实用新型能够制造或者使用，并且能够产生积极效果。

2. 国家知识产权局《专利审查指南》第二部分第五章第 3.2.2 节

具有实用性的发明或者实用新型专利申请应当符合自然规律。违背自然规律的发明或者实用新型专利申请是不能实施的，因此，不具备实用性。

社会意义

实用性既是技术发明获得专利权的实质条件，也是人们发明某项技术方案的目的——解决实际存在的技术问题，并由此获得一定的积极效果和经济利益，这也恰好贴合专利法的功利主义基本理论，推动科学和实用技术进步，激励人们创造出更多的科学产品以实现效益的最大化。应当注意的是,专利法要求可以获得保护的技术发明具有创造性,并不意味着这些技术发明已经达到了完美无缺的地步。相反地,任何一件发明都可能存在这样或者那样的技术缺陷,特别是对于开拓性发明而言更是如此,所以在社会发展的进程中,才会不断涌现新的改进性发明。只要有关的技术发明所存在的缺陷或者不足没有严重到致使该项技术无法实施的地步,或者该项技术的优点或进步超过了缺点或不足,该技术发明仍然可以通过实用性审查。这也告诉广大科学技术工作者,不用过分担心因发明创造存在细微缺陷而无法获得专利授权,以专利形式保护自己的智力劳动成果仍然是一种可供选择的有效策略。

案例溯源

本案一审案号为(2017)京73行初9621号,二审案号为(2021)最高法知行终28号。

专题六
实用新型小发明　保护也须合条件

实用新型与发明都属于为解决技术问题,采用符合自然规律的技术手段,获得技术效果的一种技术方案,只不过发明既可以是一种产品也可以是一种方法,而实用新型只能是对产品形状、构造或者其结合作出的改进,因此实用新型专利的客体范围窄于发明专利的客体范围。对于一些技术含量不是特别高、市场生命周期短、更新迭代快的"小发明",发明人或者其授权的其他申请人可以积极地申请专利并在实施后推向市场。不过,在本质上,实用新型专利和发明专利都应当具有新颖性、创造性和实用性,只不过实用新型专利的相应标准要低于发明专利,而且因为实用新型在授权之前仅有形式审查,因此实用新型专利到底是否符合专利法规定的可获保护的实质条件,只能在无效宣告程序中对其进行审查。

依据我国目前《专利法》的规定,实用新型和外观设计只要具备合格的形式要件就可以授予专利权。正因为如此,针对这两类专利权,在专利侵权诉讼中容易被提出现有技术或设计抗辩,并易引发无效宣告程序,其法律效力的稳定性较差。然而,实用新型或外观设计专利权人在现实中要么明知道没有创新却利用形式审查制度轻易获得专利权,要么对如何增强自己权利的稳定性和强化保护经常缺乏足够重视,有时会轻率地对他人提出专利侵权指控,最终导致自己的专利权被宣告无效。在此过程中不仅过度地占用司法资源,影响、干扰同业竞争者的正常生产经营活动,还不利于自身的长远发展。因此,专利权人或利害关系人若确实对产品作出了创新,应就其专利权的有效性进行合法合理的评估,然后尽早地向国家知识产权局请求作出专利权评价报告,使专利权处于更容易获得保护的状态。

▶ 案例一：获得实用新型专利授权后，因缺乏创造性等实质要件被宣告无效——A公司与国家知识产权局、B公司实用新型专利权无效行政纠纷案

关键词：实用新型　创造性　实质性特点　进步

法律要点：实用新型的创造性判断方法与技术方明的创造性判断方法相同，但是前者的创造性判断标准低于后者。

基本案情

上诉人（原审原告）：A公司，实用新型专利权人

被上诉人（原审被告）：国家知识产权局

原审第三人：B公司，无效宣告请求人

2011年6月7日，A公司向国家知识产权局提出名称为“一种智能服务终端”的实用新型专利申请，后获得专利授权。2018年9月27日，B公司请求宣告该专利无效，理由之一是其权利要求不具备创造性。国家知识产权局权以该专利权利要求不符合《专利法》第22条第3款规定的创造性为由，宣告本专利权全部无效。A公司不服该行政决定，向北京知识产权法院提起诉讼，请求法院撤销上述无效宣告审查决定，判令国家知识产权局重新作出审查决定。一审法院采用创造性判断“三步法”审查后认为，权利要求1与最接近的现有技术文件相比，区别特征有两个，其中一个区别特征属于本领域公认常识，另一个区别特征是将现有的不同类型的读卡器、扫描枪、打印机等进行简单的组合使用，是本领域技术人员容易想到的技术，且未产生预料不到的技术效果。于是，一审判决认定，原审判决认定涉案权利要求不具备创造性，结论无误，依法予以支持，驳回A公司的诉讼请求。

A公司不服，向最高人民法院提起上诉。最高人民法院经审理认为，在最接近的现有技术已经公开智能服务终端可配置多种设备的情况下，将本专利权利要求1所限定的各类已知的身份读取设备、扫描设备和打印设备与控制主机进行配置连接，以满足不同的身份验证、输入及打印等使用需求，该技术对本领域技术人员而言是显而易见的。一审法院的认定并无不当，遂判决驳回上诉，维持原判。

法律讲堂

如何理解实用新型具有“实质性特点”和“进步”

所谓实质性特点是指对本领域技术人员来说，该实用新型相对于现有技术

是非显而易见的;所谓进步是指该实用新型与现有技术相比能够产生有益的技术效果。由于实用新型专利申请采用形式审查制,其创造性只在无效宣告程序或者司法救济程序中作出判断。关于实质性特点或者非显而易见性的判断,仍然遵循适用于发明专利的“三步法”,只不过在确定现有技术范围和数量上一般小于特定技术发明所属技术领域的现有技术范围和数量。

法律规定

1.《专利法》第二十二条第三款

创造性,是指与现有技术相比,该发明具有突出的实质性特点和显著的进步,该实用新型具有实质性特点和进步。

2. 国家知识产权局《专利审查指南》第四部分第六章第4节

在实用新型专利创造性的审查中,应当考虑其技术方案中的所有技术特征,包括材料特征和方法特征。

实用新型专利创造性审查的有关内容,包括创造性的概念、创造性的审查原则、审查基准以及不同类型发明的创造性判断等内容,参照本指南第二部分第四章(发明专利的实质性条件)的规定。

……

两者(发明专利与实用新型专利)在创造性判断标准上的不同,主要体现在现有技术中是否存在“技术启示”。在判断现有技术中是否存在技术启示时,发明专利与实用新型专利存在区别,这种区别体现在下述两个方面。

(1)现有技术的领域

……

对于实用新型专利而言,一般着重于考虑该实用新型专利所属的技术领域。但是现有技术中给出明确的启示,例如现有技术中有明确的记载,促使本领域的技术人员到相近或者相关的技术领域寻找有关技术手段的,可以考虑其相近或者相关的技术领域。

(2)现有技术的数量

……

对于实用新型专利而言,一般情况下可以引用一项或者两项现有技术评价其创造性,对于由现有技术通过“简单的叠加”而成的实用新型专利,可以根据情况引用多项现有技术评价其创造性。

社会意义

实用新型专利也被称作“小发明”，它本质上是一种技术方案。虽然实用新型也应当具备新颖性、创造性和实用性，但是实用新型与发明的“技术含量”是不同的。这些实质性授权条件只在专利无效宣告程序中予以考量，在专利申请审查阶段只作形式审查，如申请文件是否齐全以及填写是否规范等。专利法之所以对实用新型规定了较低的创造性标准和较短的权利保护期限，并且采用简单快速的审批程序，是为了与这类对产品形状或者结构作出改进的技术方案的特点相适应。实用新型专利制度为培育大众创新的社会环境提供了法律保障，社会公众可以就自己创造的“小发明”积极申请专利以收回经济成本，获得经济收益。

案例溯源

本案一审案号为(2019)京73行初8404号行政判决，二审案号为(2021)最高法知行终136号。

▶ 案例二：国家知识产权局出具的专利权评价报告有什么用途？——A公司与国家知识产权局、B公司实用新型专利权无效行政纠纷案

关键词：实用新型专利　无效　专利权评价报告　拘束力

法律要点：专利权评价报告可以作为评价所涉专利权效力是否稳定的初步证据，是人民法院判断是否中止审理专利侵权纠纷程序的参考依据。但是，其对国家知识产权局依法作出的专利权无效宣告请求审查决定的结论不具有当然的拘束力。

基本案情

上诉人(原审原告)：A公司，实用新型专利权人

被上诉人(原审被告)：国家知识产权局

原审第三人：B公司，无效宣告请求人

2015年10月16日，A公司就“一种能提高引蚊效果的灭蚊器”向国家知识产权局申请实用新型专利并获得授权公告。2019年6月5日，B公司针对本专利向国家知识产权局提出无效宣告请求，理由是该专利权利要求不具备创造性。国家知识产权局经审查决定宣告本专利权无效。A公司不服被诉决定，向

北京知识产权法院提起诉讼,请求法院撤销被诉决定,并判令国家知识产权局重新作出决定。北京知识产权法院认定本专利权利要求不符合《专利法》第22条第3款的规定,判决驳回A公司的诉讼请求。A公司不服,向最高人民法院提起诉讼,请求撤销原审判决,撤销被诉决定。A公司主张其从国家知识产权局申领的《实用新型专利权评价报告》确认了本专利的新颖性及创造性,对本专利的灭蚊效果及生产成本存在优化予以认可,但被诉决定却给出完全相反的结论。国家知识产权局应对上述矛盾给予合理解释。

最高人民法院认为,首先,A公司在本案中并未提交证明本专利有效的专利权评价报告,其所主张的前述评价报告与被诉决定结论矛盾的事实,缺乏事实依据。其次,即便A公司关于专利权评价报告的述称属实,依据专利法的相关规定,专利权评价报告仅是作为评价所涉专利权效力是否稳定的初步证据,并非评价专利权有效性的行政决定,其对国家知识产权局在无效宣告审查程序中作出的被诉决定的结论并不具有当然的拘束力。故此,最高人民法院认定,被诉决定、原审判决对本专利权利要求不具备创造性的认定并无不当,判决驳回上诉,维持原判。

法律讲堂

1. 请求国家知识产权局作出专利权评价报告的时间和主体

授予实用新型专利权的决定公告后,专利权人或利害关系人即可请求国家知识产权局作出专利权评价报告。专利权评价报告的前身是2000年《专利法》规定的检索报告。实践中,当实用新型或者外观设计专利权人提起专利侵权诉讼时,人民法院普遍会要求专利权人出具国家知识产权局作出的检索报告。2008年《专利法》将"检索报告"改为"专利权评价报告",扩大了报告涉及的内容的范围。可以请求国家知识产权局作出专利权评价报告的主体除了专利权人以外,还包括利害关系人,即有权单独提起专利侵权诉讼或者请求行政处理专利侵权纠纷的人,例如,独占专利许可合同的被许可人和普通专利许可合同明确约定享有起诉权的被许可人,但被诉侵权人被排除在"利害关系人"范围之外。

2. 专利权评价报告的主要内容是什么

专利权评价报告应当由国家知识产权局在进行检索、分析和评价后作出,其内容涵盖国家知识产权局根据其掌握的现有技术数据库、现有设计数据库、专利文件、专利申请文件、申请案卷等信息和资料判断专利实质性授权条件;而且专利权评价报告不能只给出结论,还要写明据以作出结论的理由或原因。专利权评价报告的内容远远超过原检索报告涉及的内容,除了检索现有技术或者现有设计,对相关专利的新颖性或者创造性作出判断外,还要评价其说明书公开是否充分、权利要求书是否清楚简明、是否与申请日前的在先权利相冲突等其他全部实质性条件。

3. 专利权评价报告有何作用

根据《专利法》的有关规定,专利权评价报告作为审理、处理专利权侵权纠纷的证据。需要指出的是,专利权评价报告仅仅是一份证据,并且只是审理或者处理专利侵权诉讼的证据而非判断专利权有效性的证据,也不能作为行政决定。它最主要的作用是帮助人民法院在被诉侵权人于答辩期间请求宣告专利权无效的情况下,判断是否应当中止诉讼。具体来讲,如果专利权评价报告得出结论:涉案实用新型或者外观设计专利不具备新颖性或创造性等实质性授权条件,人民法院则应当中止诉讼。反之,专利权评价报告没有给出对专利权不利的评价意见时,人民法院则可不中止审理,如此有助于缩短专利侵权诉讼的审理期间,减轻当事人的诉累。

法律规定

1.《专利法》第六十六条第二款

专利侵权纠纷涉及实用新型专利或者外观设计专利的,人民法院或者管理专利工作的部门可以要求专利权人或者利害关系人出具由国务院专利行政部门对相关实用新型或者外观设计进行检索、分析和评价后作出的专利权评价报告,作为审理、处理专利侵权纠纷的证据;专利权人、利害关系人或者被控侵权人也可以主动出具专利权评价报告。

2.《专利法实施细则》第五十六条

授予实用新型或者外观设计专利权的决定公告后,专利法第六十条规定的专利权人或者利害关系人可以请求国务院专利行政部门作出专利权评价报告。

请求作出专利权评价报告的,应当提交专利权评价报告请求书,写明专利号。每项请求应当限于一项专利权。

专利权评价报告请求书不符合规定的,国务院专利行政部门应当通知请求人在指定期限内补正;请求人期满未补正的,视为未提出请求。

3.《专利法实施细则》第五十七条

国务院专利行政部门应当自收到专利权评价报告请求书后 2 个月内作出专利权评价报告。对同一项实用新型或者外观设计专利权,有多个请求人请求作出专利权评价报告的，国务院专利行政部门仅作出一份专利权评价报告。任何单位或者个人可以查阅或者复制该专利权评价报告。

4. 最高人民法院《关于审理侵犯专利权纠纷案件应用法律若干问题的解释（二）》（2020 年修正）第四条

对申请日在 2009 年 10 月 1 日前（不含该日）的实用新型专利提起侵犯专利权诉讼，原告可以出具由国务院专利行政部门作出的检索报告；对申请日在 2009 年 10 月 1 日以后的实用新型或者外观设计专利提起侵犯专利权诉讼，原告可以出具由国务院专利行政部门作出的专利权评价报告。根据案件审理需要，人民法院可以要求原告提交检索报告或者专利权评价报告。原告无正当理由不提交的，人民法院可以裁定中止诉讼或者判令原告承担可能的不利后果。

5. 最高人民法院《关于审理侵犯专利权纠纷案件应用法律若干问题的解释（二）》（2020 年修正）第五条

人民法院受理的侵犯实用新型、外观设计专利权纠纷案件，被告在答辩期间内请求宣告该项专利权无效的，人民法院应当中止诉讼，但具备下列情形之一的，可以不中止诉讼：

（一）原告出具的检索报告或者专利权评价报告未发现导致实用新型或者外观设计专利权无效的事由的；

……

社会意义

专利权评价报告能够帮助专利权人正确认识其所获的专利权的法律稳定性，避免专利权人盲目地作出无畏行为而造成经济损失。因此，已经公告获得实用新型或外观设计专利权的个人或单位可以在未发现侵权行为之前，主动向国家知识产权局请求作出专利权评价报告。当然，前提条件是专利权人对其持有的实用新型或者外观设计是否符合《专利法》规定的全部授权条件有一个客观合理的预期。一项“一碰就倒”的专利权不仅不会为权利人带来真正的价值和用途，甚至基于它所进行的许可、转让等贸易活动或侵权诉讼会给权利人带来不必要的麻烦。

案例溯源

本案一审案号为（2020）京 73 行初 2321 号，二审案号为（2021）最高法知行终 75 号。

专题七
外观设计吸眼球　保护条件要认清

外观设计本质上是一种工业设计,它不同于发明和实用新型,更加强调美感而非技术性。外观设计专利客体的特殊性导致其在保护机制方面与发明或实用新型存在本质区别,特别是在授权条件、审查规则和侵权认定等方面差异较大。对于汽车、电子产品、家居用品等类别的大众消费品制造商而言,外观设计专利保护的重要性甚至远远超出发明或实用新型专利保护。本专题选取的两个典型案例,涉及外观设计专利客体和创造性要件,以帮助读者全面了解外观设计专利的授权条件和申请程序。

▶ 案例一:没有任何载体的平面图案能否申请外观设计专利保护?——刘某某与国家知识产权局外观设计专利申请驳回复审行政纠纷案

关键词:外观设计专利　客体　平面图案　载体

法律要点:没有以工业产品为载体的平面图案不属于外观设计专利权的客体。

基本案情

上诉人(原审原告):刘某某,专利申请人

被上诉人(原审被告):国家知识产权局

2013年12月26日,刘某某向国家知识产权局提出名称为“党民心兴章”的外观设计专利申请。国家知识产权局经审查作出驳回决定,其理由是:涉案申请属于一种设计图案,未以产品作为载体,不符合《专利法》第2条第4款的规定。刘某某对该驳回决定不服,向国家知识产权局原专利复审委员会提出复审请求。国家知识产权局原专利复审委员会认为,本专利申请仍然未能弥补驳回决定所指出的实质性缺陷，并对该驳回决定予以维持。

刘某某表示不服，向北京知识产权法院提起诉讼，请求法院撤销被诉决定，并判令国家知识产权局重新作出决定。北京知识产权法院经审理认为，涉案申请请求保护的内容实际上为一些汉字和阿拉伯数字构成的图案，未以任何产品作为载体，并非对适于工业应用的具体产品的形状、图案、色彩或者其结合所作出的适于工业应用的设计。刘某某虽赋予上述汉字和阿拉伯数字特殊寓意，但其设计理念、设计含义等不能成为判断涉案申请是否符合《专利法》第 2 条第 4 款规定的当然依据。故北京知识产权法院判决驳回刘某某的诉讼请求。刘某某不服一审判决，上诉至最高人民法院。最高人民法院认为，原审判决认定事实清楚，适用法律正确，应予维持。于是，二审判决驳回上诉，维持原判。

法律讲堂

1. 构成专利法保护的外观设计应当满足哪些条件

根据《专利法》第 2 条第 4 款的规定，构成外观设计专利权的客体应当同时满足以下 4 个法律要件：(1) 以工业产品为载体；(2) 是对产品形状、图案或者其结合以及色彩与形状、图案结合所作出的新的设计；(3) 适于批量化生产的工业应用；(4) 富有美感。

本案中，刘某某请求专利保护的“党民心兴章”，实际上是由一些汉字和阿拉伯数字构成的平面图案，不符合上述第一个和第二个法律要件，故不属于外观设计专利权的客体。可见，请求外观设计专利保护，必须紧扣“产品”，只有就可以批量生产的产品外表所做出的富有美感的新设计才可以获得外观设计专利权。这里的“美感”不必达到美术作品所要求的艺术高度，它给人以装饰性美感就已足够了。

此外，2020 年《专利法》引入了局部外观设计制度。2021 年，国家知识产权局发布《专利审查指南修改草案(征求意见稿)》，其中第 1 部分第 3 章第 4.4 节和第 4.5 节对局部外观设计和图形用户界面产品的专利申请文件和审查标准作出了具体规定。申请局部外观设计专利的，应当在产品名称中写明要求保护的局部及其所在的整体产品，如“汽车的车门”“手机的摄像头”；提交的外观设计图片或照片应当包含整体产品的视图，并用虚线与实线相结合的方式或者其他方式表明所需要保护的内容；以其他方式表示要求保护的局部外观设计的，应当在简要说明中写明要求保护的局部。针对以图形用户界面作为设计要点的局部外观设计专利申请，通过区分带有或不带有图形用户界面所应用产品两种形式，进而相应地规定了各自的专利申请文件要求。以上规定应当引起外观设计专利申请人,特别是局部外观设计专利申请人的重视,并以此指导专利申请程序。需要指出的是,审查指南修改草案尚未经审议通过,最终公布的修改后的《专利审查指南》可能与其存在差别,请予以关注。

2. 本案中涉及的平面图案能否作为美术作品获得著作权法的保护

若其符合独创性要求,则可以自创作完成之日起自动获得著作权法的保护。区别外观设计与美术作品的关键在于就形状、图案、色彩所作出的设计是否附着于产品上,与产品的功能要素紧密结合。如果这种设计游离于产品之外,就有可能属于美术作品,如纸张、画布上的艺术表达。那么艺术台灯、工艺美术品等实用艺术品究竟是以著作权保护还是以外观设计专利权予以保护?这取决于产品的实用方面与艺术方面是否可以分离,如台灯上的艺术雕塑可以独立于台灯的其他部分而独立存在,则它可以作为美术作品享有著作权。而外观设计所具有的美感与产品的功能性要素无法分离。

法律规定

1.《专利法》第二条第四款

外观设计,是指对产品的整体或者局部的形状、图案或者其结合以及色彩与形状、图案的结合所作出的富有美感并适于工业应用的新设计。

2. 国家知识产权局《专利审查指南》第一部分第三章第7节

7.1　外观设计必须以产品为载体

外观设计是产品的外观设计,其载体应当是产品。不能重复生产的手工艺品、农产品、畜产品、自然物不能作为外观设计的载体。

7.2　产品的形状、图案或者其结合以及色彩与形状、图案的结合

构成外观设计的是产品的外观设计要素或要素的结合,其中包括形状、图案或者其结合以及色彩与形状、图案的结合。产品的色彩不能独立构成外观设计,除非产品色彩变化的本身已形成一种图案。可以构成外观设计的组合有:产品的形状;产品的图案;产品的形状和图案;产品的形状和色彩;产品的图案和色彩;产品的形状、图案和色彩。

7.3　适于工业应用的富有美感的新设计

适于工业应用,是指该外观设计能应用于产业上并形成批量生产。

富有美感,是指在判断是否属于外观设计专利权的保护客体时,关注的是产品的外观给人的视觉感受,而不是产品的功能特性或者技术效果。

社会意义

专利法上的外观设计是指对产品的整体或者局部的形状、图案或者其结合以及色彩与形状、图案的结合所作出的富有美感并适于工业应用的新设计。与发明和实用新型不同，外观设计并不强调技术的重要性，它本质上属于一种美学设计，这种美学设计与技术和工业融为一体，其主要构成要素包括产品的形状、图案和色彩。在大众消费品市场上，同类产品制造商的技术水平相差无几，然而精致的产品外观常常是吸引消费者关注的基本条件。因此，相关市场内的经营者应认识到申请外观设计专利权的重要性，保持在产品外观设计方面的足够投资，牢牢把握竞争优势。

案例溯源

本案一审案号为（2017）京73行初5127号，二审案号为（2020）最高法知行终209号。

案例二：外观设计专利应当具备创造性——宁某某与国家知识产权局、陈某某外观设计专利权无效行政纠纷案

关键词：外观设计专利　创造性　明显区别　整体观察综合判断　一般消费者

法律要点：授予专利权的外观设计应当具有创造性，也就是说该外观设计与现有设计或者现有设计特征的组合相比，具有明显区别；外观设计的创造性判断方法是整体观察、综合判断，判断主体为一般消费者。

基本案情

上诉人（原审原告）：宁某某，专利权人

被上诉人（原审被告）：国家知识产权局

原审第三人：陈某某，无效宣告请求人

宁某某就“密码笔记本”产品的外观设计向国家知识产权局申请专利并获得授权公告。后陈某某针对本专利以其缺乏创造性为由向国家知识产权局提出无效宣告请求，其主要依据的现有设计文件有3项，其中前两项设计（证据1和证据2）分别公开了一种笔记本的外观设计，与本专利属于相同种类的产品；最后一项设计（证据3）则公开了一种扁长方形的密码锁。国家知识产权局认为，证据1公开的笔记本中部具有矩形的锁扣设计，将证据1的矩形锁扣替换

为证据3的扁长方形密码锁具有组合手法启示。将3项现有设计组合后的外观设计与本专利相对比,存在的不同点都属于局部细微差异,未对整体视觉效果带来显著影响。遂依据《专利法》第23条第2款的规定,宣告本专利权全部无效。

宁某某不服,向北京知识产权法院提起诉讼,一审判决支持了国家知识产权局的无效决定,驳回宁某某的诉讼请求。宁某某对此表示不服,又上诉至最高人民法院。最高人民法院经审理认为,将证据1中的矩形扣合锁替换为证据3中的密码锁是常用设计手法的简单应用,属于明显存在组合手法启示的情形,将组合后的现有外观设计与本专利相比,不具备《专利法》第23条第2款要求的"明显区别"。于是,二审法院判决驳回上诉,维持原判。

法律讲堂

1. 除创造性外,专利法意义上的外观设计还应当满足什么条件

新颖性。外观设计新颖性的要求与技术发明新颖性的要求基本相同,即不属于现有设计以及不存在抵触申请的情形。现有设计是指那些在一般消费者看来,与外观设计专利申请相同或者实质相同的现存设计。另外,由于外观设计与产品紧密联系在一起,判断外观设计的新颖性时,与专利申请案进行对比的"现有设计"和"抵触申请的情形"只限于"相同或近似种类"的产品上。在确定产品种类时,可以参考产品名称、国际外观设计分类以及产品销售时的货架分类位置,但是应当以产品的用途是否相同为准。

2. 在判断外观设计的新颖性和创造性时,如何落实"整体观察、综合判断"的原则

所谓整体观察、综合判断是指从涉案专利与对比设计的整体来判断,而不从外观设计的部分或者局部出发得出判断结论。就本案而言,宁某某申请专利的外观设计与多项现有设计的结合相比,组合后的外观设计与本专利能够给消费者基本一致的整体视觉印象,其中的不同点均属于局部细微差异,不足以对整体视觉效果产生显著影响。于是,法院认定该专利申请不具有创造性。可见,外观设计的创造性判断,应当从一般消费者的视角,确定该外观设计与现有设计的结合在整体效果和印象上是否具有明显区别。即使二者在细节上存在差异,例如,本案中宁某某请求保护的外观设计与3项现有设计的结合相比,不同之处仅仅在于笔记本的封面装饰线、锁本体上的凹槽、锁舌表面及厚薄方面,以及密码锁的按钮形状上,但是它们在产品的整体设计上所占比例较小,不会

引起一般消费者的关注,因此认定涉案外观设计缺乏创造性。由此可知,如果一般消费者不会将注意力集中在产品的某些设计特征上,则判断外观设计新颖性和创造性时,可以予以忽略。

法律规定

1.《专利法》第二十三条

授予专利权的外观设计,应当不属于现有设计;也没有任何单位或者个人就同样的外观设计在申请日以前向国务院专利行政部门提出过申请,并记载在申请日以后公告的专利文件中。

授予专利权的外观设计与现有设计或者现有设计特征的组合相比,应当具有明显区别。

授予专利权的外观设计不得与他人在申请日以前已经取得的合法权利相冲突。

本法所称现有设计,是指申请日以前在国内外为公众所知的设计。

2. 国家知识产权局《专利审查指南》第四部分第五章第4节

在判断外观设计是否符合专利法第二十三条第一款、第二款规定时,应当基于涉案专利产品的一般消费者的知识水平和认知能力进行评价。

不同种类的产品具有不同的消费者群体。作为某种类外观设计产品的一般消费者应当具备下列特点:

(1)对涉案专利申请日之前相同种类或者相近种类产品的外观设计及其常用设计手法具有常识性的了解。例如,对于汽车,其一般消费者应当对市场上销售的汽车以及诸如大众媒体中常见的汽车广告中所披露的信息等有所了解。

常用设计手法包括设计的转用、拼合、替换等类型。

(2)对外观设计产品之间在形状、图案以及色彩上的区别具有一定的分辨力,但不会注意到产品的形状、图案以及色彩的微小变化。

3. 国家知识产权局《专利审查指南》第四部分第五章第6节

根据专利法第二十三条第二款的规定,授予专利权的外观设计与现有设计或者现有设计特征的组合相比,应当具有明显区别。涉案专利与现有设计或者现有设计特征的组合相比不具有明显区别是指如下几种情形:

(1)涉案专利与相同或者相近种类产品现有设计相比不具有明显区别;

(2)涉案专利是由现有设计转用得到的,二者的设计特征相同或者仅有细微差别,且该具体的转用手法在相同或者相近种类产品的现有设计中存在启示；

(3)涉案专利是由现有设计或者现有设计特征组合得到的，所述现有设计与涉案专利的相应设计部分相同或者仅有细微差别，且该具体的组合手法在相同或者相近种类产品的现有设计中存在启示。

对于涉案专利是由现有设计通过转用和组合之后得到的，应当依照(2)、(3)所述规定综合考虑。

应当注意的是，上述转用和/或组合后产生独特视觉效果的除外。

现有设计特征，是指现有设计的部分设计要素或者其结合，如现有设计的形状、图案、色彩要素或者其结合，或者现有设计的某组成部分的设计，如整体外观设计产品中的零部件的设计。

社会意义

对于外观设计专利申请，同实用新型专利申请一样，只进行形式审查，只有在第三人请求宣告该外观设计专利无效，或者在专利侵权诉讼中，被控侵权人提出专利无效抗辩并启动无效宣告程序时，国家知识产权局才会对已授权的外观设计进行实质审查，以判断它们是否具有新颖性和创造性。外观设计专利权人为应对权利无效所带来的法律风险和经济损失，应当对外观设计专利的授权条件有所了解，申请专利前对现有设计进行必要的检索，对提交的专利申请案的前景作出合理预判。此外，外观设计专利权人或者独占被许可人等利害关系人也可以在授权公告后向国家知识产权局请求作出专利权评价报告，从而更加客观地掌握其专利权的实际状况。

案例溯源

本案一审案号为(2020)京73行初783号，二审案号为(2021)最高法知行终99号。

专题八
保护范围须确定　申请文件要写明

“以公开换保护”是专利法的基本原理。发明和实用新型专利说明书及附图充分公开要求保护的技术方案，不仅是专利申请人获得专利权的必要条件，也为满足社会公众持续创新和改进技术的需求，增加社会公众可获取的技术信息总量提供了法律保障，从而促进相关产业的兴起和壮大。结合《专利法实施细则》和《专利审查指南》的有关规定可知，除了依据权利要求书来确定保护范围外，专利说明书也很重要，其应当包括以下内容：(1)要解决的技术问题，其中涉及要求保护的发明或实用新型所属技术领域、现有技术背景等内容；(2)技术方案；(3)有益效果；(4)附图说明；(5)具体实施方式。

外观设计专利权的保护范围以表示在图片或者照片中的该产品的外观设计为准，专利说明书的重要性不言而喻；发明或实用新型专利的附图用于解释权利要求，同样不可忽视。此外，外观设计专利申请案中的简要说明，以及与之相关的检索报告或专利权评价报告，还有鉴定结论或专家意见等证据均有各自不同的作用，却又都无法直接决定专利权保护范围以及认定侵权与否。以上各项文件中，图片或者照片、简要说明是申请外观设计专利所必需的文件，其他文件则要根据专利维权的不同目的有选择地做好准备。

▶ 案例一：说明书是否充分公开以所属技术领域的技术人员能够实现为准——王某某、某公司与国家知识产权局原专利复审委员会实用新型专利权无效行政纠纷案

关键词：说明书充分公开　本领域技术人员　能够实现

法律要点：所属技术领域的技术人员能够实现，是指所属技术领域的技术人员按照说明书记载的内容，就能够实现该发明或者实用新型的技术方案，解

决其技术问题,并且产生预期的技术效果。

基本案情

本案上诉人(原审原告):某公司,专利无效宣告请求人

本案被上诉人(原审被告):国家知识产权局

原审第三人:王某某,专利权人

某公司就王某某拥有的名称为"一种电动搅拌杯的密封装置"的实用新型专利向国家知识产权局原专利复审委员会提出无效宣告请求,理由是,其说明书没有充分公开且权利要求不具备创造性。国家知识产权局原专利复审委员会作出维持该专利权有效的决定,某公司不服,向北京知识产权法院提起诉讼,请求撤销被诉决定,判令专利复审委员会重新作出决定。北京知识产权法院驳回了某公司的诉讼请求。

某公司对一审判决不服,向最高人民法院提起上诉,其上诉理由之一是,如说明书所记载的技术方案,虽然密封胶上面由圆片与马达轴固定压迫密封胶,然而对于套在马达轴上的密封胶在下面如何实现杯子和马达之间的密封,从而防止杯中液体漏出,并没有给出清楚的说明。本专利说明书公开不充分,所属技术领域的技术人员不能实现本专利所要解决的技术问题——提高容器和马达之间的密封效果。最高人民法院经审理认为,某公司的相关上诉理由不能成立。于是,二审判决驳回上诉,维持原判。

法律讲堂

本案专利说明书中记载的实用新型为什么是本领域技术人员能够实现的

因为本领域技术人员根据本专利说明书记载的技术方案可以解决提高杯子和马达之间密封效果的技术问题。在此问题上,法院的审判逻辑是,首先,根据专利说明书的记载,确定要求保护的发明或实用新型所要解决的技术问题。其次,明确说明书中记载的所有技术手段,进而判断本领域技术人员能否按照本专利说明书中记载的方案实现相应的技术效果,解决前述技术问题。此外,针对说明书中没有写明的某个技术问题,需要考虑本领域技术人员在阅读说明书及附图后是否比较容易想到解决方案,或者利用常规的技术手段是否可以解决,如果结论是肯定的,则不能因此而认定专利说明书没有充分公开,不符合《专利法》第 26 条第 3 款的规定。以本案为例,用于电动搅拌杯的马达为微型马达,轴承的两端一般具有端盖,尤其是在用于搅拌杯这种有可能与液体接触的装置时,选择端盖密封的轴承对所属技术领域的技术人员来说是容易想到的,即使说明书没有指明轴承端盖的使用,也不会对本领域技术人员实施该技

术方案造成阻碍。

法律规定

1. 最高人民法院《关于审理专利授权确权行政案件适用法律若干问题的规定(一)》(2020年)第六条

说明书未充分公开特定技术内容,导致在专利申请日有下列情形之一的,人民法院应当认定说明书及与该特定技术内容相关的权利要求不符合专利法第二十六条第三款的规定:

(一)权利要求限定的技术方案不能实施的;

(二)实施权利要求限定的技术方案不能解决发明或者实用新型所要解决的技术问题的;

(三)确认权利要求限定的技术方案能够解决发明或者实用新型所要解决的技术问题,需要付出过度劳动的。

2. 国家知识产权局《专利审查指南》第二部分第二章第2.1.3节

以下各种情况由于缺乏解决技术问题的技术手段而被认为无法实现:

(1)说明书中只给出任务和/或设想,或者只表明一种愿望和/或结果,而未给出任何使所属技术领域的技术人员能够实施的技术手段;

(2)说明书中给出了技术手段,但对所属技术领域的技术人员来说,该手段是含糊不清的,根据说明书记载的内容无法具体实施;

(3)说明书中给出了技术手段,但所属技术领域的技术人员采用该手段并不能解决发明或者实用新型所要解决的技术问题;

(4)申请的主题为由多个技术手段构成的技术方案,对于其中一个技术手段,所属技术领域的技术人员按照说明书记载的内容并不能实现;

(5)说明书中给出了具体的技术方案,但未给出实验证据,而该方案又必须依赖实验结果加以证实才能成立。例如,对于已知化合物的新用途发明,通常情况下,需要在说明书中给出实验证据来证实其所述的用途以及效果,否则将无法达到能够实现的要求。

社会意义

技术方案的充分公开是“公开换保护”的基本要求,其作用首先是明确请求保护的内容及范围,其次是使社会公众能基于该发明实施再创新。目前专利申请人提出的权利要求呈现日趋扩张的趋势,出于限制申请人谋取过分宽泛的保护范围的目的,专利法要求申请人披露权利要求记载的全部技术方案,揭示更多、更新的有用技术信息，保证本领域技术人员能够实现。如前所述，构成专利法意义上的技术方案应当具备3个要素：解决了技术问题；采用了符合自然规律的技术手段；获得了技术效果。专利说明书是否充分披露请求保护的技术方案，也应当从这3个要素出发作出判断。

案例溯源

本案一审案号为(2016)京73行初2942号，二审案号为(2017)京行终985号。

案例二：如何认定外观设计专利权的保护范围？——“车载手机支架”外观设计专利侵权纠纷案

关键词：外观设计专利　保护范围　图片/照片　简要说明　专家咨询意见

法律要点：外观设计专利权的保护范围以表示在图片或者照片中的该产品的外观设计为准，简要说明可以用于解释图片或者照片所表示的该产品的外观设计。

基本案情

再审申请人(一审被告、二审上诉人)：B公司，被诉侵权人

被申请人(一审原告、二审被上诉人)：A公司，专利权人

一审被告：C公司，被诉侵权产品制造商

A公司是名为“车载手机支架”的外观设计的专利权人，该专利简要说明记载：本外观设计产品的用途是车载使用的手机支架；本外观设计的设计要点在于产品的形状；最能表明本外观设计设计要点的图片或照片是立体图。A公司按期缴纳该专利年费，专利处于有效状态，且国家知识产权局出具的外观设计专利权评价报告初步结论为全部外观设计未发现存在不符合授予专利权条件的缺陷。

A公司向广州知识产权法院提起侵权诉讼，称由B公司经营的网店销售、许诺销售专利侵权产品，而C公司系被诉侵权产品的制造者，A公司请求判令两被告承担停止侵权、赔偿损失等侵权责任。一审法院判决认定B公司构成销售、许诺销售侵权产品，但现有证据不足以证明C公司实施了制造、销售被诉侵权产品的行为，故关于C公司的诉讼请求不予支持。B公司不服，向广东省高

级人民法院提起上诉。二审期间，双方的争议焦点之一为被诉侵权设计是否落入涉案专利权保护范围。二审法院认为，一审法院认定被诉侵权产品落入涉案专利权保护范围，并无不当，遂判决驳回上诉，维持原判。

后B公司向最高人民法院申请再审，请求撤销二审判决，改判驳回A公司的诉讼请求或发回重审。最高人民法院经审理认为，涉案专利产品是用于车载使用的手机支架，设计要点在于产品的形状。本案被诉侵权产品亦为车载手机支架，与专利产品属相同种类产品，可以进行相同或近似的外观设计比对。将被诉侵权设计与涉案专利进行比对，两者整体形状相似，仅在前盖板边缘弧度、夹臂形状及其上设置的镂空条形槽孔、固定件形状等方面存在局部细微差别，且不容易被一般消费者观察到，二者构成近似的外观设计。故最高人民法院裁定驳回B公司的再审申请。

法律讲堂

1. 简要说明对确定外观设计保护范围的作用是什么

简要说明可以解释图片或者照片所表示的产品外观设计。外观设计专利权的保护范围只能由图片或者照片确定，因此可能导致实践中确定的专利权保护范围被不适当地扩大或缩小。简要说明通过记载产品名称、产品用途、产品的设计要点等信息，必要时还可以写明请求保护的色彩、省略视图等情况，从而更加准确地确定外观设计专利权保护范围。正是由于简要说明具有如此重要的作用，法律规定简要说明是申请外观设计专利权的必备文件之一。

2. 对于发明或者实用新型专利申请而言，附图是否有必要

有必要。根据《专利法》第64条第1款的规定，说明书和附图可以用于解释发明或实用新型专利权利要求。审查实践经验表明，几乎没有人能够仅仅通过阅读权利要求书而明了所要保护的技术方案的准确含义，单纯地阅读权利要求书之后对技术发明的理解与再阅读整个专利文件之后的理解常常很不相同。故此，十分有必要用说明书和附图来帮助本领域技术人员理解权利要求书中存在的不清楚的地方。

3. 本案中，由再审申请人委托第三方机构出具的专家咨询意见为什么不能作为认定专利侵权的当然理由

对此，最高人民法院在再审裁定中指出，该专家咨询意见系再审申请人自行委托第三方机构出具的，并非被诉侵权产品不构成专利侵权的当然理由。

该专家咨询意见的主要内容是对被诉侵权产品是否落入涉案专利权保护范围作出认定。根据《民事诉讼法》第 79 条第 1 款的规定,若该专家咨询意见作为鉴定意见形式的证据,诉讼当事人不能自行委托第三方机构,而应当先向审理法院提出申请。另外,无论是鉴定意见还是专家证人证言都需要在法庭辩论阶段经过质证,帮助法官查明案件事实;而且鉴定机构或者专家只能对案件事实涉及的技术问题进行鉴定或者阐述个人观点,不能代替法院就是否构成侵权等法律问题给出最终结论。

4. 如何进行外观设计专利侵权比对

首先,要求被控侵权产品与外观设计专利产品属于相同或者相近种类。其次,判断被控侵权设计与授权外观设计是否相同或者近似。这里要考察两者的设计方案在整体视觉效果上有无差异。若无,则可以直接得出构成侵权的结论;若有,还要继续判断该差异是否构成整体视觉效果上的实质性差异。没有实质性差异的,仍然可以得出构成侵权行为的结论。

采用上述判断方法应当以一般消费者为主体,例如,百叶窗外观设计的具体叶片数差异对于一般消费者而言即属于局部的细微差异,可以认定被控侵权产品落入外观设计专利权的保护范围。在遵循"整体观察法"的基础上,也要考虑"要部"对外观设计整体视觉效果的影响。比如,电冰箱外观设计的"要部"为其正面、侧面、顶面的设计特点而不是背面、底面的设计特点,如果被控侵权电冰箱与获得外观设计专利权的电冰箱相比,它们的差异仅在于电冰箱的背面或底面部位,那么可以认定它们在整体视觉效果上没有实质性差异,前者侵犯了后者的外观设计专利权。

法律规定

1.《专利法》第六十四条

发明或者实用新型专利权的保护范围以其权利要求的内容为准,说明书及附图可以用于解释权利要求的内容。

外观设计专利权的保护范围以表示在图片或者照片中的该产品的外观设计为准,简要说明可以用于解释图片或者照片所表示的该产品的外观设计。

2.《专利法实施细则》第十九条第四款

权利要求中的技术特征可以引用说明书附图中相应的标记,该标记应当放在相应的技术特征后并置于括号内,便于理解权利要求。附图标记不得解释为对权利要求的限制。

3.《专利法实施细则》第二十八条

外观设计的简要说明应当写明外观设计产品的名称、用途,外观设计的设计要点,并指定一幅最能表明设计要点的图片或者照片。省略视图或者请求保护色彩的,应当在简要说明中写明。

对同一产品的多项相似外观设计提出一件外观设计专利申请的,应当在简要说明中指定其中一项作为基本设计。

简要说明不得使用商业性宣传用语,也不能用来说明产品的性能。

4. 最高人民法院《关于审理侵犯专利权纠纷案件应用法律若干问题的解释》(2009 年)第二条

人民法院应当根据权利要求的记载,结合本领域普通技术人员阅读说明书及附图后对权利要求的理解,确定专利法第五十九条第一款规定的权利要求的内容。

5. 最高人民法院《关于审理侵犯专利权纠纷案件应用法律若干问题的解释》(2009 年)第三条

人民法院对于权利要求,可以运用说明书及附图、权利要求书中的相关权利要求、专利审查档案进行解释。说明书对权利要求用语有特别界定的,从其特别界定。

以上述方法仍不能明确权利要求含义的,可以结合工具书、教科书等公知文献以及本领域普通技术人员的通常理解进行解释。

6. 最高人民法院《关于审理侵犯专利权纠纷案件应用法律若干问题的解释》(2009 年)第十条

人民法院应当以外观设计专利产品的一般消费者的知识水平和认知能力,判断外观设计是否相同或者近似。

7. 最高人民法院《关于审理侵犯专利权纠纷案件应用法律若干问题的解释》(2009 年)第十一条

人民法院认定外观设计是否相同或者近似时,应当根据授权外观设计、被诉侵权设计的设计特征,以外观设计的整体视觉效果进行综合判断;对于主要由技术功能决定的设计特征以及对整体视觉效果不产生影响的产品的材料、内部结构等特征,应当不予考虑。

下列情形,通常对外观设计的整体视觉效果更具有影响:

(一)产品正常使用时容易被直接观察到的部位相对于其他部位;

(二)授权外观设计区别于现有设计的设计特征相对于授权外观设计的其他设计特征。

被诉侵权设计与授权外观设计在整体视觉效果上无差异的，人民法院应当认定两者相同；在整体视觉效果上无实质性差异的，应当认定两者近似。

社会意义

发明和实用新型专利的保护范围由权利要求确定，而外观设计专利的保护范围则是由图片或者照片确定。因此，外观设计专利申请人应当严格按照《专利审查指南》第 1 部分第 3 章第 4.2 节的规定提交符合要求的图片或照片，提交正投影视图的面数与产品设计要点涉及的面数相一致。关于发明和实用新型专利申请，说明书附图是对技术方案的直观表达。在机械等技术领域，说明书附图对审查员和法官准确理解权利要求有重要作用，以附图的方式表示各个零部件的具体几何形状以及彼此之间的相对大小、相对位置和配合关系等信息比权利要求的文字叙述更加清晰准确。除外观设计的图片或者照片外，简要说明、专利权评价报告等文件也有各自的功能用途，并非可有可无。

案例溯源

本案一审案号为（2019）粤 73 民初 943 号，二审案号为（2020）粤民终 1486 号，再审案号为（2020）最高法民申 6381 号。

专题九
遭遇侵权怎么办　依法维权早了解

发明创造作为无形财产，与房屋、土地、机器等不动产和动产一样受到法律的保护，特别是进入知识经济时代，含金量高的专利权等知识产权的价值甚至超过了传统的有形财产。专利的授权数量和质量在一定程度上反映了该国的科学技术发展水平。以建设知识产权强国为目标，我国着力完善产权保护制度，坚持严格保护的政策导向，更好地发挥知识产权制度激励创新的基本保障作用。专利权的法律保护主要是针对专利侵权的制裁。笼统地讲，专利侵权行为是在专利权保护期或者有效期内，行为人未经专利权人许可，也没有取得法律的特别授权，以生产经营为目的实施专利技术方案的行为。专利权人可以通过与侵权人自行协商解决，或者向人民法院提起诉讼，或者请求管理专利工作的部门（如省、市级市场监督管理局或知识产权局）处理的方式，及时制止专利侵权行为，让侵权者付出代价，切实维护自己的合法权利。

▶ 案例一：在专利侵权判断中，如何认定“生产经营目的”？——焦某某与某饲料研究所、某区农业农村局侵害发明专利权纠纷案

关键词：发明专利　为生产经营目的　教唆侵权　责任承担

法律要点：在专利侵权判定时，对“生产经营目的”的理解，应着眼于具体的被诉侵权行为，综合该行为是否属于参与市场活动、是否影响专利权人市场利益等因素判断，既不能将“生产经营目的”简单等同于“实际获利”；又不能仅仅根据实施主体的性质认定其是否具有生产经营目的。

基本案情

本案上诉人（原审原告）：焦某某，专利权人

本案被上诉人(原审被告):某饲料研究所,被控侵权人

本案被上诉人(原审被告):某区农业农村局,被控侵权人

焦某某系涉案专利"一种增乳壮牛重要饲料添加剂及其制备方法"的权利人,其全权委托张某某进行该专利的市场推广、实施转让及专利维权。张某某得知了某区与某农业科学院开展科技合作项目,其中关于"某区优质安全畜产品生产技术研发与推广"项目的考核指标为:中草药饲料添加剂示范与推广,奶牛、猪用中草药添加剂组方各1—2套的组方详细内容及具体实施方案和考核结果。对此,焦某某和张某某认为该项目使用的奶牛中药饲料添加剂配方特征完全包含涉案专利的技术特征,落入涉案专利的保护范围,构成侵权,于是向北京知识产权法院提起诉讼,请求判令某饲料研究所、某区农业农村局停止侵权,共同赔偿焦某某损失,承担本案诉讼费用。北京知识产权法院认为,根据焦某某提交的某农业科学院办公室编的2006年鉴可知,两被告合作建立的研发中心进行了奶牛中草药饲料添加剂的研发与示范,且相关试验数据一致,可以认定两被告在上述"试验示范"中使用了焦某某的涉案专利。但是,两被告分别属于事业单位和政府机关,不具备生产经营的资质,它们实施的行为没有以生产经营为目的,故不构成侵权。

焦某某不服一审判决,向最高人民法院提出上诉。最高人民法院认为,原审法院仅认定两主体具有使用行为而遗漏了制造行为,应予以纠正。关于专利侵权构成要件之一的"生产经营目的",应当综合考虑其是否属于参与市场活动、是否影响专利权人市场利益等因素作出判断。故某饲料研究所、某区农业农村局的相关行为因给农户带来显著经济收益、损害专利权人的市场利益而具备"生产经营目的"要件,构成共同侵权。同时,就推广涉案专利技术的行为而言,饲料研究所明知是涉案专利技术而培训并积极诱导众多农户使用涉案专利技术,构成教唆侵权;但农业农村局由于缺乏主观故意,不构成教唆侵权。最终,二审判决撤销一审判决,某饲料研究所赔偿焦某某经济损失及合理开支,某区农业农村局就其中的部分损失承担连带赔偿责任。

法律讲堂

1. 违反专利法规定的侵权行为包括哪些

根据侵权对象的不同,分为侵犯产品专利的行为和侵犯方法专利的行为。前者包括制造、使用、许诺销售、销售、进口行为;后者包括使用其专利方法以及使用、许诺销售、销售、进口依照该专利方法直接获得的产品。其中许诺销售,是指以做广告、在商店橱窗中陈列或者在展销会上展出等方式作出销售商品的

意思表示。

此外,判定以上行为是否侵犯他人的专利权,首先需要确定被控侵权产品或者方法是否落入了专利权保护范围。具体来讲,就是将专利权利要求记载的技术特征与被控侵权产品或方法作比较;如果二者完全相同,或者被控侵权产品或方法包含了权利要求中的全部技术特征,或者彼此之间不存在实质性区别,则可以认定构成专利侵权行为。

2. 政府机关、事业单位等主体实施制造、使用专利产品等行为是否一定不具有“生产经营目的”

不一定。例如,本案中的某饲料研究所和某区农业农村局均属于事业单位和政府机关,尽管它们开展的科技合作项目旨在促进科研成果向生产力转化,引导和支持某区农业转型发展,具有一定的公共服务和公益事业属性,不直接以生产经营为目的。但是,双方在合作过程中,已经将生产的奶牛天然物饲料添加剂产品在某区主要奶牛场、畜场进行示范和推广,面向技术人员和农民提供培训,使农民直接获利,并创造了良好的经济效益。因此,饲料研究所和农业农村局的相关行为具备“生产经营目的”之要件。

3. 本案中,为什么饲料研究所和农业农村局应当承担连带责任

因为双方通过共同参与科技合作项目的方式,以生产经营为目的实施了涉案专利侵权行为,它们生产的奶牛天然物饲料添加剂产品在某区主要奶牛场、畜场进行示范和推广,使4500余户农民直接受益,却侵占了专利权人预期可得市场份额和经济收益。饲料研究所和农业农村局共同实施了制造、使用涉案专利产品和方法的侵权行为,由此给专利权人造成损失,二者应当承担连带赔偿责任。

本案需要注意区分制造、使用专利产品和方法的行为与推广专利技术的行为。后者虽然未直接实施专利侵权行为,但是某饲料研究所明知推广对象系涉案专利技术,仍然培训并积极诱导众多农户使用涉案专利技术以获得经济利益,构成教唆侵权。而某区农业农村局在此过程中,一方面未参与专利试验,另一方面无证据显示其对于涉案专利技术是清楚和了解的,主观上不属于明知,不构成教唆侵权。故因推广专利技术给权利人带来的损失,仅由某饲料研究所承担赔偿责任。

法律规定

1.《专利法》第十一条第一款

发明和实用新型专利权被授予后，除本法另有规定的以外，任何单位或者个人未经专利权人许可，都不得实施其专利，即不得为生产经营目的制造、使用、许诺销售、销售、进口其专利产品，或者使用其专利方法以及使用、许诺销售、销售、进口依照该专利方法直接获得的产品。

2.《民法典》第一千一百六十八条

二人以上共同实施侵权行为，造成他人损害的，应当承担连带责任。

3.《民法典》第一千一百六十九条第一款

教唆、帮助他人实施侵权行为的，应当与行为人承担连带责任。

社会意义

"生产经营目的"是专利侵权的构成要件之一。由司法实践可知，人民法院对其作出了扩大解释，不仅包括直接从事生产经营业务活动的主观目的，也将间接带来经济效益、减少专利权人市场份额的行为认定为具有"生产经营目的"。这也是我国贯彻落实"全面加强知识产权保护"政策的具体体现，严厉打击知识产权侵权犯罪行为，构建严保护、大保护、快保护、同保护的工作格局，符合我国"十四五"国家知识产权保护和运用规划，有助于激发全社会创新活力，有力支撑经济社会高质量发展。

案例溯源

本案一审案号为(2019)京73民初207号，二审案号为(2020)最高法知民终831号。

▶ 案例二：为专利侵权行为实施者提供帮助的，是否应当承担损害赔偿连带责任？——A株式会社与B公司、倪某某侵害发明专利权纠纷案

关键词：共同侵权　共同意志　共同行为　帮助侵权　提供侵权专用品

法律要点：专利法意义上的帮助侵权行为并非泛指任何形式的帮助行为，而是特指未经专利权人许可，为生产经营目的将侵权专用品提供给他人以实施侵犯专利权的行为。

基本案情

再审申请人(一审原告、二审上述人):A 株式会社,专利权人

被申请人(一审被告、二审被上诉人):B 公司,被控侵权人

被申请人(一审被告、二审被上诉人):倪某某,被控侵权人

A 株式会社是"一种电磁阀用筒形线圈"的专利权人,其发现 B 公司在其网店上销售不同型号的电磁阀产品,遂与 B 公司联系,购买了其中部分型号的电磁阀,并按照约定将货款汇入户名为"倪某某"的银行账户。A 株式会社认为 B 公司与倪某某构成共同侵权,向温州市中级人民法院提起诉讼,请求判令两被告停止制造、销售、许诺销售侵权行为,承担连带赔偿责任和本案诉讼费用。一审法院将被诉侵权产品与涉案专利权利要求记载的全部技术特征进行对比,认定被控侵权产品落入涉案专利权的保护范围,B 公司的行为构成专利侵权。而现有证据不能证明倪某某与 B 公司在主观上具有实施侵权行为的共同故意,不构成共同侵权。法院判决 B 公司停止制造、销售、许诺销售、赔偿损失。

A 株式会社不服,上诉至浙江省高级人民法院,二审判决驳回上诉,维持原判。A 株式会社向最高人民法院申请再审,主张倪某某与 B 公司应就本案损害赔偿承担连带责任,其主要依据有三个:一是倪某某与 B 公司共同实施了侵犯本案专利权的行为;二是倪某某为 B 公司的侵权行为提供了帮助;三是倪某某滥用公司法人独立地位和股东有限责任,严重损害公司债权人利益。最高人民法院认为,倪某某与 B 公司构成共同侵权,应与 B 公司承担连带责任;判决两被告停止侵权,并连带赔偿 A 株式会社经济损失和合理费用。

法律讲堂

1. 共同侵权应当具备哪些构成要件

共同侵权应该具备以下要件:加害主体为两人或者两人以上;各加害人主观上具有共同意思;各加害人彼此的行为之间客观上存在相互的利用、配合或者支持;各加害人行为造成的损害后果在其共同意思的范围内。就本案而言,倪某某与 B 公司具有共同意思联络,因为倪某某作为 B 公司的法定代表人、控股股东、执行董事和经理,对 B 公司有很强的控制权,其意志与 B 公司的意志具有明显的共同性;B 公司在网络宣传中明确提及其批发 A 株式会社的电磁阀,并详细介绍了该电磁阀的工作原理、用途、结构以及选型原则和方法等,且被诉侵权产品上标注有 A 株式会社的商标。可见,倪某某和 B 公司存在共同侵权故意。此外,倪某某以个人银行账户收取 B 公司货款,B 公司对倪某某的

上述行为予以认可，两者共同完成了被诉侵权产品的销售和货款回收，即存在相互配合和支持的共同侵权行为。故倪某某与 B 公司构成共同侵权。

2. 为他人实施专利侵权行为提供帮助是否必然构成帮助侵权而承担连带责任

不一定。根据相关司法解释的规定，只有故意为他人实施专利侵权行为提供材料、设备、零部件、中间物等专用品才构成帮助侵权；而本案中，倪某某只是用个人银行账户为 B 公司收取专利侵权产品销售货款，难以证明其属于明知他人侵权而提供帮助的行为，无法断定其构成专利法意义上的帮助侵权。

法律规定

1. 最高人民法院《关于审理侵犯专利权纠纷案件应用法律若干问题的解释》(2009 年) 第七条

人民法院判定被诉侵权技术方案是否落入专利权的保护范围，应当审查权利人主张的权利要求所记载的全部技术特征。被诉侵权技术方案包含与权利要求记载的全部技术特征相同或者等同的技术特征的，人民法院应当认定其落入专利权的保护范围；被诉侵权技术方案的技术特征与权利要求记载的全部技术特征相比，缺少权利要求记载的一个以上的技术特征，或者有一个以上技术特征不相同也不等同的，人民法院应当认定其没有落入专利权的保护范围。

2. 最高人民法院《关于审理侵犯专利权纠纷案件应用法律若干问题的解释(二)》(2020 年修正) 第二十一条第一款

明知有关产品系专门用于实施专利的材料、设备、零部件、中间物等，未经专利权人许可，为生产经营目的将该产品提供给他人实施了侵犯专利权的行为，权利人主张该提供者的行为属于民法典第一千一百六十九条规定的帮助他人实施侵权行为的，人民法院应予支持。

社会意义

按照专利侵权行为的表现形式，可以将专利侵权行为分为直接侵权行为和间接侵权行为。现实中大多数专利侵权行为属于直接侵权，即原封不动或者略加改变地照搬专利文件记载的全部技术特征，单独或者共同实施制造、使用、许诺销售、销售或进口专利产品的行为，或者使用专利方法以及使用、许诺销售、销售、进口依照该专利方法直接获得的产品的行为。所谓间接侵权，简单讲就是行为人没有直接实施前述侵权行为，但诱导或唆使他人侵犯专利权；或者明知他人实施专利侵权行为，仍然为其提供所需的设备材料等侵权专用品，也被视为间接侵权。由于间接侵权帮助和导致了直接侵权的发生，所以间接侵权人应当和直接侵权人一起承担连带赔偿责任。间接侵权显然是对专利权保护的扩大，我国专利法引入和完善间接侵权制度对强化专利权保护、支撑创新驱动发展战略有重要意义，同时有助于在全社会形成尊重知识、尊重产权，公平参与市场竞争的良好风尚。

案例溯源

本案一审案号为（2016）浙03民初494号，二审案号为（2017）浙民终200号，再审案号为（2018）最高法民再199号。

专题十
被诉侵权可抗辩　责任不应被夸大

专利法除了规定具体的侵权行为以外，还规定了一系列不构成专利侵权或者不承担侵权赔偿责任的例外情形。这些情形往往在专利侵权纠纷案件中，由被诉侵权人作为抗辩理由提出，常见的包括：现有技术抗辩（《专利法》第 67 条）、权利用尽（《专利法》第 75 条第 1 项）、先用权抗辩（《专利法》第 75 条第 2 项），以及合法来源抗辩（《专利法》第 77 条）。这些抗辩事由的确立是为了在专利权人与社会公众之间寻求利益的平衡，本专题将对合法来源抗辩和先用权抗辩给出示例并进行分析讨论。

▶ 案例一：销售者合法来源抗辩成立的条件是什么？——A 公司与 B 水暖安装维修门市侵害实用新型专利权纠纷案

关键词：被诉侵权产品　合法来源　主观过错

法律要点：销售者合法来源抗辩的成立，需要同时满足被诉侵权产品具有合法来源这一客观要件以及销售者无主观过错这一主观要件。

基本案情

本案上诉人（原审原告）：A 公司，实用新型专利权人

本案被上诉人（原审被告）：B 水暖安装维修门市（以下简称 B 门市），侵权产品销售者

A 公司系实用新型专利“一种阀体一体式结构的双开关恒温阀”的权利人。B 门市为个体工商户。A 公司发现 B 门市销售的产品“开心果恒温阀”侵犯了其持有的实用新型专利权，遂申请了公证证据保全，并向石家庄市中级人民法院提起诉讼，请求判令 B 门市停止销售被控侵权产品，赔偿 A 公司经济损失及合理开支，承担案件诉讼费用。一审法院将被诉侵权产品“开心果恒温

阀”与A公司涉案专利的权利要求1进行比对,认定二者包含的技术特征完全相同,被控侵权产品落入涉案专利权的保护范围,B门市应当承担停止侵害的责任。另外,根据被控侵权产品的价值及交易惯例,B门市提交的《销售出货单》可以证明B门市销售的产品有合法来源,不应承担赔偿责任。

A公司不服,向最高人民法院提起上诉,请求撤销原审判决第2项,改判B门市赔偿其经济损失及合理费用。最高人民法院经审理认为,B门市提交的《销售出货单》原件可以证明其从C公司购得被诉侵权产品后对外销售,交易链条完整,进货价格及销售价格不存在异常之处,与交易惯例相符合,且B门市无主观过错,依法不承担赔偿责任。于是,二审判决驳回A公司上诉,维持原判。

法律讲堂

1. 被诉侵权的产品销售者如何证明该产品有合法来源

销售者提供证据证明被诉侵权产品是通过合法的进货渠道、通常的买卖合同等正常商业方式取得的产品。具体证据包括但不限于满足合同生效要件的买卖合同、销售清单、银行转账记录、发票等合同价款支付凭证,且这些书证的内容应当与被诉侵权产品的名称、规格、型号等信息相互对应。证据应当达到的证明标准是符合相关行业的交易习惯,从而证明所售产品来源清晰、提供者明确、渠道合法、价格合理。司法实践经验表明,专利侵权纠纷案件中合法来源抗辩成立的比例较低。对此,被控侵权的销售者为证明自己销售的产品具有合法来源,应当谨慎留意自己提交的证据是否具有合法性、真实性和关联性,比如,供货商的身份信息是否准确、其是否取得销售授权许可、供货清单是否详尽、合同和供货单据是否加盖公章、产品名称能否对应等。

2. 对于被诉侵权的产品销售者是否有主观过错,举证责任应如何分配

如果销售者提供的证据足以证明其所售产品具有合法来源,销售行为符合诚信原则、合乎交易惯例,则可推定该销售者实际不知道且不应当知道其所销售的产品系制造者未经专利权人许可而制造并售出,即推定该销售者无主观过错。此时,应由权利人提供相反证据。若权利人未进一步提供能够推翻上述推定的相反证据,应认定销售者合法来源抗辩成立。本案中,B门市提交的证据可以证明其所售产品系通过正常商业方式取得,符合社会一般交易习惯,推定其并无主观过错。而A公司未能提交其他证据证明B门市对产品来源存在审查疏忽,亦无证据证明B门市具有主观过错。因此,法院认定B门市的合法来

源抗辩成立,其不承担侵权赔偿责任。

3. 合法来源抗辩成立,是否意味着销售者不需要承担专利侵权责任

不是。即使专利侵权案件的审理法院认定销售者提出的合法来源抗辩成立,也只是不承担损害赔偿责任。因为赔偿责任以侵权行为人具有主观过错为前提,而因被控侵权产品具有合法来源可以推定销售者并无主观过错。但是,只要销售者实施了专利侵权行为,无论其是否具有主观过错,仍然应当承担停止侵权的责任。

法律规定

1.《专利法》第七十七条

为生产经营目的使用、许诺销售或者销售不知道是未经专利权人许可而制造并售出的专利侵权产品,能证明该产品合法来源的,不承担赔偿责任。

2. 最高人民法院《关于审理侵犯专利权纠纷案件应用法律若干问题的解释(二)》(2020 年修正)第二十五条

为生产经营目的使用、许诺销售或者销售不知道是未经专利权人许可而制造并售出的专利侵权产品,且举证证明该产品合法来源的,对于权利人请求停止上述使用、许诺销售、销售行为的主张,人民法院应予支持,但被诉侵权产品的使用者举证证明其已支付该产品的合理对价的除外。

本条第一款所称不知道,是指实际不知道且不应当知道。

本条第一款所称合法来源,是指通过合法的销售渠道、通常的买卖合同等正常商业方式取得产品。对于合法来源,使用者、许诺销售者或者销售者应当提供符合交易习惯的相关证据。

社会意义

面对专利权人的侵权诉讼,法律允许被诉侵权人提出一系列有利于自己的辩解理由。若抗辩成立,则不认定其为侵权或者不承担赔偿责任,例如,因专利权无效而不构成侵权,被告享有先用权,有关的使用是为了科学实验的使用,专利权已经用尽,当然也包括本案中涉及的合法来源抗辩。合法来源抗辩制度旨在保护专利权人,兼顾交易安全和商品的正常流通使用。专利侵权纠纷中的合法来源抗辩通常以个人或者个体工商户侵权案件居多,这部分群体往往是终端零售商,法律意识普遍较弱,证据保存不充分,进货过程中容易疏忽大意且存在侥幸心理。故此,实践中销售者合法来源抗辩大多难以成立。希望通过本案提示产品零售商加强对交易合法性的审查,同时注意相关证据的留存,尽量减少自身的经济损失。

案例溯源

本案一审案号为(2019)冀01民初112号,二审案号为(2019)最高法知民终118号。

案例二:如何认定先用权抗辩中的“主要技术图纸”?——王某某与某公司侵害发明专利权纠纷案

关键词:先用权抗辩　不视为侵权　制造使用　必要准备　原有范围

法律要点:在专利申请日前已经制造相同产品、使用相同方法或者已经做好制造、使用的必要准备,并且仅在原有范围内继续制造、使用的,不视为侵犯专利权。

基本案情

本案上诉人(原审原告):王某某,专利权人

本案被上诉人(原审被告):某公司,被诉侵权人

王某某系涉案发明专利“一种电机壳为焊接件的小型电潜水泵”的权利人。王某某认为某公司生产、销售的电潜水泵侵犯了其专利权,向南京市中级人民法院提起诉讼,请求确认某公司制造、销售的被诉侵权产品落入涉案专利权的保护范围,判令某公司停止侵权,赔偿经济损失及合理维权费用,承担本案诉讼费用。而某公司在一审过程中提出了现有技术抗辩,主张其行为不构成专利侵权,法院经审理认为现有技术抗辩成立,遂判决驳回王某某的全部诉讼请求。

王某某不服一审判决,上诉至最高人民法院。二审庭审中经合议庭释明,某公司在现有技术抗辩不成立的情况下,还主张了先用权抗辩。对此,最高人民法院认为,涉案专利技术的唯一发明点在于其电机壳部分,其余部分则全部属于潜水泵已有的通用部件。因此,在某公司已经设计出电机壳图纸且该图纸与涉案专利电机壳相关技术特征相同的情况下,可以认定某公司已经完成实施发明创造所必需的主要技术图纸的绘制,进而已经为生产被诉侵权产品做好了必要的准备。也没有证据证明某公司超出了申请日前的生产用途及生产规模。故最高人民法院认定某公司的先用权抗辩成立,判决驳回王某某的上诉请求,

维持原判。

法律讲堂

1. 先用权的产生条件是什么

(1)被实施的发明创造的来源,不能是非法获得的技术或者设计;(2)在专利申请日前已经制造相同产品、使用相同方法或者已经做好制造、使用的必要准备。所谓"非法获得的技术或者设计",既包括通过非法途径从在后专利申请人处获知的有关技术或设计,也包括通过非法途径从其他人处获知的有关技术或设计。反之,只有通过合法途径获知的发明创造,并且随后实施该发明创造的行为符合诚实信用原则,才可以主张先用权抗辩,比如,专利权人在申请日前6个月内以在国际展览会上展示、在学术会议上发表等方式公开其发明创造,即使因该公开行为在新颖性宽限期内而不会导致发明创造丧失新颖性,其后续的专利申请仍然可以批准授权,但相关发明创造已经为公众所知,理应允许社会公众予以实施。

合法获知技术或者设计后,先用权抗辩的成立还要求被诉侵权人在专利申请日前,已经实施其获知的发明创造或者为实施该发明创造做好必要的准备。需要注意的是,被诉侵权人在专利申请日前所进行的实际准备工作应当是技术性准备工作,如本案中,某公司在申请日前已经制作完成与涉案专利技术特征相一致的电机壳图纸,而其他部件则为潜水泵通用部件,因此认定某公司已经完成实施发明创造所必需的主要技术图纸。此外,在专利申请日前,已经制造或者购买实施发明创造所必需的主要设备或者原材料,也可以认定为做好了制造、使用专利技术或设计的准备。而为实施专利技术或设计所进行的市场分析、管理人员配备等非技术准备工作,不属于先用权抗辩的成立条件。

2. 认定先用权成立将产生什么样的法律效力

允许先用者继续在原有范围内制造、使用有关技术或者设计,其中对于"原有范围"的含义,可以从专利申请日前已有的生产规模或者可以达到的生产规模的角度进行理解。此处的"生产规模"应作扩大解释,不仅包含生产总量的限制,也包含对生产经营范围和用途的限制,在先使用者不得将专利技术或设计跨行业地使用。只有先用者自己在原有范围内继续制造、使用专利产品或专利方法的行为不视为侵权,先用者不能许可他人实施该专利权,也不能单独将其享有的先用权转让给第三人,除非先用权人将原有企业和有关技术和设计一并转让或者承继。

法律规定

1.《专利法》第七十五条第二项

有下列情形之一的，不视为侵犯专利权：

……

（二）在专利申请日前已经制造相同产品、使用相同方法或者已经作好制造、使用的必要准备，并且仅在原有范围内继续制造、使用的；

……

2. 最高人民法院《关于审理侵犯专利权纠纷案件应用法律若干问题的解释》（2009 年）第十五条

被诉侵权人以非法获得的技术或者设计主张先用权抗辩的，人民法院不予支持。

有下列情形之一的，人民法院应当认定属于专利法第六十九条第（二）项规定的已经作好制造、使用的必要准备：

（一）已经完成实施发明创造所必需的主要技术图纸或者工艺文件；

（二）已经制造或者购买实施发明创造所必需的主要设备或者原材料。

专利法第六十九条第（二）项规定的原有范围，包括专利申请日前已有的生产规模以及利用已有的生产设备或者根据已有的生产准备可以达到的生产规模。

先用权人在专利申请日后将其已经实施或作好实施必要准备的技术或设计转让或者许可他人实施，被诉侵权人主张该实施行为属于在原有范围内继续实施的，人民法院不予支持，但该技术或设计与原有企业一并转让或者承继的除外。

社会意义

专利法允许被诉侵权人提出先用权抗辩，是为了解决因先申请制带来的显失公平的问题。在我国，专利授权采用的是先申请制，即“两个以上的申请人分别就同样的发明创造申请专利的，专利权授予最先申请的人”。但是，最先就某项发明创造提出专利申请人，并不一定是第一个作出该发明创造的人，也不一定是首先开始实施该发明创造的人。若最先提出专利申请的人被授予专利权，而禁止在先发明人或者在先实施者继续实施相同发明创造，不符合人民群众的朴素正义观。出于避免这种不合理现象的目的，专利法设立了先用权抗辩制度，当然，先用权的成立必须满足法定条件，在先使用者实施专利技术或设计的行为才不被视为侵权行为，否则将使专利制度形同虚设。

案例溯源

本案一审案号为(2018)苏01民初1427号,二审案号为(2019)最高法知民终89号。

专题十一
专利侵权有代价　损害赔偿是关键

《知识产权强国建设纲要(2021－2035年)》明确提出:“适应科技进步和经济社会发展形势需要,依法及时推动知识产权法律法规立改废释,适时扩大保护客体范围,提高保护标准,全面建立并实施侵权惩罚性赔偿制度,加大损害赔偿力度。”坚持严格保护是我国知识产权司法保护的基本定位。为及时有效阻遏专利侵权行为,着力营造有利于创新创造的法治环境,我国从立法、司法、执法等不同层面持续完善专利侵权损害赔偿制度,重点解决知识产权领域“举证难、赔偿低”问题,切实维护社会公平正义和知识产权权利人合法权益。

▶ 案例:如何计算专利侵权损害赔偿额?——B公司与A公司、刘某侵害实用新型专利权纠纷案

关键词:侵害实用新型专利权　重复侵权　故意侵权　法定赔偿

法律要点:对于故意侵权、重复侵权的严重侵害他人专利权的行为,应当在法律规定的幅度内从高确定法定赔偿数额。

基本案情

本案上诉人(原审被告):B公司,被诉侵权人

本案被上诉人(原审原告):A公司,实用新型专利权人

原审被告:刘某,B公司法定代表人

A公司是名称为“一种一体式自拍装置”实用新型专利的专利权人。A公司经公证调查取证,向广州知识产权法院提起诉讼,主张B公司生产、销售侵犯其专利权的自拍杆,请求判令B公司、刘某停止制造、销售侵害涉案专利权的自拍杆,并销毁库存侵权产品;两被告赔偿A公司经济损失及合理开支;承担本案诉讼费用及财产保全费用。在庭审过程中,双方对被诉侵权产品的技术方案

落入涉案专利权权利要求的保护范围的问题不存在争议,B 公司确认制造、销售了侵权产品。

关于赔偿损失的数额,因 A 公司未能提供证据证明其因侵权行为造成的实际损失或者 B 公司因侵权而获利,亦未提供可参照的专利许可费用,一审法院综合考量涉案专利权的类型(实用新型)、侵权行为性质(制造、销售)、侵权情节、B 公司的经营规模以及 A 公司为维权支出必要合理费用等因素,尤其是 B 公司因侵害 A 公司相同专利 3 次被诉至法院,B 公司熟知 A 公司专利技术但仍实施侵权行为,主观恶意很大,法院酌定 B 公司赔偿 A 公司经济损失及合理开支数额。另外,考虑到 B 公司系由刘某设立的一人有限责任公司,刘某未提交证据证明 B 公司的财产独立于其个人财产,于是法院判决刘某应当对 B 公司承担的赔偿款项承担连带赔偿责任。

B 公司不服,上诉至最高人民法院。二审过程中,争议焦点之一为原审法院认定的赔偿数额是否适当。综合考量本案涉案专利权的稳定性,B 公司作为侵权行为的源头即制造者,故意侵权、重复侵权的行为已严重侵害了 A 公司享有的涉案专利权;就经济损失赔偿数额部分,最高人民法院认为应当在法律规定的幅度内从高确定法定赔偿数额,原审法院酌定的赔偿数额适当,符合专利法规定。遂二审判决驳回上诉,维持原判。

法律讲堂

1. 侵犯专利权的民事责任承担方式有哪些

主要包括责令停止侵权和赔偿损失两种责任承担方式。与侵犯著作权和商标权不同的是,我国《刑法》仅规定了假冒专利罪,对侵犯专利权的行为只追究民事责任和行政责任,而不追究刑事责任。这是因为,一般情况下,专利侵权仅仅损害了专利权人个人的利益,不涉及对社会公共利益的侵犯。责令停止侵权具体是指,专利权人请求人民法院或者管理专利工作的部门责令侵权人不得继续为生产经营目的制造、使用、许诺销售、销售、进口其专利产品,或者使用其专利方法以及使用、许诺销售、销售、进口依照该专利方法直接获得的产品,或者制造、许诺销售、销售、进口其外观设计专利产品。

2. 专利侵权赔偿数额的计算方式包括哪些

主要包括 3 种方式:(1)基于填平原则,按照专利权人的实际损失,或者侵权人的利益所得,或者专利许可使用费的倍数确定侵权赔偿数额;(2)法定赔偿额;(3)惩罚性赔偿额。

在专利侵权纠纷案件中，因为证据不足的问题，无论是权利人的损失，还是侵权人的获利，甚至可参照的专利许可使用费的确定都十分困难。因此，在司法实践中，人民法院往往会根据专利权的类型、侵权行为的性质和情节等因素，在30,000元以上5,000,000元以下确定赔偿数额，即法定赔偿额。

3. 什么是惩罚性赔偿

针对知识产权侵权赔偿低的问题，我国《民法典》引入了惩罚性赔偿制度。所谓惩罚性赔偿，其适用条件是针对故意侵犯知识产权的行为，并且情节严重。2021年，最高人民法院发布的《关于审理侵害知识产权民事案件适用惩罚性赔偿的解释》（法释〔2021〕4号）第4条对于如何认定“情节严重”作出了规定，不仅明确了相关考量因素，还以不完全例举的方式阐释何为“情节严重”。另外，关于惩罚性赔偿的基数，该司法解释也予以澄清，特别是明确排除了以法定赔偿数额作为惩罚性赔偿基数的可能性。现阶段，大多数知识产权案件仍然采用法定赔偿方式确定赔偿数额。我国法院适用惩罚性赔偿需要改变实践中采用“法定赔偿+酌定”方式的惯性，向精细化裁判方向发展，而且法定赔偿本身也有对惩罚因素的考量。为了作出当事人可接受并且具有可操作性的判决，人民法院在适用惩罚性赔偿时，应当谨慎、恰当地把握赔偿额基数和系数确定中的比例原则。

法律规定

1.《专利法》第七十一条

侵犯专利权的赔偿数额按照权利人因被侵权所受到的实际损失或者侵权人因侵权所获得的利益确定；权利人的损失或者侵权人获得的利益难以确定的，参照该专利许可使用费的倍数合理确定。对故意侵犯专利权，情节严重的，可以在按照上述方法确定数额的一倍以上五倍以下确定赔偿数额。

权利人的损失、侵权人获得的利益和专利许可使用费均难以确定的，人民法院可以根据专利权的类型、侵权行为的性质和情节等因素，确定给予三万元以上五百万元以下的赔偿。

赔偿数额还应当包括权利人为制止侵权行为所支付的合理开支。

人民法院为确定赔偿数额，在权利人已经尽力举证，而与侵权行为相关的账簿、资料主要由侵权人掌握的情况下，可以责令侵权人提供与侵权行为相关的账簿、资料；侵权人不提供或者提供虚假的账簿、资料的，人民法院可以参考权利人的主张和提供的证据判定赔偿数额。

2.最高人民法院《关于审理专利纠纷案件适用法律问题的若干规定》(2020年修正)第十四条

专利法第六十五条规定的权利人因被侵权所受到的实际损失可以根据专利权人的专利产品因侵权所造成销售量减少的总数乘以每件专利产品的合理利润所得之积计算。权利人销售量减少的总数难以确定的,侵权产品在市场上销售的总数乘以每件专利产品的合理利润所得之积可以视为权利人因被侵权所受到的实际损失。

专利法第六十五条规定的侵权人因侵权所获得的利益可以根据该侵权产品在市场上销售的总数乘以每件侵权产品的合理利润所得之积计算。侵权人因侵权所获得的利益一般按照侵权人的营业利润计算,对于完全以侵权为业的侵权人,可以按照销售利润计算。

3.最高人民法院《关于审理专利纠纷案件适用法律问题的若干规定》(2020年修正)第十五条

权利人的损失或者侵权人获得的利益难以确定,有专利许可使用费可以参照的,人民法院可以根据专利权的类型、侵权行为的性质和情节、专利许可的性质、范围、时间等因素,参照该专利许可使用费的倍数合理确定赔偿数额;没有专利许可使用费可以参照或者专利许可使用费明显不合理的,人民法院可以根据专利权的类型、侵权行为的性质和情节等因素,依照专利法第六十五条第二款的规定确定赔偿数额。

4.最高人民法院《关于审理专利纠纷案件适用法律问题的若干规定》(2020年修正)第十六条

权利人主张其为制止侵权行为所支付合理开支的,人民法院可以在专利法第六十五条确定的赔偿数额之外另行计算。

5.最高人民法院《关于审理侵害知识产权民事案件适用惩罚性赔偿的解释》(2021年)第四条

对于侵害知识产权情节严重的认定,人民法院应当综合考虑侵权手段、次数,侵权行为的持续时间、地域范围、规模、后果,侵权人在诉讼中的行为等因素。

被告有下列情形的,人民法院可以认定为情节严重:

(一)因侵权被行政处罚或者法院裁判承担责任后,再次实施相同或者类似侵权行为;

(二)以侵害知识产权为业;

(三)伪造、毁坏或者隐匿侵权证据;

（四）拒不履行保全裁定；

（五）侵权获利或者权利人受损巨大；

（六）侵权行为可能危害国家安全、公共利益或者人身健康；

（七）其他可以认定为情节严重的情形。

6. 最高人民法院《关于审理侵害知识产权民事案件适用惩罚性赔偿的解释》（2021 年）第五条第一款和第二款

人民法院确定惩罚性赔偿数额时，应当分别依照相关法律，以原告实际损失数额、被告违法所得数额或者因侵权所获得的利益作为计算基数。该基数不包括原告为制止侵权所支付的合理开支；法律另有规定的，依照其规定。

前款所称实际损失数额、违法所得数额、因侵权所获得的利益均难以计算的，人民法院依法参照该权利许可使用费的倍数合理确定，并以此作为惩罚性赔偿数额的计算基数。

社会意义

想要从源头上遏制侵权现象，专利权人在针对侵害其专利权行为的维权过程中，应当尽可能地溯源维权，向处于侵权行为源头环节的制造者（如本案中的 B 公司）主张权利。如果专利权人针对大量终端销售者提起侵权诉讼，人民法院不仅要合理确定此类侵权人所应承担的民事法律责任，而且在相关销售者合法来源抗辩成立的情况下，应积极引导专利权人根据销售者提供的明确来源向作为侵权源头的制造者追究赔偿责任。如此，才能真正达到鼓励创新、制裁故意侵权，维护公平有序的市场竞争秩序的目的。

案例溯源

本案一审案号为（2019）粤 73 知民初 996 号，二审案号为（2020）最高法知民终 357 号。

第三章
认牌购物靠商标
维护信誉为首要

商标是商品或服务的经营者在其商品或服务上使用的,具有显著特征,是便于识别商品或服务来源的标记。法律之所以保护商标,是因为某一商品或服务的经营者通过对商品或服务质量的改善,实现了相关公众对商品或服务质量和声誉的稳定期待,这一期待可促使消费者“认牌购物”,从而为经营者带来更多经济利益。可见,凝结在商标标识上的信誉,对经营者来说是其在市场竞争中能占有一席之地的无形财产。如果允许他人未经许可使用该商标的话,相关公众可能混淆误购,从而直接导致原经营者的损失。特别是在他人提供的商品质量低劣的情况下,不仅损害原经营者积蓄的商誉,也会伤害消费者利益。为了维持及扩大经营者商标上承载的信誉范围,通过法律明确商标权并予以保护,将其经济价值归属于创造者,成为对经营者诚信经营,保持、提高商品和服务质量,维护消费者利益的制度激励和必要手段。如果不对侵权行为予以制止和处罚,将使商标区别商品或服务来源的功能无法发挥,进而损害通过商标凝结商誉这一无形财产的激励机制,损害消费者利益。结合《商标法》的内容及其与大众日常生活的紧密关系,本章选取若干个真实案例进行分析,主要涉及商标申请的基本要求、商标异议、商标无效和商标权保护。

专题一
申请商标为使用　诚信原则要牢记

商标权保护的客体是通过商标标识体现的、经过实际使用而产生的商誉，因此受到法律保护的商标必须投入使用或已经实际使用，使消费者等相关公众可以将商标与商品或服务相关联，产生唯一对应的关系，将商标对应的商品与其他商品相区分，实现商标的功能。因此，市场主体应当铭记诚信原则，不能恶意攀附他人商誉、抢注他人在先使用的商标，甚至在取得商标注册后对在先权利人以侵权相威胁收取高额费用牟利；也不能毫无实体经营目的囤积注册大量自己根本不会去实际使用的商标，抢占公有信息、倒卖营利。

▶ 案例一：不以使用为目的恶意申请商标不应获得注册——某工作室商标申请商标驳回复审行政诉讼案

关键词：商标申请　不以使用为目的　恶意

法律要点：某工作室不以使用为目的恶意进行商标申请，商标申请被驳回。

基本案情

上诉人（原审原告）：某工作室，商标申请人

被上诉人（原审被告）：国家知识产权局

某工作室于2019年12月26日申请“快帆回国”商标。国家知识产权局审查后，以“快帆回国”商标的申请注册构成2019年《商标法》第4条第1款所指的情形为由，决定对某工作室的商标注册申请予以驳回。某工作室不服，向北京知识产权法院提起行政诉讼。

一审期间，某工作室提交了“马蜂窝解锁”和“去哪儿解锁”网站备案、可信时间戳认证证书，包含“快帆回国”文字的若干域名注册时间，以及相关域名2018—2020年访客数等证据。但北京知识产权法院支持了国家知识产权局作

出的驳回复审决定。

某工作室不服一审判决，向北京市高级人民法院提起上诉，认为自己申请注册“快帆回国”商标是以使用为目的，并未超出经营需要，不具有恶意。二审法院经审理认为，某工作室在多个商品或服务类别上申请注册了包括“马蜂窝解锁”“途牛解锁”“去哪儿解锁”等在内的多件商标，已超出其正常合理的使用范围；而且，上述商标有抄袭、摹仿他人知名商标、企业名称的意图，行为难言正当。此外，某工作室提交的证据不足以证明其对“快帆回国”商标有真实的使用意图。因此，二审法院判决，某工作室的商标注册构成《商标法》第4条第1款所指的情形，驳回上诉，维持原判。

法律讲堂

1. 本案中“快帆回国”商标的注册申请构成不以使用为目的的恶意注册申请吗

构成。2019年《商标法》第4条第1款规定：“不以使用为目的的恶意商标注册申请，应当予以驳回。”在司法实践中，判断商标注册申请是否属于该条规定的情形，会综合考虑如下因素：第一，申请人的基本情况，包括注册时间长短，注册资本金额及缴纳情况是否符合申请商标使用需求，所申请商标与所属行业以及经营范围是否符合等；第二，申请人是否有多次申请商标，以及短期内大量申请商标的情况；第三，申请商标的具体构成是否存在恶意攀附，包括商标是否与他人知名商标相同或近似，是否与知名景点相同或近似，是否包含了知名人物姓名、企业字号、电商名称等情况；第四，申请人在申请商标过程中，或在取得商标注册后，是否存在向他人转售、公开售卖、胁迫他人合作、索要高额转让费等情况。

本案中，某工作室在多个商品或服务类别上申请注册了包括“马蜂窝解锁”“途牛解锁”“去哪儿解锁”等在内的多件商标，“马蜂窝”“途牛”“去哪儿”均为具有一定知名度的他人的商标或企业名称，某工作室作为一个经营范围主要为技术类咨询服务的工作室，申请注册上述商标超出其正常合理的使用范围，并具有抄袭、摹仿他人知名商标或企业名称的意图，因此属于2019年《商标法》第4条第1款所指的情形，构成“不以使用为目的的恶意商标注册申请”。

2. 本案中某工作室提交证据能够证明其具有真实使用意图吗

不能。《商标法》第48条规定：“本法所称商标的使用，是指将商标用于商品、商品包装或者容器以及商品交易文书上，或者将商标用于广告宣传、展览以及其他商业活动中,用于识别商品来源的行为。”因此,商标的使用是要说明商品或服务来自哪个主体,并意图使商标与该主体形成唯一对应关系,需要持续稳定地对商标进行使用。本案某工作室对于申请注册的“马蜂窝解锁”“去哪儿解锁”商标,提供了同名的网站备案材料,对于申请的“快帆回国”商标,提供了域名注册及部分访客材料,上述证据并非用以识别商品或服务来源,而只是象征性地使用,不足以证明某工作室对“快帆回国”商标具有真实使用意图。

法律规定

1.《商标法》(2019 年修正)第四条

自然人、法人或者其他组织在生产经营活动中,对其商品或者服务需要取得商标专用权的,应当向商标局申请商标注册。不以使用为目的的恶意商标注册申请,应当予以驳回。

本法有关商品商标的规定,适用于服务商标。

2.《商标法》(2019 年修正)第四十八条

本法所称商标的使用,是指将商标用于商品、商品包装或者容器以及商品交易文书上,或者将商标用于广告宣传、展览以及其他商业活动中,用于识别商品来源的行为。

社会意义

商标权保护的对象实质是基于使用而产生的商誉,也就是说,市场经营主体申请商标,其目的是将商标实际使用在某类商品或服务上,并建立相关消费者对其商品或服务的认可,从而使商标与商品或服务产生唯一对应关系。如果市场经营主体并非以使用为目的,而是存在攀附他人具有知名度的商标、名称等问题,不仅违反了诚实信用原则,不会形成合法保护的商誉,还会不正当占用公共资源,扰乱商标注册秩序,因此不应获得商标核准注册。作为市场经营主体,商标申请应当具有真实使用意图,以满足自身使用需求为目的,具有正当性及合理性,才能得到法律的认可与保护。

案例溯源

本案一审案号为(2021)京 73 行初 2500 号,二审案号为(2021)京行终 7331 号。

▶ 案例二：申请注册和使用商标，是否应当遵守诚实信用原则？——A公司、王某与B公司侵害商标权纠纷案

关键词：商标申请　商标使用　诚实信用

法律要点：本案再审申请人王某在商标申请及商标使用中，均未遵循诚实信用原则，以不当取得商标为基础，主张他人正当使用该标识侵权，未能得到法律支持。

基本案情

再审申请人（一审被告、二审上诉人）：A公司，在先商标权人

再审申请人（一审原告、二审被上诉人）：王某，在后商标权人

一审被告：B公司

A公司于1999年在深圳成立，商号包含中文“歌力思”文字。其母公司名称为某市歌力思服饰设计有限公司（以下简称A母公司），于1996年在深圳成立，主要经营女士服装。A母公司于1999年12月28日在核准使用商品或服务25类服装上注册了中文“歌力思”商标，后转让给A公司。A公司另在核准使用商品或服务18类手提包、钱包上注册了“ellassay”商标。2007年，王某以个体工商户身份在广州成立皮具企业。2008年6月28日，王某在核准使用商品或服务18类手提包、钱包上注册了中文“歌力思”商标，并于2011年6月21日在核准使用商品或服务18类手提包、钱包上注册了含“歌力思”的图文商标。

A公司在B公司设专柜销售“歌力思”品牌女装，并摆放女包作为摆设。王某公证购买了A公司销售的女士手提包若干，所购包款吊牌均显示“品牌中文名：歌力思，品牌英文名：ellassay”。后王某在其他不同的A公司专柜或专营店公证购买了若干有相同标识的商品，并向杭州市中级人民法院提起诉讼，请求法院判决A公司及B公司停止侵权、消除影响并刊登声明、赔偿王某损失600万元及维权支出11万元、承担诉讼费。

一审判决A公司及B公司侵权。A公司不服，向浙江省高级人民法院提起上诉。二审维持原判。A公司不服二审判决，向最高人民法院提起再审申请。最高人民法院经提审认为，A公司及其母公司最早将“歌力思”作为企业字号使用的时间为1996年，在服装等商品上取得“歌力思”注册商标专用权的时间是1999年。此后经过A公司长期使用及广泛宣传，“歌力思”品牌于2008年即已入选“中国500最具价值品牌”，作为企业字号的“歌力思”具有较高市场知名度，早于王某核准注册的“歌力思”商标。A公司使用“歌力思”文字指

代商品生产者的做法并无明显不当，不具有攀附王某商标的主观意图，不会造成消费者混淆。此外，王某取得和使用"歌力思"商标权的行为难谓正当，王某在广州经营皮具，对于深圳 A 公司的"歌力思"字号及商标完全不了解的可能性较低，但其仍在与服装关联程度较高的手提包、钱包商品上申请了"歌力思"商标；更为甚者，其对 A 公司的正当使用提出侵权之诉，构成权利滥用，相关诉讼请求不能得到法律的支持。最终法院撤销了一审、二审判决，驳回王某诉求。

法律讲堂

1. 本案中王某在核准使用商品或服务 18 类手提包、钱包上申请注册"歌力思"商标是否违反诚实信用原则

违反。"歌力思"是 A 公司独创词语，并非常见词语，因此具有固有显著性，王某自行构思并创造相同词语的可能性较小；A 公司的母公司自 1996 年将"歌力思"作为商号使用，A 公司于 1999 年将"歌力思"作为商号使用，公司注册地为深圳，主营业务为服装，经过长期使用及大量推广，"歌力思"于 2008 年即入选"中国 500 最具价值品牌"。而王某在广州主要经营皮质包类，该行业与服装有较为密切的联系，因此王某于 2008 年在手提包、钱包上以"歌力思"作为标识申请商标时，其应知晓 A 公司多年来在服装上注册并使用"歌力思"商标、字号且具有一定知名度的情况，但王某未合理避让，其商标申请行为违反诚实信用原则。

2. 本案中王某获得"歌力思"商标注册后，起诉 A 公司在所销售提包上使用"品牌中文名：歌力思"构成侵权，并要求赔偿的行为，是否违反诚实信用原则

违反。本案中王某在核准使用商品或服务 18 类手提包、钱包上获得"歌力思"商标注册，违反诚实信用原则，难谓正当。而 A 公司在王某申请商标前，已将"歌力思"作为商号，并通过使用具有一定知名度，因此，就"歌力思"商标而言，A 公司具有在先权利。此外，A 公司均在其服装专柜及专门门店内销售作为配饰的皮包，其在皮包外包装等处均使用核准注册的"ellassay"商标，仅在皮包吊牌上使用"品牌中文名：歌力思"字样，其"歌力思"作为商标及字号在服装类具有极高知名度，而王某未能举证证明其"歌力思"商标在手提包上具有知名度，消费者在 A 公司专柜或门店购买上述皮包不会造成来源混淆。王某以非善意获得商标为基础，对 A 公司的正当经营活动主张侵权，并要求停止侵权、赔偿损失等行为，属于权利滥用，违反诚实信用原则，不应得到法律的支持。

法律规定

1.《商标法》第七条

申请注册和使用商标,应当遵循诚实信用原则。

商标使用人应当对其使用商标的商品质量负责。各级工商行政管理部门应当通过商标管理,制止欺骗消费者的行为。

2.《民事诉讼法》第十三条

民事诉讼应当遵循诚信原则。

当事人有权在法律规定的范围内处分自己的民事权利和诉讼权利。

社会意义

民事主体从事民事活动,包括民事诉讼活动,应当遵循诚实信用原则。作为市场经营主体,在进行经济活动中,也应秉承此原则,诚信经营。法律鼓励经过诚实劳动创造价值,并对此基础上产生的合法权益予以保护。同时,以不正当手段追求个人利益,并造成损害他人合法权益、社会公共利益和市场秩序的情况,是不能受到法律保护的;更不能以此向他人主张权利,获得赔偿。因此,作为市场经营主体,在经营活动、商标申请、商标使用、权利维护等方面,均应当秉承诚实信用原则,合法行使诉讼权利,通过诚实劳动积累财富,并通过法律手段保护自身的合法权益。

案例溯源

本案一审案号为(2012)浙杭知初字第362号,二审案号为(2013)浙知终字第222号,再审案号为(2014)民提字第24号。

▶ 案例三:恶意提起知识产权诉讼,是否需要承担责任?——A公司与B公司因恶意提起知识产权诉讼损害纠纷案

关键词:知识产权诉讼　恶意　赔偿责任

法律要点:抢注人的商标因抢注他人在先使用商标而被撤销;对以该商标为基础的商标侵权诉讼,被认定为因恶意提起知识产权诉讼,抢注人承担赔偿责任。

基本案情

再审申请人(一审被告、二审上诉人):A公司,商标抢注人

被申请人(一审原告、二审被上诉人):B 公司,主张赔偿人

1998 年至 2003 年,A 公司作为美国 S 公司在中国的酒店专用电话机代工商。2006 年,S 公司兼并了美国 TELEMATRIX 公司,并用“TELEMATRIX”作为企业名称。B 公司接受 S 公司委托,加工 TELEMATRIX 品牌酒店电话机产品。

其后,A 公司以 S 的企业名称“TELEMATRIX”申请商标,核定使用商品为第 9 类电话机、可视电话等;2007 年 5 月 28 日,“TELEMATRIX”商标获得注册。A 公司在网站的宣传称,其为国际上与德利达、TELEMATRIX 品牌齐名的三大酒店电话品牌之一;并于 2008 年 1 月向 B 公司发出律师函,主张 B 公司涉嫌侵犯 A 公司“TELEMATRIX”商标权。2008 年 3 月,B 公司提起确认不侵权之诉,A 公司同时提起商标侵权之诉(以下称第 57 号诉讼)。后两案均撤诉。

2013 年 7 月 22 日,原国家工商行政管理总局商标评审委员会作出裁定,认为 A 公司申请的“TELEMATRIX”商标属于以不正当手段抢先注册他人已经使用并有一定影响的商标,并撤销了该商标。该案后经过中级人民法院审理和最高人民法院再审,维持了原国家工商行政管理总局商标评审委员会的裁定。2016 年 4 月,B 公司以 A 公司恶意提起知识产权诉讼造成损害为由,向江苏省无锡市中级人民法院提起诉讼。法院认为 A 公司提起第 57 号诉讼构成恶意诉讼,并判决 A 公司刊登声明消除影响,赔偿 B 公司损失 100 万元。A 公司不服该判决,提起上诉,该案后经江苏省高级人民法院二审及最高人民法院再审,维持了该一审判决。

法律讲堂

本案中 A 公司是否构成恶意提起知识产权诉讼并应当承担赔偿责任

构成恶意,应当担责。《民事案件案由规定》(2020 年修正)第 14 类“知识产权权属、侵权纠纷”中第 171 条规定了“因恶意提起知识产权诉讼损害责任纠纷”。对于该行为具体如何构成,法律并无明确规定。在本案中,最高人民法院认为,恶意提起知识产权诉讼损害责任纠纷,本质上为侵权责任纠纷的一种具体类型;因此,判断是否存在恶意诉讼的行为,需要从侵害行为、损害结果、侵害行为与损害结果之间的因果关系以及行为人的主观过错等方面进行审查。

根据 B 公司提交的证据,A 公司提起第 57 号诉讼,导致 B 公司产生制造新模具费用、物料损失、更换外壳人工费、应对诉讼产生律师费等支出,并因停止生产销售“TELEMATRIX”商标商品丧失了交易机会等。因此,再审法院认为,现有证据已可以证明本案中存在侵害行为、产生了损害结果,且侵害行为与损

害结果之间具有因果关系。该案的关键问题在于,A 公司提起第 57 号诉讼的行为,是否具有恶意。

民事行为的实施,以及民事诉讼的启动,应当遵循诚实信用、禁止权利滥用的原则。对于是否恶意提起知识产权诉讼的认定,尚无具体部门法予以明确规定,但也应遵循诚实信用原则。本案中,再审法院从两个层面对行为构成进行了论述:(1)基础权利的取得。本案的基础权利是 A 公司对“TELEMATRIX”商标的申请及获准注册的权利。“TELEMATRIX”商标因“以不正当手段抢先注册他人在先使用并有一定影响的商标”被撤销,因此自始不具有法律效力;且 A 公司在应知 S 公司的“TELEMATRIX”标识在本案“TELEMATRIX”商标申请日之前已经具有知名度的情况下抢注该商标,行为本身难谓善意。因此,A 公司对于“TELEMATRIX”商标申请注册是否正当应当明知。(2)对 A 公司提起第 57 号诉讼行为的考察。A 公司与 B 公司均曾受 S 公司委托,为其加工酒店电话机产品,为具有竞争关系的同行业经营者。而 A 公司在其抢注“TELEMATRIX”商标的情况下,还以“TELEMATRIX”商标作为权利基础,向 B 公司提起商标侵权诉讼,并在其网站宣传 A 公司与美国 TELEMATRIX 品牌齐名,还先后向实际拥有 TELEMATRIX 品牌的美国 M 公司及其中国的代理商也提起商标侵权之诉,可以综合认定 A 公司提起第 57 号诉讼,并非以依法维权为目的、正当行使其诉讼权利的行为。因此,本案中,A 公司的行为构成恶意提起知识产权诉讼,并应对其给 B 公司造成的损失承担赔偿责任。

法律规定

1.《商标法》第三十二条

申请商标注册不得损害他人现有的在先权利,也不得以不正当手段抢先注册他人已经使用并有一定影响的商标。

2.《民事案件案由规定》(2020 年修正)第十四类“知识产权权属、侵权纠纷”

171. 因恶意提起知识产权诉讼损害责任纠纷

……

3.《民事诉讼法》第十三条

民事诉讼应当遵循诚信原则。

当事人有权在法律规定的范围内处分自己的民事权利和诉讼权利。

4.《民法典》第一千一百六十五条第一款

行为人因过错侵害他人民事权益造成损害的,应当承担侵权责任。

社会意义

市场经营主体无论从事民事行为，还是民事诉讼行为，均应当遵循诚实信用原则，在知识产权领域也应如此。这就要求市场经营主体在进行商标申请、注册时，对已在先使用的他人商标进行合理避让。尤其随着互联网经济的发展，不应对于所了解的本行业在国际及国内已使用且具有一定知名度的商标，予以抢先注册。此外，民事诉讼是知识产权保护的重要途径，对于合法保护自身权益的行为应当予以维护；但没有权利基础，且并非以依法维权为目的、正当行使其诉讼权利的行为，不仅不能得到法院的支持及保护，还可能会被认定为因恶意提起知识产权诉讼的行为，并承担消除影响、赔偿损失等后果。

案例溯源

本案一审案号为（2016）苏02民初71号，二审案号为（2017）苏民终1874号，再审案号为（2019）最高法民申366号。

专题二
商标标识要显著　与众不同能区分

商标的主要功能在于识别商品或者服务的来源。要实现该功能，申请注册的商标必须具有显著特征，即相关公众会将其视为商标，并用其识别商品或者服务的来源。显著特征又称显著性或识别性。缺乏显著特征的标志不得作为商标注册；不过，这类标志经过使用取得显著特征，并便于识别的，可以作为商标注册，这在学理上称为获得显著性。当然，商标的固有显著性也可能经过使用而丧失。本专题选取的案例介绍了标识为通用名称，或者仅直接表示商品特点等不具有显著性的情况，并进一步说明，如果通过对标识的使用，该标识被广大消费者认知，也具有了显著性，以期使市场经营主体对于何为显著性有一定了解，在申请注册商标时避免不被核准的情形。

▶ 案例一：标识仅为商品通用名称，是否可以核准注册？——徐某、国家知识产权局商标申请宣告商标无效行政诉讼案

关键词：商标注册　显著性　通用名称

法律要点：商标具有区分商品来源功能，因此标识应具有显著性。商标标识仅为商品通用名称，不应核准注册；如果已注册，也可以通过商标无效宣告程序宣告无效。

基本案情

再审申请人（一审原告、二审被上诉人）：徐某，商标权人

被申请人（一审被告、二审上诉人）：国家知识产权局

一审第三人：陈某，商标无效宣告申请人

2009 年 11 月 17 日，徐某向原国家工商行政管理总局商标局（以下简称商标局）申请“马卡龙（指定颜色）”商标（以下称争议商标），核定使用在第 30 类

“蛋黄酱；巧克力；咖啡；巧克力酱；寿司；冰激凌；（意式）面食；糕点；面包；甜食”等商品上，后被核准注册。2015 年 12 月 8 日，陈某向原国家工商行政管理总局商标评审委员会提出无效宣告申请，认为争议商标申请时已经是指代“杏仁小圆饼”的通用名称，应当宣告无效。经审查，原国家工商行政管理总局商标评审委员会认为，争议商标在糕点、面包、甜食商品上予以宣告无效，在其余商品上予以维持。

徐某不服该裁定并提起行政诉讼。该案件后经北京知识产权法院一审、北京市高级人民法院二审。二审法院认为，根据现有证据，结合众所周知的事实，在徐某没有提供相反证据反驳的情况下，根据日常生活经验法则可以推定，在争议商标申请日前，争议商标“马卡龙”又称作“玛卡龙”，是一种用蛋白、杏仁粉、白砂糖和糖霜制作，并夹有水果酱或奶油的法式甜点。因此，“马卡龙”作为商标用于“糕点、甜食”商品上，直接表述了上述商品的通用名称，缺乏显著性。但“马卡龙”作为商标指定使用在“面包”及“巧克力、咖啡”等其他商品上，存在显著性，可以核准注册。后徐某不服该裁定，向最高人民法院申请再审；最高人民法院认为二审法院认定事实及适用法律正确，驳回徐某再审申请。

法律讲堂

申请注册商标的标识仅为商品通用名称，能否被核准注册

不能。商标的功能在于区分商品来源，也就是消费者可以将某商标与提供商品或服务的市场经营主体一一对应，并能与其他市场经营主体相区分。这就要求商标标识具有显著性，能够达到与其他标识相区分的效果，从而指示商标或服务的来源。因此，《商标法》规定申请注册的商标应当具有显著特征，便于识别。具有显著性并不是说一定是独创的词语，已有词语也可以具有显著性，比如“苹果”在电脑商品上，就具有显著性，可以与他人的电脑品牌相区分。但是如果“苹果”申请注册在新鲜水果这个类别上，则不具有显著性，不能进行区分。

依据《商标法》的规定，仅有本商品的通用名称、图形、型号的，不能作为商标注册。对于通用名称如何认定，最高人民法院《关于审理商标授权确权行政案件若干问题的规定》（2020 年修正）第 10 条对法定商品名称、约定俗成的商品名称的构成及其判断依据，判断方法均做了规定。本案中，商标无效申请人徐某提交了百度、淘宝等网站上“马卡龙”的搜索结果页面，以说明消费者对“马卡龙”词语的认知，且结合一般常识，并根据日常生活经验，以证明“马卡龙”在日常生活中已被消费者认为是某种特定做法的法式甜点，属于约定俗成的通用名称。申请商标仅为“马卡龙”，在指定商品“糕点、甜食”上，缺乏显著

性，不应作为商标核准注册。此外，商标不具有显著性也可以作为商标无效的理由。本案审查机关即认为，虽已获得注册，但因不具有显著性，“马卡龙”商标在“糕点、甜食”类别上应被认定为无效。

法律规定

1.《商标法》第八条

任何能够将自然人、法人或者其他组织的商品与他人的商品区别开的标志，包括文字、图形、字母、数字、三维标志、颜色组合和声音等，以及上述要素的组合，均可以作为商标申请注册。

2.《商标法》第九条第一款

申请注册的商标，应当有显著特征，便于识别，并不得与他人在先取得的合法权利相冲突。

3.《商标法》第十一条第一款第一项

下列标志不得作为商标注册：(一)仅有本商品的通用名称、图形、型号的。

4.《商标法》第四十四条第一款

已经注册的商标，违反本法第四条、第十条、第十一条、第十二条、第十九条第四款规定的，或者是以欺骗手段或者其他不正当手段取得注册的，由商标局宣告该注册商标无效；其他单位或者个人可以请求商标评审委员会宣告该注册商标无效。

5. 最高人民法院《关于审理商标授权确权行政案件若干问题的规定》(2020 年修正)第十条

诉争商标属于法定的商品名称或者约定俗成的商品名称的，人民法院应当认定其属于商标法第十一条第一款第(一)项所指的通用名称。依据法律规定或者国家标准、行业标准属于商品通用名称的，应当认定为通用名称。相关公众普遍认为某一名称能够指代一类商品的，应当认定为约定俗成的通用名称。被专业工具书、辞典等列为商品名称的，可以作为认定约定俗成的通用名称的参考。

约定俗成的通用名称一般以全国范围内相关公众的通常认识为判断标准。对于由于历史传统、风土人情、地理环境等原因形成的相关市场固定的商品，在该相关市场内通用的称谓，人民法院可以认定为通用名称。

诉争商标申请人明知或者应知其申请注册的商标为部分区域内约定俗成的商品名称的，人民法院可以视其申请注册的商标为通用名称。

人民法院审查判断诉争商标是否属于通用名称，一般以商标申请日时的事实状态为准。核准注册时事实状态发生变化的,以核准注册时的事实状态判断其是否属于通用名称。

6. 最高人民法院《关于行政诉讼证据若干问题的规定》第六十八条

下列事实法庭可以直接认定:(一)众所周知的事实;(二)自然规律及定理;(三)按照法律规定推定的事实;(四)已经依法证明的事实;(五)根据日常生活经验法则推定的事实。

前款(一)、(三)、(四)、(五)项,当事人有相反证据足以推翻的除外。

社会意义

商标具有区分商品或服务来源的功能,因此也要求其标识具有显著性,也就是能与其他标识分开。不能仅使用通用名称、图形或型号作为商标,一方面是因为其不具备商标的区分功能,另一方面也会占用公共资源,造成同类商品不得再使用通用名称、图形及型号进行商品的描述。比如不能将“红富士”注册在新鲜水果类别上;不能将“”这种鞋底图案注册在鞋类别上;也不能将“***XXL***”这种通用型号注册在服装类别上。因此,在进行商标注册申请时,应避免上述情况,否则会无法获得注册,或者在注册后被宣告无效,造成时间及经济成本的浪费。

案例溯源

本案一审案号为(2017)京73行初1707号,二审案号为(2018)京行终5610号,再审案号为(2019)最高法行申3269号。

▶ 案例二:标识仅直接表示商品质量、主要原料等特点的,是否可以核准注册?——某公司、原国家工商行政管理总局商标评审委员会与张某商标异议复审行政诉讼案

关键词:商标注册　商品特点　显著性

法律要点:仅直接表示商品的质量、主要原料、功能、用途、重量、数量及其他特点的,不应作为商标注册;已注册的也可以通过商标无效宣告程序宣告无效。

基本案情

再审申请人(一审原告、二审上诉人):某公司,商标申请人

被申请人(一审被告、二审被上诉人):原国家工商行政管理总局商标评审委员会

第三人:张某,商标异议人

2010 年 11 月 12 日,某公司提出“微信”商标注册申请,指定使用在第 38 类“信息传送、电话业务、电话通讯、移动电话通讯”等服务上。该商标经原国家工商行政管理总局商标局初步审定公告。在法定异议期内,张某对商标申请提出了异议。后经商标局作出裁定,被异议商标不予核准注册。

某公司不服该裁定,向原国家工商行政管理总局商标评审委员会申请复审。原国家工商行政管理总局商标评审委员会最终裁定,该被异议商标不予核准注册。某公司不服,提起行政诉讼。该案件经过北京知识产权法院一审,北京市高级人民法院二审,维持了原国家工商行政管理总局商标评审委员会的裁定。某公司向最高人民法院申请再审。最高人民法院经审理认为,被异议商标由中文“微信”二字构成,指定使用在第 38 类信息传送、电话业务、电话通讯等类别上。“微”具有“小”“少”等含义,与“信”字组合使用在上述服务项目上,易使相关公众将其理解为比电子邮件、手机短信等常见通信方式更为短小、便捷的信息沟通方式,是对上述服务功能、用途或其他特点的直接描述,而不易被相关公众作为区分服务来源的商标加以识别和对待,因此,被异议商标在上述服务项目上缺乏显著特征,属于《商标法》第 11 条第 1 款第 2 项所指情形。该公司提交的证据也未能证明被异议商标经使用具有了显著性。最终,最高人民法院驳回了再审申请,维持了二审判决。

法律讲堂

申请商标标识仅直接表示商品质量、主要原料等特点的,是否具有显著性并可以核准注册

不可以核准注册。注册后,也可以缺乏显著性为理由对该商标请求无效宣告。商标的功能,在于区分商品来源,这就要求商标标识具有显著性,从而指示商标或服务的来源。《商标法》第 11 条第 1 款第 2 项规定,仅直接表示商品的质量、主要原料、功能、用途、重量、数量及其他特点的,不得作为商标注册。如此规定是因为对上述商品特点予以描述或者说明,不能将某一商品与其他商品进行区分。此外,此类标志经常被同行业经营者用来描述商品或服务,应为行业公用,如果被某一市场经营主体独家使用,会造成阻碍其他同业经营者使用,扰乱公平竞争的市场秩序等问题,因此法律规定不应予以核准注册。如果已经注册,也可以缺乏显著性为由,对该注册商标提出无效申请。

本案中,广大消费者会将“微信”含义理解为比电子邮件、手机短信等常见通信方式更为短小、便捷的信息沟通方式,此直接描述说明了服务的功能和特点,因此不具有显著性。例如,将“超一流”申请注册在“饭店”服务上;将“彩棉”申请注册在“服装”商品上;将“脑基因”申请注册在“医用营养饮料”上;将“50kg”申请注册在“米”上等。

需要说明的是,根据最高人民法院《关于审理商标授权确权行政案件若干问题的规定》(2020 年修正)第 11 条的规定,如果商标标志或者其构成要素暗示商品的特点,但不影响其识别商品来源功能的,不属于该项所规定的情形,仍可注册商标。比如,对于在“计算机编程、计算机系统远程监控”服务上申请“辅导帮”商标,北京市高级人民法院认为,虽然暗示了其所指定使用的服务具有辅助性特点,但不影响识别商品来源的功能,亦未直接描述服务的功能、特点等,因此不构成《商标法》第 11 条第 1 款第 2 项规定的情形。

法律规定

1.《商标法》第十一条第一款第二项

下列标志不得作为商标注册:(二)仅直接表示商品的质量、主要原料、功能、用途、重量、数量及其他特点的。

2.《商标法》第三十三条

对初步审定公告的商标,自公告之日起三个月内……任何人认为违反本法第四条、第十条、第十一条、第十二条、第十九条第四款规定的,可以向商标局提出异议。公告期满无异议的,予以核准注册,发给商标注册证,并予公告。

3.《商标法》第八条、第九条第一款、第四十四条第一款

见本专题案例一。

4.最高人民法院《关于审理商标授权确权行政案件若干问题的规定》(2020 年修正)第十一条

商标标志只是或者主要是描述、说明所使用商品的质量、主要原料、功能、用途、重量、数量、产地等的,人民法院应当认定其属于商标法第十一条第一款第(二)项规定的情形。商标标志或者其构成要素暗示商品的特点,但不影响其识别商品来源功能的,不属于该项所规定的情形。

社会意义

商标标识应当具有显著性,申请人可以创造词语,比如“星巴克”,也可以使用已有词语,比如“联想”。一般来说,创造词语的显著性要强于已有词语,

更容易被消费者记住从而与其他品牌相区分。对于市场经营主体,以实际使用商标为目的,会投入大量的人力、物力等成本,对该商标标识进行宣传;因此,建议就显著性较高的标识申请商标,避免商标无法注册,或者在投入大量成本使用后因缺乏显著性而被宣告无效,造成时间及成本的损失。对于仅仅或者主要描述商品或服务本身特点的词语,尽量避免使用。

案例溯源

本案一审案号为(2014)京知行初字第67号,二审案号为(2015)高行(知)终字第1538号,再审案号为(2016)最高法行申3313号。

▶ 案例三:商标可以经过使用具有显著性吗?——原国家工商行政管理总局商标评审委员会与某公司商标驳回复审行政诉讼案

关键词:商标申请　使用　显著性

法律要点:商标标识本身不具有显著性,经过长期大量使用,可以起到区分商品或服务来源的作用,可以认为在该商品或服务上具有显著性,并获得商标注册。

基本案情

上诉人(原审被告):原国家工商行政管理总局商标评审委员会

被上诉人(原审原告):某公司,商标申请人

2014年5月4日,某公司向原国家工商行政管理总局商标局提出"嘀嘀嘀嘀嘀"(声音商标)商标(以下称申请商标)的注册申请,核定使用在第38类"电视播放、新闻社、信息传送"等服务类别上。商标局认为该商标缺乏显著性,不得作为商标注册。某公司不服,向原国家工商行政管理总局商标评审委员会提出复审申请,并提交了大量使用证据,包括公司年报摘要;第三方咨询公司出具的多年行业研究报告、发展报告、检测报告、用户行为研究报告等资料;多年用户使用软件占有率统计、软件用户偏好度统计、软件年度覆盖人数统计等证据材料。原国家工商行政管理总局商标评审委员会以同样理由驳回了申请商标的注册申请。

某公司不服该裁定,向北京知识产权法院提起诉讼,后又经北京市高级人民法院(以下称二审法院)二审。二审法院经审理认为,申请商标仅由单一重

复的"嘀"音构成,相关公众通常情况下不容易将其与其他商品或服务区分,因此申请商标属于《商标法》第11条第1款第3项规定的缺乏显著特征的标志;但根据《商标法》第11条第2款的规定,本身不具有显著特征的商标经过使用能发挥识别作用时,也可以予以核准注册。因其显著特征建立在使用基础之上,此类商标获准注册的商品或者服务范围也应当以其实际使用的商品或者服务为限。本案中,某公司提供的证据可以证明申请商标在即时通讯软件上的长期持续使用,使其具备了识别服务来源的作用,因此对于申请商标在"信息传送、提供在先论坛"等服务项目上的使用可以初步审定,但对于"电视播放、新闻社、电话会议服务"上实际使用,应予以驳回。

法律讲堂

1.除文字图形外,其他要素可以注册商标吗

可以,根据现行《商标法》的规定,除文字图形外,字母、数字、三维标志、颜色组合和声音也可以申请注册。《商标法》第8条规定,任何能够将自然人、法人或者其他组织的商品与他人的商品区别开的标志,包括文字、图形、字母、数字、三维标志、颜色组合和声音等,以及上述要素的组合,均可以作为商标申请注册。当然,需要同时满足商标标识显著性的要求。对于不同要素,除要综合考察商标本身构成、指定使用的商品和服务、相关公众的认知习惯等基本审查标准外,还要根据不同要素的特点对显著性予以认定。比如本案的声音商标,由于其与商品及服务的结合性不强,所面向的相关公众听到声音一般首先认为是背景音乐或者广告宣传,所以即便是独特的音乐,也很难直接发挥区分商品或者服务来源的作用。一般情况下,需要充分的证据证明,声音商标通过长期或广泛的使用取得了显著性,能识别和区分商品或者服务的来源,即相关公众听到声音首先联想到该声音是指向一个特定来源的商品或者服务,而不是声音本身。

三维标志作为商标申请时也有需要进一步考虑的因素。《商标法》第12条规定:"以三维标志申请注册商标的,仅由商品自身的性质产生的形状、为获得技术效果而需要的商品形状或者使用商品具有实质性价值的形状,不得注册。"在国家知识产权局发布的《商标审查审理指南》(2020年)中列举了一些不能区分商品来源、不具有显著性的情形。

对于颜色商标来讲,考虑到单一颜色注册成商标容易造成对颜色的垄断,我国目前只接受颜色的组合作为商标申请注册。一般情况下认为,颜色组合商标本身的显著性不强,所以需要长期或广泛的使用,与商品或服务来源确定一

一对应的关系,才能获得显著性。

2. 不具备显著特征的标识,经过使用可以具备显著性并予以商标注册吗

可以。《商标法》第 11 条第 2 款规定:“前款所列标志经过使用取得显著特征,并便于识别的,可以作为商标注册。”前款所列标志,即上述案例中提到的,《商标法》第 11 条第 1 款所规定的因通用名称、描述商品或服务特点或其他原因缺乏显著性特征的标志。此种使用,是长期大量的使用,能达到相关公众可以将商品或服务与这个商标建立一一对应的关系的程度,一见到或听到商标,即可想到该商品或服务。法院一般会从商标使用时间、商标具体情况、商品和服务情况、商标使用范围等角度予以考察,根据不同的案件情况,不同的商标要素,对证据予以审查并认定其是否因使用具有了显著性。

本案中,法院审查了声音商标使用时间、商标使用涉及用户量、商标使用商品的全国排名、行业内研究报告等证据,最终认定,涉案声音通过在即时通讯软件上的长期持续使用,具备了识别服务来源的作用,从而在“信息传送”等服务项目上具有了商标注册所需的显著性。需注意的是,通过使用获得显著性,只能在相关服务上获得;涉案声音商标没有在“电视播放、新闻社、电话会议”服务上实际使用,因此在上述类别上不具有显著性,不能获得商标注册。

法律规定

1.《商标法》第八条

任何能够将自然人、法人或者其他组织的商品与他人的商品区别开的标志,包括文字、图形、字母、数字、三维标志、颜色组合和声音等,以及上述要素的组合,均可以作为商标申请注册。

2.《商标法》第十一条

下列标志不得作为商标注册:

(一)仅有本商品的通用名称、图形、型号的;

(二)仅直接表示商品的质量、主要原料、功能、用途、重量、数量及其他特点的;

(三)其他缺乏显著特征的。

前款所列标志经过使用取得显著特征,并便于识别的,可以作为商标注册。

社会意义

商标的重要功能在于区别商品或服务的来源，经过长期大量的使用，会在相关公众中使商标与商品或服务形成一一对应的关系，从而使原本不具有显著性的标识可以作为商标进行注册。但也要在此提醒市场经营主体，对于“长期大量使用”举证责任相对严格，且法院如何认定也会根据个案证据综合考虑，因此，申请新品牌商标，还是尽量考虑使用本身具有一定显著性的标识，在进行商标注册后进行使用，以降低最终未被认定为商标的风险。

案例溯源

本案一审案号为（2016）京 73 行初 3203 号，二审案号为（2018）京行终 3673 号。

专题三
申请商标要合法　刻意抢注终成空

商标注册后,需要在市场流通中使用,向大众展示。因此,有些标识作为商标使用会违反公共利益或公序良俗。对于哪些标识本身不得作为商标申请注册,《商标法》进行了较为详细的规定,比如国名、有误导性的标识等。此外,《商标法》也强调,申请商标不得侵犯他人在先的权利,比如他人在先的著作权、姓名权、肖像权以及有一定影响的未注册商标等。恶意抢注一直是《商标法》关注的焦点。近年来,无论从立法、执法还是司法层面,国家均在着力打击制止恶意抢注问题。本专题选择的案例旨在说明,申请商标时需注意《商标法》的相关要求,并采取预先检索等方式,避免所选标识因不符合法律规定被驳回、异议而不能获得注册,或者注册后被宣告无效。同时,应自觉避免以不正当手段抢注他人商标,以免承担恶意抢注商标的法律后果,共同营造良好的市场经营环境。

▶ 案例一:同国家名称等相同或近似的标识,能否核准注册商标?——A公司、某印度人及国家知识产权局申请宣告商标无效行政诉讼案

关键词:国家名称　禁止注册　禁止使用

法律要点:《商标法》规定了不得作为商标注册和使用的情形,包括我国及外国名称、政府间国际组织、官方标志、检验印记等;对于已核准注册商标,可申请宣告商标无效。

基本案情

再审申请人(一审第三人、二审上诉人):A公司,诉争商标权人

被申请人(一审原告、二审被上诉人):某印度人,商标异议申请人

一审被告：国家知识产权局

A公司名下商标“C. D. BHARAT”（以下称诉争商标），于2009年9月7日核准注册，核定使用商品为“内燃机”等。2016年4月11日，某印度人以“BHARAT”为印度的印地语名称为理由，对诉争商标申请无效宣告。原国家工商行政管理总局商标评审委员会认为，虽然印地语“BHARAT”等同英文“INDIA”，为印度国名，但其不属于常用语言，消费者知晓程度有限，中国消费者一般不会将其识别为印度国名，因此认定该商标未违反2001年《商标法》第10条第1款第2项的规定，并裁定诉争商标予以维持。某印度人不服，向北京知识产权法院提起行政诉讼，后经过北京市高级人民法院二审，最高人民法院再审。最高人民法院认为，印度的官方语言为印地语和英语，根据某印度人所提交的证据，“BHARAT”虽然不是英文的“印度”国名，但其读音与印地语“印度”读音相同，包括印度官方在内的各界公认其为“印度”一词的印地语表述，该商标属于《商标法》第10条第1款第2项中的国家名称，不应予以注册。

法律讲堂

1. 商标中包含外国国名，可以核准注册吗

不可以。《商标法》第10条第1款第2项规定不得作为商标使用的情况包括“同外国的国家名称、国旗、国徽、军旗相同或者近似的，但该国政府同意的除外”。本案中，最高人民法院明确了外国的国家名称包括中文、外文、全称、简称等形式，并不以我国相关公众的通常认知为限。因此，本案中“BHARAT”作为印度国名的印地语名称，也应适用该规定，不能获得注册。

《商标审查审理指南》（2021年版）在下编第3章“不得作为商标标志的审查审理”中也对部分可能获得注册的情况进行了列举。例如，外国国名也具有其他含义的，一般可以获得注册，在“服装”商品上申请“TURKEY”，其中含有的“TURKEY”与土耳其国名相同，但另有广为人知的其他含义“火鸡”；标识文字由两个或两个以上中文国名简称组合而成，不会造成商品产地误认的也可获得注册，比如在“照明器”商品上申请“中法 ZHONGFA”，但是不能申请对商品产地造成误认的，比如在“化妆品”商品上申请“**韩日**”；国名仅真实表示申请日所属国或其他商品或服务特点的也可获得注册，比如在“日式料理餐厅”服务上申请“**柚子日本料理**”等。

2. 商标中包含中国国名，可以核准注册吗

不可以。《商标法》第10条规定了不得作为商标使用的情形，其中第1款

第 1 项明确了与我国的国名、国旗、国徽、国歌、军旗、军徽、军歌、勋章等相同或者近似的,以及同中央国家机关的名称、标志、所在地特定地点的名称或者标志性建筑物的名称、图形相同的情形。对于国名来说,简称、英文名称均不得作为商标使用。最高人民法院在相关案例中曾明确,国家名称是国家的象征,如果允许随意将其作为商标的组成要素予以注册并作商业使用,将导致国家名称的滥用,损害国家尊严,也可能对社会公共利益和公共秩序产生其他消极、负面影响。因此,对于包括国名的商标,也会考虑根据《商标法》第 10 条第 1 款第 8 项审查,即审查是否属于“有害于社会主义道德风尚或者有其他不良影响的”情形。

3. 是否还有其他不得作为商标注册及使用的情形

《商标法》第 10 条还规定了其他不得作为商标使用的情形。该条第 1 款第 3 项,规定了商标不得同政府间国际组织的名称、旗帜、徽记等相同或相似。名称包括中英文名称、简称等,比如“欧盟”,英文名称“European Union”简称“EU”等。此规定是为了避免生产经营者将上述标志作为商标,导致公众误认为该商品或服务获得了该组织授权,或与其存在某种联系。因此,如果确实获得授权,或不足以导致来源混淆误认,则可以核准注册。

《商标法》第 10 条第 1 款第 4 项,规定了商标不得与表明实施控制、予以保证的官方标志、检验印记相同或者近似。上述机构一般会对产品的质量、性能、成分、原料等实施控制、予以保证或进行检验等,带有上述标志或印记,会让公众误认为该商品或服务获得上述标志,或官方授权等。比如“CCC”为中国强制性产品认证标志,如果在“照明器械及装置”商品上申请“CCC中标”,会让公众认为该商品已经获得了认证,造成误认,因此不能获得注册。当然,如果上述组织确实授权使用,不受该项禁止性规定限制。

《商标法》第 10 条第 1 款第 5 项,规定了商标不得与同“红十字”“红新月”的名称、标志相同或者近似。这里的名称包括中文、英文名称。有关标志足以使公众将其误认为上述标志名称、图案的,为近似。比如“ ”申请在“葡萄糖膳食补充剂”上,会被认为近似。除“红十字”“红新月”外,一般实践中,作为国际人道主义保护公约战场救护标志的“红水晶”( )标志也具有同等法律地位,即商标申请注册不得与其名称、标志相同或近似。

《商标法》第 10 条第 1 款第 6 项,规定了商标不得带有民族歧视性,歧视性包括丑化、贬低或者其他不平等看待不同民族的内容;第 7 项规定了商标不得带有欺骗性,容易使公众对商品的质量或者产地等特点产生误认;第 8 项规定了商标不得有害于社会主义道德风尚或者有其他不良影响。此外,《商标法》第10条第2款还就县级以上地名不能注册为商标进行了规定。

法律规定

1.《商标法》(2001年)第十条

下列标志不得作为商标使用:

(一)同中华人民共和国的国家名称、国旗、国徽、国歌、军旗、军徽、军歌、勋章等相同或者近似的,以及同中央国家机关的名称、标志、所在地特定地点的名称或者标志性建筑物的名称、图形相同的;

(二)同外国的国家名称、国旗、国徽、军旗等相同或者近似的,但经该国政府同意的除外;

(三)同政府间国际组织的名称、旗帜、徽记等相同或者近似的,但经该组织同意或者不易误导公众的除外;

(四)与表明实施控制、予以保证的官方标志、检验印记相同或者近似的,但经授权的除外;

(五)同"红十字"、"红新月"的名称、标志相同或者近似的;

(六)带有民族歧视性的;

(七)带有欺骗性,容易使公众对商品的质量等特点或者产地产生误认的;

(八)有害于社会主义道德风尚或者有其他不良影响的。

县级以上行政区划的地名或者公众知晓的外国地名,不得作为商标。但是,地名具有其他含义或者作为集体商标、证明商标组成部分的除外;已经注册的使用地名的商标继续有效。

2. 最高人民法院《关于审理商标授权确权行政案件若干问题的规定》第三条

商标法第十条第一款第(一)项规定的同中华人民共和国的国家名称等"相同或者近似",是指商标标志整体上与国家名称等相同或者近似。

对于含有中华人民共和国的国家名称等,但整体上并不相同或者不相近似的标志,如果该标志作为商标注册可能导致损害国家尊严的,人民法院可以认定属于商标法第十条第一款第(八)项规定的情形。

社会意义

《民法典》第8条规定,民事主体从事民事活动,不得违反法律,不得违背公序良俗。商标申请注册及使用也应遵循此原则。因此,《商标法》第10条对于不得进行注册及使用的标识情况进行了规定：一方面防止造成公众误认；另一方面也要维护良好的社会秩序，禁止可能损害国家尊严、社会公共利益和秩序、民族团结、宗教信仰、社会公序良俗等的标识获得注册或者使用。作为市场经营主体，在申请或使用商标标识时，要注意回避相关文字或图形，共同努力维护良好的社会秩序及经济秩序。

案例溯源

本案一审案号为(2017)京73行初7057号，二审案号为(2018)京行终5449号，再审案号(2019)最高法行申3334号。

▶ 案例二：在不近似商品类别上，复制他人驰名商标的标识能否核准注册？——A公司、国家知识产权局及B公司商标异议复审行政诉讼案

关键词：驰名商标　不近似商品　商标异议

法律要点：在不近似商标类别上，申请复制他人驰名商标标识，不能核准注册，驰名商标人可在初审公告期内提出商标异议。

基本案情

再审申请人(一审原告、二审上诉人)：A公司，驰名商标权人

被申请人(一审被告、二审被上诉人)：国家知识产权局

原审第三人：B公司，被异议商标权人

B公司于2008年12月8日申请图形商标“”(以下称诉争商标)，指定使用在核定使用商品第24类门帘商品上。A公司在诉争商标初步审定公告期内提出异议申请，认为诉争商标与A公司名下的图形商标“”(以下称引证商标)相同，该引证商标核定使用商品为第11类“取暖设备、电气炊具”等，已构成驰名商标；B公司在近似类别上申请与驰名商标基本相同的商标，属于《商标法》(2001年)第13条第2款规定的情形，不应予以核准注册。

A公司向原国家工商行政管理总局商标局提出异议申请，未得到支持；A公司向原国家工商行政管理总局商标评审委员会提出异议复审申请，仍未得到支持。后A公司就原国家工商行政管理总局商标评审委员会的裁定向北京市第一中级人民法院(以下称一审法院)提起商标异议复审行政诉讼，请求撤销原国家工商行政管理总局商标评审委员会作出的被诉裁定。一审法院驳回A

公司诉讼请求，A公司遂向北京市高级人民法院提起上诉，仍被驳回上诉请求。A公司后向最高人民法院提起再审申请。最高人民法院经再审提审认为，A公司提交的证据可以证明，在诉争商标申请日之前，引证商标在电气照明装置及设备上具有极高知名度；诉争商标与引证商标完全相同，是对B公司驰名商标的复制、摹仿，两商标核定使用商品类别存在密切关系，容易误导相关公众，驰名商标注册人的利益可能受到损害，因此构成《商标法》第13条第2款所指情形，不应核准注册。故撤销一、二审判决及原商标评审委员会裁定，并要求重新作出裁定。

法律讲堂

1. 对驰名商标的保护与普通注册商标相同吗

不相同。对驰名商标的保护范围是大于普通注册商标的。《商标法》（2001年）第13条从商品和商标标识的角度进行了区分规定，简要说明如表1所示：

表1 《商标法》对驰名商标和普通注册商标保护的区分规定

商标状态	商品类别	适用条件	法律后果
未注册的驰名商标	相同或者类似商品	复制、摹仿或者翻译他人未在中国注册的驰名商标，容易导致混淆的	不予注册并禁止使用
已经注册的驰名商标	不相同或者不相类似商品	复制、摹仿或者翻译他人已经在中国注册的驰名商标，误导公众，致使该驰名商标注册人的利益可能受到损害的	不予注册并禁止使用

从表1可见，驰名商标保护有几点特殊性：（1）对于未注册的驰名商标《商标法》同样予以保护，在相同或者类似商品上也不得注册和使用，比如企业商户中也不能使用他人未注册的驰名商标；（2）对于已注册的驰名商标，《商标法》规定的保护类别除普通商标的“相同或近似”类别外，保护范围还扩展到“不相同或不类似”商品，也不能使用或者注册。

本案的主要争议焦点在于，诉争商标指定使用在第24类门帘商品上，引证商标是使用在第11类取暖设备、电气炊具等商品上，并在电气照明装置及设备上构成驰名商标，二者类别显然不同。但考虑到两图形商标在设计细节、整体外观和视觉效果等方面基本一致，而两枚商标的商品类别均属于日常家具类商品，从消费市场、渠道、消费对象来说，存在交叉，两类商品存在密切关联，因此两枚商标相同会误导公众，可能致使A公司作为驰名商标权利人利益受到损害。因此,法院判决本案诉争商标不予核准注册和使用。当然,驰名商标的跨类保护也不是所有其他类别均可保护,还是要根据案件的具体情况予以综合分析判断。

在此说明一下"相关公众"问题。在判断商标是否近似(包括驰名商标或普通商标)等情况下,会考虑是否会造成相关公众混淆。另外,在商标法很多条款中也都涉及"相关公众"。对于何为"相关公众",最高人民法院《关于审理商标民事纠纷案件适用法律若干问题的解释》(2020 年修正)第 8 条规定,"商标法所称相关公众,是指与商标所标识的某类商品或者服务有关的消费者和与前述商品或者服务的营销有密切关系的其他经营者"。因此,"相关公众"一般指该产品所面对的潜在消费者,上游及下游的供货商、营销商等与该商品或服务相关联的其他经营者,具体会根据不同案件情况予以考虑。

2. 驰名商标是如何认定的

驰名商标是根据当事人的申请,在个案中予以认定的。《商标法》第 14 条对于驰名商标的个案认定考虑的因素进行了规定,包括:相关公众知晓程度;持续使用的时间;宣传持续时间、程度和地理范围;作为驰名商标受保护的记录及其他因素。此外,在行政执法、商标评审以及诉讼过程中,相关部门或机构可以根据当事人的申请予以认定。

驰名商标是指为公众所熟知的商标。其之所以被扩大保护,是因为具有了超过一般注册商标的更高的知名度,因此具有较强的商誉,他人注册和使用会更容易导致相关公众的误认。实践中,权利人一般会在商标异议、无效、主张侵权等过程中,要求认定引证商标驰名,并基于此主张诉争商标不应被允许注册或使用。但驰名商标是个案认定的,在一案中认定为驰名商标,在另一案件中不能因此而直接认为该商标为驰名商标;因为驰名商标的认定基础是持续大量地使用,在不同案件中,时间地域等因素不同,该商标是否还能达到驰名的程度是需要再次认定的。当然,之前认定驰名的判决等可以作为证据提交,以证明该商标持续使用。

本案中,A 公司即提交了引证商标被认定驰名的原国家工商行政管理总局商标评审委员会的裁定、法院的判决,还有其他媒体报道文章、广告宣传合同等其他证据。这些证据最终被最高人民法院采纳,认定在诉争商标申请日之前,引证商标已具有了市场知名度,可以适用商标法中关于驰名商标保护的规定。

3. 本案是否可以提起商标异议程序

可以。商标申请会经过商标局的初步审查,在此程序中会对商标是否存在法律不得注册等情况进行初步审查;但是考虑到检索范围、商标局不知在先权利人等客观问题,可能会存在不符合法律规定但是通过初步审查的商标。为了解决此问题,《商标法》规定了异议制度,以保护其他权利人权利,维护商标登记秩序。申请商标在经过商标局初步审定后,会进入到初步审定公告环节。在此期间,根据《商标法》第33条的规定,如果在先权利人、利害关系人认为公告的商标违反了驰名商标保护,恶意抢注他人商标、地理标志,与他人在先商标相同或近似的规定,或者任何人认为公告商标存在不以使用为目的、法律规定不应注册或者使用的标识、没有显著性、商标代理机构申请其他商标等问题的,可以提出异议。

除商标异议外,对于已注册商标,如果存在上述情况,以及通过不正当手段或欺诈手段获得商标注册的情况,还可以通过商标无效的程序保护权利。

法律规定

1.《商标法》第十三条

为相关公众所熟知的商标,持有人认为其权利受到侵害时,可以依照本法规定请求驰名商标保护。

就相同或者类似商品申请注册的商标是复制、摹仿或者翻译他人未在中国注册的驰名商标,容易导致混淆的,不予注册并禁止使用。

就不相同或者不相类似商品申请注册的商标是复制、摹仿或者翻译他人已经在中国注册的驰名商标,误导公众,致使该驰名商标注册人的利益可能受到损害的,不予注册并禁止使用。

2.《商标法》第十四条

驰名商标应当根据当事人的请求,作为处理涉及商标案件需要认定的事实进行认定。认定驰名商标应当考虑下列因素:

(一)相关公众对该商标的知晓程度;

(二)该商标使用的持续时间;

(三)该商标的任何宣传工作的持续时间、程度和地理范围;

(四)该商标作为驰名商标受保护的记录;

(五)该商标驰名的其他因素。

在商标注册审查、工商行政管理部门查处商标违法案件过程中,当事人依照本法第十三条规定主张权利的,商标局根据审查、处理案件的需要,可以对商标驰名情况作出认定。

在商标争议处理过程中,当事人依照本法第十三条规定主张权利的,商标评审委员会根据处理案件的需要,可以对商标驰名情况作出认定。

在商标民事、行政案件审理过程中,当事人依照本法第十三条规定主张权利的,最高人民法院指定的人民法院根据审理案件的需要,可以对商标驰名情况作出认定。

生产、经营者不得将"驰名商标"字样用于商品、商品包装或者容器上,或者用于广告宣传、展览以及其他商业活动中。

3.《商标法》第三十三条

对初步审定公告的商标,自公告之日起三个月内,在先权利人、利害关系人认为违反本法第十三条第二款和第三款、第十五条、第十六条第一款、第三十条、第三十一条、第三十二条规定的,或者任何人认为违反本法第四条、第十条、第十一条、第十二条、第十九条第四款规定的,可以向商标局提出异议。公告期满无异议的,予以核准注册,发给商标注册证,并予公告。

社会意义

驰名商标是被大众熟知的商标,作为商标权人花费了大量的人力、物力、精力,经过长期持续大量地使用商标,从而使该商标在大众当中具有了极高知名度,因此对于驰名商标的保护范围会较普通商标相对大一些。对于未注册但已经使用达到驰名标准的商标予以保护;对于驰名商标可以跨类予以保护;对于恶意注册驰名商标的,在注册之日起 5 年之后也可以提起无效。作为市场经营主体在使用或者申请注册相关标识时,要对此予以注意。

案例溯源

本案一审案号为(2014)一中行(知)初字第 6150 号,二审案号为(2017)京行终 1489 号,再审案号(2020)最高法行再 205 号。

案例三:以不正当手段抢注他人已经使用并有一定影响的商标判断标准是什么?——某公司、马某与国家知识产权局申请宣告商标无效行政诉讼案

关键词:不正当手段　抢注　在先使用商标

法律要点:商标注册及使用应当遵循诚实信用原则,不得以不正当手段抢

注他人已经使用并有一定影响的商标。

基本案情

再审申请人(一审被告、二审上诉人):某公司,无效宣告申请人

被申请人(一审被告、二审被上诉人):国家知识产权局

一审第三人:马某,诉争商标权人

马某申请注册“磨房”商标(以下称诉争商标),核定使用在第6类“金属标志牌”等商品上,于2016年4月28日核准注册。某公司于2016年10月8日对诉争商标提出无效宣告请求,主要理由包括马某是“以不正当手段抢先注册他人已经使用并有一定影响的商标”,应宣告无效。原国家工商行政管理总局商标评审委员会经审查后,裁定对诉争商标予以维持。某公司不服该裁定,向北京知识产权法院起诉,后经北京市高级人民法院二审;某公司对二审判决不服,向最高人民法院提起再审。最高人民法院经审理后认为,某公司于2013年起组织“磨房”百公里活动至今已有十余届,活动参加者众多;某公司一直使用“磨房”标志,并向活动参与者发放带有涉案“磨房”标志的金属标志牌。马某参加了2013年和2014年某公司组织的上述活动,应当知道某公司在金属标志牌上使用涉案“磨房”标志。在此情况下,马某仍在与户外活动紧密相关的金属标志牌上申请诉争商标,属于《商标法》第32条规定的情形,应宣告无效。

法律讲堂

1. 本案中马某的行为构成“以不正当手段抢先注册他人已经使用并有一定影响的商标”吗

构成。《商标法》规定:“申请商标注册不得损害他人现有的在先权利,也不得以不正当手段抢先注册他人已经使用并有一定影响的商标。”按照一般理解,对于已注册商标,可以通过构成近似商标等方式予以保护,禁止其他近似标识的注册及使用。因此,“他人已经使用并有一定影响的商标”,主要指未注册的商标。

对于该条的认定标准,《商标法》并未明确规定,实践中主要从以下几个方面判断:(1)在先使用商标具有一定影响,就是需要长期稳定地使用,具有了一定的知名度;(2)诉争商标注册具有利用在先使用商标商誉的主观恶意,一般来说是指诉争商标申请人在申请日前,明知或应当知道在先使用并有一定影响的商标而予以抢注;(3)属于相同或近似的商品或服务。在个案中,法院会根据不同案情予以审查认定,尤其是“恶意”中的“应当知道”的认定,可能存在一定分歧;不过总的来说,对于处于同一行业、处于同一地区、存在业务往来,或者

后期有转让行为等情况，被认定“应当知道”的可能性较大。

本案中，某公司就其使用行为提交了大量第三方媒体报道，以证明自2008年媒体即对其所创立的“磨房”网进行报道。例如，自2013年开始，某公司每年举办名为“磨房”的户外活动，参与人数众多，并且公司向参加人员发放带有“磨房”字样的纪念牌，涉案“磨房”字样具有一定知名度。对于马某的恶意行为，某公司提交的证据证明马某在“磨房”网上进行注册，并在2013年、2014年参与了某公司举办的活动，并佩戴上述纪念牌。因此，马某应当知道“磨房”字样并知道其具有一定知名度。另外，诉争商标指定商品是“金属标志牌”等，与户外活动具有关联性，属于近似类别。综上，本案马某的行为构成“以不正当手段抢先注册他人已经使用并有一定影响的商标”。

2. 如果市场经营主体“以不正当手段抢注”他人在先使用并有一定影响的商标，在先使用人如何保护自己的权利

可以在诉争商标申请阶段提出异议，或在注册后申请宣告无效。《商标法》第33条规定，在诉争商标初步审定公告阶段，在先使用人如果认为诉争商标存在“以不正当手段抢注”的情况，可以向商标局提出异议；如确实存在抢注情况，商标局在审查后，会作出不予注册的决定。

此外，如果在诉争商标已经核准注册后发现存在抢注情况，在先使用人可以依据《商标法》第45条的规定，向商标评审委员会申请宣告诉争商标无效。在此需要提醒的是，除驰名商标被恶意抢注外，对于其他被抢注的情况，在先权利人的无效申请需要在诉争商标核准注册之日起5年内提出。

法律规定

1.《商标法》第三十二条

申请商标注册不得损害他人现有的在先权利，也不得以不正当手段抢先注册他人已经使用并有一定影响的商标。

2.《商标法》第三十三条

对初步审定公告的商标，自公告之日起三个月内，在先权利人、利害关系人认为违反本法……第三十二条规定的……公告期满无异议的，予以核准注册，发给商标注册证，并予公告。

3.《商标法》第四十五条第一款

已经注册的商标，违反本法……第三十二条规定的，自商标注册之日起五年内，在先权利人或者利害关系人可以请求商标评审委员会宣告该注册商标无效。对恶意注册的，驰名商标所有人不受五年的时间限制。

4. 最高人民法院《关于审理商标授权确权行政案件若干问题的规定》（2020年修正）第二十三条

在先使用人主张商标申请人以不正当手段抢先注册其在先使用并有一定影响的商标的，如果在先使用商标已经有一定影响，而商标申请人明知或者应知该商标，即可推定其构成“以不正当手段抢先注册”。但商标申请人举证证明其没有利用在先使用商标商誉的恶意的除外。

在先使用人举证证明其在先商标有一定的持续使用时间、区域、销售量或者广告宣传的，人民法院可以认定为有一定影响。

在先使用人主张商标申请人在与其不相类似的商品上申请注册其在先使用并有一定影响的商标，违反商标法第三十二条规定的，人民法院不予支持。

社会意义

商标的注册和使用应遵循诚实信用原则，因此，作为市场经营主体，除要对已核准注册的商标进行合理避让外，对于他人在先使用并具有一定影响的未注册商标，也不应以攀附他人商誉为目的而抢先注册。对于在先使用人，一方面，可以考虑对已使用并具有影响的标识进行商标注册；另一方面，也可多关注商标公告，以及他人的使用行为，对于在先抢注行为，在法定期间内提出异议或申请无效，以保护自身合法权益。

案例溯源

本案一审案号为（2017）京73行初6962号，二审案号为（2018）京行终3060号，再审案号为（2020）最高法行再130号。

专题四
注册使用不合法　无效撤销来纠正

商标申请在经过商标评审机关初步审查后，未发现驳回理由、在公告期他人未提出异议的，可获得核准注册，但这并不意味着商标一旦注册成功就可以高枕无忧了。实际上，如果事后发现存在违反《商标法》相关规定，或者侵犯他人在先权利等事项，商标评审机构或者在先权利人等第三人，可以根据法律规定，对已注册商标申请宣告无效。同时，商标的使用是凝结和保持商誉的途径，也是《商标法》对注册商标专用权人的要求。如商标专用人申请商标后不使用，会阻挡他人注册相同或近似商标，造成资源浪费，因此，任何人可以 3 年不使用为由申请撤销。本专题选取的案例，旨在通过个案展现商标被宣告无效的情形、自始无效的法律后果以及因连续 3 年不使用而被撤销的判定。

▶ 案例一：诉争商标为“以其他不正当手段取得注册”，是否予以无效宣告？——武某、国家知识产权局与某株式会社申请宣告商标无效行政诉讼案

关键词：绝对无效理由　相对无效理由　无效宣告

法律要点：商标权人囤积大量不同类别商标，且包含与他人知名商标相同或近似标识，没有实际使用行为，属于“以其他不正当手段取得注册”的绝对无效理由，应当予以宣告无效。

基本案情

再审申请人（一审原告、二审上诉人）：武某，商标权人

被申请人（一审被告、二审被上诉人）：国家知识产权局

一审第三人：某株式会社，商标无效申请人

武某自案外人某公司处受让商标“UL”（以下称诉争商标），核定使用商品为

第 25 类"服装"等。某株式会社申请宣告诉争商标无效,主要理由为诉争商标"以其他不正当手段取得注册",根据《商标法》第 44 条第 1 款的规定,应当宣告诉争商标无效。该案经过原国家工商行政管理总局商标评审委员会审查,裁定予以无效宣告。武某不服,向北京知识产权法院(以下称一审法院)起诉,请求撤销上述裁定。一审法院查明,除诉争商标外,原注册人某公司还在核定使用商品的 23 个类别上注册了 340 余件商标,其中部分商标与"万宝路""梦工厂""迪奥""奔驰"等他人知名商标相同或近似,明显超出生产经营需要;某公司的关联公司商标代理公司曾申请 160 余件商标代理服务以外的商标,另一关联公司服饰公司申请或注册了 470 余件商标;武某及其担任法定代表人的知识产权代理公司申请并持有涵盖 9 个类别的多件商标,包括与"天猫"等知名商标相同或近似的商标。上述商标核定使用的商品或服务类别业务跨度大、关联度低,超出了正常经营范围和业务需要,某公司也没有提交使用证据,可以认定其具有囤积抢注商标并借助他人市场声誉牟利的目的。因此,一审法院认定,某公司构成了《商标法》第 44 条第 1 款规定的"以其他不正当手段取得注册"的情形,应当对诉争商标予以宣告无效。

武某不服,向北京市高级人民法院提起上诉,上诉请求被驳回。后又向最高人民法院申请再审,该再审申请也被最高人民法院驳回。

法律讲堂

1. 本案构成"以其他不正当手段取得注册",从而应当予以宣告无效吗

构成。《商标法》第 44 条第 1 款规定了对于注册不当商标可以提出无效的理由,包括第 4 条"不以使用为目的"、第 10 条"法定不能注册和使用的标识"、第 11 条"缺乏显著性"、第 12 条"三维标准缺乏显著性"、第 19 条第 4 款"商标代理机构注册代理服务外商标",或者是以欺骗手段或者其他不正当手段获得注册的,可以由商标局宣告无效,也可以根据其他单位或个人请求由原国家工商行政管理总局商标评审委员会宣告无效。对于违反前述规定的情形,在其他专题也有所论及;对于以欺骗手段或者其他不正当手段获得注册的,需要在此进一步说明。"以欺骗手段"一般是指在申请商标注册时,虚构或隐瞒真相、提交伪造的申请书或其他证明文件等骗取注册。"以其他不正当手段取得注册",主要是指商标申请人申请了多件商标,包括与他人具有一定知名度或较强显著性的商标相同或近似,与他人字号、名称、知名商品名称、包装、装潢相同或近似,或者包括知名风景名胜等情形。《商标法》的立法目的是禁止扰乱商标注册秩序、损害公共利益、不正当占用公共资源或者以其他方式谋取不正当利益。在司法实践中,一般会考察申请人及相关联人或经营实体是否申请大量商标;核定商品或服务类别是否跨度较大、有无关联;申请的商标中是否包含与他人或其他知名标识相同或近似商标;申请人是否进行真实使用或进行使用工作等。

就本案来说,武某虽然受让了商标,但不能改变商标申请时的状态,在对原商标申请人及其关联公司,包括武某及其公司的商标状况进行审查之后,发现上述机构囤积大量商标、商品或服务类别跨度极大、包含多枚与“迪奥”“奔驰”等知名商标相同或近似的商标,没有使用行为或准备工作。因此,原商标申请人的行为明显属于囤积抢注商标,而非正常的注册及使用,属于“以其他不正当手段取得注册”的情形,诉争商标据此应当被宣告无效。

2. 是否还有其他可以申请宣告无效的情形

有。现行《商标法》第 45 条第 1 款,就与他人在先权利相冲突的行为可以申请宣告无效的情形进行了规定,包括违反第 13 条第 2 款与第 3 款“驰名商标的保护”、第 15 条“代理人或代表人注册”、第 16 条第 1 款“商标包括地理标志,但非该产地”、第 30 条与第 31 条“与在先商标近似”及第 32 条“不得损害在先权利及不得抢注”等情形。

符合此条规定的情形,在先权利人或其利害关系人可提出无效宣告请求,这不同于《商标法》第 44 条可由商标局或任何人在任何时候提起的无效;而且,在先权利人或利害关系人依据《商标法》第 45 条提起无效,要在商标注册之日起的 5 年内,恶意注册的商标、驰名商标所有人可以不受此限制。

法律规定

1.《商标法》第四十四条第一款

已经注册的商标,违反本法第十条、第十一条、第十二条规定的,或者是以欺骗手段或者其他不正当手段取得注册的,由商标局宣告该注册商标无效;其他单位或者个人可以请求商标评审委员会宣告该注册商标无效。

2.《商标法》第四十五条第一款

已经注册的商标,违反本法第十三条第二款和第三款、第十五条、第十六条第一款、第三十条、第三十一条、第三十二条规定的,自商标注册之日起五年内,在先权利人或者利害关系人可以请求商标评审委员会宣告该注册商标无效。对恶意注册的,驰名商标所有人不受五年的时间限制。

3. 最高人民法院《关于审理商标授权确权行政案件若干问题的规定》(2020 年修正)第二十四条

以欺骗手段以外的其他方式扰乱商标注册秩序、损害公共利益、不正当占用公共资源或者谋取不正当利益的,人民法院可以认定其属于商标法第四十四条第一款规定的“其他不正当手段”。

4.最高人民法院《关于审理商标授权确权行政案件若干问题的规定》(2020年修正)第二十五条

人民法院判断诉争商标申请人是否“恶意注册”他人驰名商标,应综合考虑引证商标的知名度、诉争商标申请人申请诉争商标的理由以及使用诉争商标的具体情形来判断其主观意图。引证商标知名度高、诉争商标申请人没有正当理由的,人民法院可以推定其注册构成商标法第四十五条第一款所指的“恶意注册”。

社会意义

商标申请审查过程中,虽经过商标局审查,并经过初审公告异议等阶段,但难免会存在疏漏,或者在先权利人或其他人并未发现已注册商标违反相关法律规定或侵犯其在先权益,因此我国《商标法》规定了商标无效制度,并基于不同的理由设置了不同的无效期限,也是为了达到维持既有商标秩序及维护在先商标权人利益之间的平衡。因此作为市场经济主体,如果为在先权利人,可增强维护自身权利意识,尽早发现尽早申请;对于商标申请人,商标申请要符合法律规定,同时不要存在“搭便车”“傍名牌”的心理,诚信经营才是长久之道。

案例溯源

本案一审案号为(2018)京73行初9457号,二审案号为(2019)京行终5792号,再审案号为(2020)最高法行申6437号。

案例二:注册商标被宣告无效的法律后果是什么?——A厂、B公司与C超市商标侵权民事诉讼案

关键词:无效　商标许可费　追溯力

法律要点:商标被宣告无效为自始无效,对无效前已判决并执行的商标侵权判决、处理决定等一般不具有追溯力,但因商标注册人的恶意给他人造成的损失,应当给予赔偿。

基本案情

上诉人(原审被告):A厂,被诉侵权人

被上诉人(原审原告):B公司,商标专用权人

原审被告:C超市

B公司主营业务为生产销售白酒。该公司经许可,有权在其白酒商品上使用"蘇"文字商标及"雙溝珍寶坊"文字商标。两商标经过长期大量使用,具有较高知名度。A厂主营业务也为白酒生产及销售,该公司经许可,有权在其白酒商品上使用"蘇寶坊"商标(以下称诉争商标)。2015年9月17日,原国家工商行政管理总局国家商标评审委员会作出裁定,对诉争商标予以无效宣告。2017年9月18日,B公司在C超市公证购买A厂生产的带有诉争商标的白酒,该白酒生产日期在2013年12月12日及2013年12月20日。B公司向江苏省宿迁市中级人民法院(以下称一审法院)提起商标侵权诉讼,认为A厂生产销售的商品上使用的诉争商标,侵犯了其"蘇"及"雙溝珍寶坊"商标专用权,C超市作为销售企业也构成商标侵权,请求判令A厂及C超市停止生产销售侵权商品,并赔偿B公司的损失。一审法院认定,A厂及C超市构成商标侵权行为,并判决A厂立即停止生产销售侵害"蘇"及"雙溝珍寶坊"商标专有权的涉案商品,C超市立即停止销售涉案侵权商品;两被告分别根据侵权行为赔偿B公司的经济损失(含合理维权费用)。A厂不服,向江苏省高级人民法院提起上诉;法院判决驳回上诉,维持原判。

法律讲堂

1. 诉争商标被宣告无效后,是否为自始无效

是的。《商标法》第47条第1款规定:"依照本法第四十四条、第四十五条的规定宣告无效的注册商标,由商标局予以公告,该注册商标专用权视为自始即不存在。"该规定主要考虑到,审查员虽然对商标进行了形式与实质审查,并经过了公告及异议期,但因为检索范围等问题,仍可能对不符合法律规定及条件的商标予以了核准注册。此外,在异议期因种种原因未能提出异议的在先权利人、利害关系人等,可以通过无效程序,对于不符合法律规定而注册的商标申请宣告无效。被宣告无效的商标不符合法律规定,也就是说商标本不应被注册,因此法律规定了被宣告无效的商标视为"自始即不存在"。而且,商标局的公告程序也仅是起到对社会公示的效果,并非注册商标专用权无效的成立要件。

2. 诉争商标被宣告无效,A厂作为商标被许可人,可以主张返还已支付的许可使用费吗

原则上不可以;如果违反公平原则,则应当全部或者部分返还。《商标法》

第47条第2款规定，商标无效不具有溯及力，也就是说，对于宣告无效前，已判决并执行的商标侵权案件判决、裁定和调解书；已做出并执行的商标侵权案件处理决定；已履行的商标转让或者许可合同，已支付的商标侵权赔偿金、商标转让费、商标使用费是不用偿还的。不过，该原则也有例外：如果被无效商标注册人在注册商标时的恶意给他人造成了损失，应当赔偿；而且支付上述费用明显违反公平原则的，应当全部或者部分返还。关于什么情况明显违反公平原则，属于个案认定。比如被无效商标在申请时，申请人理应知道该标识与他人在先注册并具有一定影响的商标基本相同，并注册在了类似商品上，导致不知情的商标受让人在支付转让费不久后该商标就被宣告无效，法院认定此行为属于明显违反公平原则的情形，并判决申请人返还相应的商标转让费。

本案中，A厂的被许可过程不属于本案焦点问题；但根据上述法律规定及司法实践，在没有明显违反公平原则的情况下，A厂的商标许可费是不能被返还的。

3. 诉争商标被宣告无效，A厂在宣告无效前生产带有被无效商标商品的行为，属于商标侵权吗

因本案中A厂生产带有被无效商标的商品具有恶意，因此构成商标侵权。如上所述，《商标法》(2013年)第47条规定了商标被宣告无效后没有溯及力，但其主要针对无效商标权人向他人主张侵权的情况，作为权利基础的商标被宣告无效后，对他人已判决且支付的侵权赔偿款没有溯及力；如果无效商标权人存在恶意则应该赔偿。

但是对于本案来说，A厂是被诉侵权人，而A厂在生产带有被无效的“蘇寳坊”商标的商品时，该商标尚且有效，那么A厂是否侵犯了“蘇”及“雙溝珍寳坊”商标权利人B公司的权利？司法实践一般认为，对于无效商标在被宣告无效前的使用，原则上也没有溯及力；但参照《商标法》第47条的规定，如果商标注册人存在恶意给他人造成了损失，应当给予赔偿。本案中A厂与B公司为同地区白酒生产厂，并存在历史渊源，A厂对于B公司的知名商标“蘇”及“雙溝珍寳坊”应当明知，因此其被许可使用“蘇寳坊”商标时，除了注册证，也应结合商业经验及诉讼经历审查该使用行为是否构成侵权。此外，A厂多次因对B公司商标侵权及反不正当竞争被起诉，且大部分案件判决侵权行为成立，因此，A厂具有攀附B公司商标的主观恶意。结合案件其他情况，A厂的行为属于“存在恶意给他人造成损失”的情形，应当对B公司予以赔偿。

法律规定

《商标法》(2013 年修正)第四十七条

依照本法第四十四条、第四十五条的规定宣告无效的注册商标,由商标局予以公告,该注册商标专用权视为自始即不存在。

宣告注册商标无效的决定或者裁定,对宣告无效前人民法院做出并已执行的商标侵权案件的判决、裁定、调解书和工商行政管理部门做出并已执行的商标侵权案件的处理决定以及已经履行的商标转让或者使用许可合同不具有追溯力。但是,因商标注册人的恶意给他人造成的损失,应当给予赔偿。

依照前款规定不返还商标侵权赔偿金、商标转让费、商标使用费,明显违反公平原则的,应当全部或者部分返还。

现行《商标法》(2019 年修正)条款序号及内容均未调整。

社会意义

商标的无效制度是对商标撤销制度的一种延伸,是对商标注册秩序的保障,也是对在先权利人、在先申请人、利害关系人权利的一种保障,更是诚实信用原则的体现。作为市场经营主体,对于不符合商标法律规定、侵犯他人在先权利甚至采取抢注行为等方式获得核准注册的商标,不能存在侥幸心理,认为通过商标审查、公告、异议等阶段获得商标注册,即可以放心使用,甚至恶意许可、转让、起诉侵权等。一旦商标被宣告无效,不仅前期投入的时间、经济成本无法收回,而且可能面临返还许可、转让款,赔偿他人损失等后果。

案例溯源

本案一审案号为(2018)苏 13 民初 95 号,二审案号为(2019)苏民终 638 号。

▶ 案例三:商标连续 3 年未使用是否会被撤销?——A 公司、国家知识产权局及 B 某商标撤销复审行政诉讼案

关键词:商标使用　连续 3 年不使用撤销　商标使用证据

法律要点:商标注册后应进行使用;如连续 3 年不使用,任何单位和个人均可申请撤销该商标。

基本案情

再审申请人（一审原告、二审上诉人）：A公司，商标专用权人

被申请人（一审被告、二审被上诉人）：国家知识产权局

第三人：法国人B某，撤销商标申请人

A公司于2004年12月10日申请商标“ ”（以下称诉争商标）；2008年9月21日核准注册，核准使用在第24类“床罩、床单、被子”等商品上。2014年4月1日，法国人B某以诉争商标连续3年未使用为由提出撤销申请。

A公司主张诉争商标许可其他公司使用，并提交了商标使用许可合同备案通知书、品牌授权协议、民事判决书、被许可公司专卖店营业执照及照片、相关证言、授权书及营业执照、合格证及价签、发货单、宣传页、台历、包装盒等证据，证明诉争商标在指定期间（2011年4月1日至2014年3月31日），在核定使用商品“床罩、床单、被子”等上进行了真实、有效的商业使用。原国家工商行政管理总局商标评审委员会认为上述证据不能证明商标的使用，并作出决定，撤销了诉争商标在“床罩、床单、被子、床上用毯、枕套、蚊帐”商品上的使用，其余商品上予以维持。

A公司不服向北京知识产权法院（以下称一审法院）提起诉讼，并补充提交了广告宣传册等证据。一审法院认为，A公司提交的所有证据，或未显示诉争商标或核定商品，或不在指定的3年期间内，或为其自制证据，不能形成完整证据链，不能证明对诉争商标进行了商标法意义上的使用，驳回了A公司的诉讼请求。A公司向北京市高级人民法院提起上诉，并提交补强证据，该上诉请求亦被驳回。A公司不服向最高人民法院提起再审，并再次提交证据；最高人民法院经综合评述相关证据，认为A公司的再审申请理由不能成立，驳回其再审申请。

法律讲堂

1. A公司在商标评审及诉讼阶段提交的证据，可以作为审理的依据吗

A公司提交的证据属于补强证据，可由审理法院决定是否予以采纳。最高人民法院《关于行政诉讼证据若干问题的规定》第59条规定：“被告在行政程序中依照法定程序要求原告提供证据，原告依法应当提供而拒不提供，在诉讼程序中提供的证据，人民法院一般不予采纳。”因此，法律并不禁止行政相对人在诉讼中提交证据。法院对于新证据不予采纳的前提是，要求其提供而其拒不提供，且是否采纳由法院予以认定。一般来说，要在商标评审阶段尽量提交证据，但因3年不使用而申请撤销具有一定特殊性，即商标权人要提供证据证明

其使用,很难在评审阶段穷尽所有材料,这会大量增加商标权人及商标评审机构成本,因此商标权人会提供其认为可以证明使用的证据。但对于证据是否达到证明标准,评审机构及法院与商标权人可能会有不同认知。因此,对于此类案件,注册人诉讼阶段提交的补强证据,法院会根据具体案情予以综合考虑是否应当接受,因此注册人可尽量全面提供使用证据。

2. 哪些行为属于商标法意义上的使用行为

商标的使用是指带有商标的商品或服务进入流通领域,使商标可以起到指示商品或服务来源作用的行为,包括在商品、商品包装或容器以及商标交易文书上使用,或将商标用于广告宣传、展览以及其他商业活动中等。

商标的功能在于表明商品或服务的来源,并能让公众区分来源。因此,商标使用首先应当进入流通领域,如果仅仅是与某公司签订了许可使用合同,但该公司并没有实际生产、销售相关产品,或者实际向相关公众提供服务,并在上述过程中显示诉争商标,那么相关公众就不会有机会将商品或服务与诉争商标联系起来。另外,上述联系的建立需要对商标进行长期、大量的使用,因此仅有几次零星的、数量较小的使用,也无法构成商标法意义上的使用。

《商标法》第 48 条规定:"本法所称商标的使用,是指将商标用于商品、商品包装或者容器以及商品交易文书上,或者将商标用于广告宣传、展览以及其他商业活动中,用于识别商品来源的行为。"实践中,使用包括多种方式,比如将商标贴附于商品上;展示于商品外包装袋、包装箱上;印制于销售合同上;印制于工作服上;展示于官方网站、微博、微信公众号上;印制于广告宣传册上;展示于商场等购物中心外立面上;进行产品展示等宣传活动时印制于横幅、宣传册上;第三方媒体进行报道等。要提醒的是,在使用商标时,商标应当与核准注册商标一致;如果进行了改变,一方面不能证明是核准注册商标的使用,另一方面还有可能被予以行政处罚,或撤销商标。

本案中,A 公司提交的证据主要是许可合同、自行制作的证据等,不能证明该商标已进入流通领域,也不能证明形成了长期稳定真实的使用,因此被认定为不属于商标法意义上的使用。

3. 如果不能证明连续 3 年进行了使用,商标是会被撤销吗

是的。《商标法》第 49 条第 2 款规定,"注册商标成为其核定使用的商品的通用名称或者没有正当理由连续三年不使用的,任何单位或者个人可以向商标局申请撤销该注册商标。商标局应当自收到申请之日起九个月内做出决定。

有特殊情况需要延长的,经国务院工商行政管理部门批准,可以延长三个月”。设立商标因3年不使用而撤销的制度,是为了促进商标的实际使用,发挥商标的实际效用,防止商标权人不使用商标并同时阻挡他人注册和使用,造成商标资源的浪费。此类程序引起的诉讼中,由商标权人举证证明其进行了商标使用。法院审查并评议证据的重点包括:(1)证据是否证明在指定期间的使用,就是申请撤销日向前的3年内使用。如本案中证据或者不在期间内,或者仅为一些照片、商标标签等无法显示时间的证据,则不能满足此时间要件。(2)证据是否证明商品进入流通领域。比如本案只有商标许可合同,但是没有带有商标的销售合同、配套发票等实际使用的证据,也没有满足此项要件。(3)商标是否在指定商品上进行使用,如本案中法院认为在“床罩、床单、被子、床上用毯、枕套、蚊帐”上未使用该商标,因此撤销了在上述商品上的注册,但保留了其他商品上的注册。(4)证据是否具有证明力,比如只有复印件没有原件,或者如本案,只是A公司自行制作的出库单,没有第三方客观证据如销售合同、发票、第三方媒体报道等,也不能证明使用。(5)证据能否证明是真实长期的使用,而不是零星的、为了维持商标的使用,比如本案中只有1张发票且不在指定期间内,也不能证明对商标的使用。

法律规定

1.《商标法》第四十八条

本法所称商标的使用,是指将商标用于商品、商品包装或者容器以及商品交易文书上,或者将商标用于广告宣传、展览以及其他商业活动中,用于识别商品来源的行为。

2.《商标法》第四十九条

商标注册人在使用注册商标的过程中,自行改变注册商标、注册人名义、地址或者其他注册事项的,由地方工商行政管理部门责令限期改正;期满不改正的,由商标局撤销其注册商标。

注册商标成为其核定使用的商品的通用名称或者没有正当理由连续三年不使用的,任何单位或者个人可以向商标局申请撤销该注册商标。商标局应当自收到申请之日起九个月内做出决定。有特殊情况需要延长的,经国务院工商行政管理部门批准,可以延长三个月。

3.最高人民法院《关于审理商标授权确权行政案件若干问题的规定》(2020年修正)第二十六条

商标权人自行使用、他人经许可使用以及其他不违背商标权人意志的使用，均可认定为商标法第四十九条第二款所称的使用。

实际使用的商标标志与核准注册的商标标志有细微差别，但未改变其显著特征的，可以视为注册商标的使用。

没有实际使用注册商标，仅有转让或者许可行为；或者仅是公布商标注册信息、声明享有注册商标专用权的，不认定为商标使用。

商标权人有真实使用商标的意图，并且有实际使用的必要准备，但因其他客观原因尚未实际使用注册商标的，人民法院可以认定其有正当理由。

社会意义

商标因3年不使用而撤销是一种促进商标使用的制度，是为了避免商标权人怠于行使权利，并同时造成对其他人注册及使用商标的妨碍，从而造成商标资源的浪费。实践中，商标评审机构及司法审查机构对于证据的要求并没有异议、无效等制度那么严格，但市场经营主体往往在使用商标尤其是服务商标时没有留意进行证据的留存。因此，市场经营主体一方面要在日常经营过程中注意对注册商标的正确使用，不要改变标识；另一方面要对使用情况进行证据保留，比如在销售合同上进行使用，在官方网站上对进行展会等作出新闻报道等，可以显示商标使用及使用时间的证据，以便在程序中可以提供充分证据保护自身合法权益。

案例溯源

本案一审案号为（2016）京73行初3935号，二审案号为（2018）京行终5249号，再审案号为（2019）最高法行申7439号。

专题五
注册商标受保护　侵权假冒要担责

商标注册后，商标专用权人可以使用商标，也可以禁止他人通过使用相同或近似标识等行为侵犯其商标权。如果发现他人有侵权行为，商标专用权人可以向法院提起诉讼，要求侵权人承担停止侵权、赔偿损失、消除影响等侵权责任；也可以向行政主管部门举报，对相关侵权行为予以查处、罚款等。本专题涉及两个案例，包括了常见的在相同或近似商品上，使用相同或近似商标的侵权行为，以及侵权行为后果如惩罚性赔偿等，以通过这类担责的案例告诫市场经营主体，规范自身的经营行为，杜绝商标侵权发生。

▶ 案例一：商品种类或标识并非完全相同但近似，并会造成混淆，是否构成侵权？——A公司、B公司与C经营部等侵害商标权及不正当竞争诉讼案

关键词：商品近似　商标近似　混淆

法律要点：在相同或近似商品上，使用相同或近似商标，容易造成相关公众混淆，构成商标侵权。

基本案情

再审申请人(一审原告、二审上诉人)：A公司，原涉案商标专用权人

再审申请人：B公司，涉案商标受让人

被申请人(一审被告、二审被上诉人)：C经营部，被诉侵权人

被申请人(一审被告、二审被上诉人)：D经营部，被诉侵权人

被申请人(一审被告、二审被上诉人)：E经营部，被诉侵权人

1995年1月21日，A公司取得“华润”商标，核定服务项目为第35类，包括“推销(替他人)”。2006年4月7日，A公司取得“华润万家”商标，核定服务项

目为第35类,包括“推销(替他人)”。另外,1994年12月7日A公司取得“华润”商标,核定服务项目为第36类,包括“资本投资”;该商标后来被原国家工商行政管理总局商标评审委员会认定,在2005年7月5日之前已具有较高声誉,为“资本投资”服务上的驰名商标。

被申请人C经营部的企业名称中包含“华润”,注册于2006年10月18日,经营范围为灯具。C、D、E三个经营部的经营者为同一自然人刘某,均经营灯具。刘某之子出生于2001年5月25日,取名华润。公证人员接受A公司委托,对三个营业部经营现场进行了公证,内容显示在C经营部店铺招牌有突出显示的“华润灯饰”字样,在D经营部店铺招牌有“MISU米苏华润灯饰”字样,在E经营部店铺招牌有突出显示的“华润灯饰折扣店”字样,其中“华润灯饰”字体较大。在店铺入口、前台背景墙上均有“HR华润灯饰”字样。在所销售商品吊牌及工作人员名片显著位置,均有“HR华润灯饰”字样。此外,三个经营部还通过百度推广,并进行了大量宣传,如投放车身广告,在车身、促销海报上使用“华润灯饰”字样。

A公司向四川省成都市中级人民法院提起诉讼,认为三个经营部行为构成侵害商标权及不正当竞争,请求法院判令三被告立即停止侵权;停止使用带有“华润”文字的企业名称;刊登声明消除影响;赔偿A公司损失及合理开支。该案件经过一审,以及四川省高级人民法院二审,后经最高人民法院再审提审。最终最高人民法院认定C、D、E经营部构成商标侵权及不正当竞争,并判令被告停止侵权行为;停止使用带有“华润”文字的企业名称;赔偿A公司损失及合理费用8万元。

法律讲堂

1. 本案中C经营部在企业名称中使用“华润”构成商标侵权吗

构成。《商标法》第57条第2项规定,“有下列行为之一的,均属侵犯注册商标专用权……(二)未经商标注册人的许可,在同一种商品上使用与其注册商标近似的商标,或者在类似商品上使用与其注册商标相同或者近似的商标,容易导致混淆的……”可见,商标侵权行为包括仿冒,其要素有三个:(1)与注册商标相同或近似;(2)在相同或近似商品上使用;(3)容易导致混淆。

本案中,三个经营部在其店铺招牌、店面装潢、商品吊牌及相关宣传材料上使用了“华润灯饰”字样,其中“灯饰”与三个经营部经营商品类别一样、缺乏显著性,因此显著特征其实是“华润”;该标识字体较大,位置显著突出,起到了指示商品及服务来源的作用,构成了商标性使用。本案的特殊之处在于,C经营部在企业名称中包含“华润”字样，但一般认为，当经营者将企业名称中的字号在商品或服务中突出使用时，企业字号实际上具有了识别商品或服务来源的功效，具有了与商标相同的功能，最高人民法院《关于审理商标民事纠纷案件适用法律若干问题的解释》（2020 年修正）第 1 条第 1 项对此也作出了规定。因此，本案中 C 经营部在招牌等处突出使用“华润”，是商标性使用，且标识与涉案商标“华润”字样相同，构成侵权。

判断商品或服务类别是否相同或近似，一般从功能、用途、生产部门、销售渠道、消费对象等方面考虑。本案中，三个经营部经销各种品牌的灯具、灯饰商品，经营范围为灯具批发、零售；从消费者的角度理解，三个经营部将自己代理或购进的各类品牌灯饰进行归类并统一销售，“华润灯饰”为销售上述灯饰产品所使用的服务标识，因此，上述销售模式与涉案商标核准注册的第 35 类“推销（替他人）”存在交叉和重合，二者构成类似服务。

判断是否容易导致混淆，一般要考虑涉案商标的显著性、知名度等方面。本案中，“华润”系臆造词，具有较强显著性；现有证据证明，在三个经营部申请注册之前，“华润”品牌已为消费者广为知晓，“华润”系列商标在超市行业亦具有较高知名度，自 1992 年开设超市以来，其经营超市已有 3000 多家，遍布全国多个省市，其中包括四川和重庆，营业收入较高，广告投放巨大。因此三个经营部作为从事商品销售主体，在相近似服务类别上，突出使用“华润”标识，容易造成相关消费者的混淆，构成商标侵权。

2. 本案中三个经营部在企业名称中使用“华润”，构成不正当竞争吗

构成。《反不正当竞争法》第 2 条规定，经营者在生产经营活动中，应当遵循诚信的原则，遵守法律和商业道德；同时根据第 6 条第 2 项的规定，经营者不得实施擅自使用他人有一定影响的企业名称（包括简称、字号等）的混淆行为，引人误认为是他人商品或者与他人存在特定联系。《商标法》第 58 条也规定，将他人注册商标作为企业名称中的字号使用，误导公众，构成不正当竞争行为的，依照《反不正当竞争法》处理。因此，如果将他人注册商标作为企业字号使用，可考虑依照《反不正当竞争法》考察和处理。

本案中，“华润”为 A 公司字号，自 1983 年以来在多个行业为社会公众广泛知晓。原国家工商行政管理总局曾两次下发通知，通知载明“华润”字号具有独创性和显著性，已具有较高知名度，并要求各地工商行政管理局对已登记注册的以“华润”作为字号的企业名称进行清理。由此可见，“华润”作为企业名称，具有较高的知名度和影响，他人的企业名称中包含“华润”，会误导消费者认为与A公司有关，构成不正当竞争行为。此外，“华润”也是A公司注册商标，曾被认定为驰名商标，具有极高知名度，他人将其作为企业字号，亦会导致消费者认为与A公司有关，造成误导，因此三个经营部的行为构成不正当竞争。

本案的特殊之处在于，三个经营部负责人的儿子名为“华润”。虽如此，公民合理使用自己的姓名应当遵循诚实信用原则；在将姓名作为企业字号使用时也应如此，不得侵害他人的在先权利。“华润”商标及字号在三个经营部注册前已具有极高知名度，三个经营部经营相近似业务，应对其作出合理避让；但其仍将与“华润”相同或近似的文字作为企业字号，并突出使用，已超出了合理使用姓名的范围，构成不正当竞争的行为。

法律规定

1.《商标法》第五十七条

有下列行为之一的，均属侵犯注册商标专用权：

（一）未经商标注册人的许可，在同一种商品上使用与其注册商标相同的商标的；

（二）未经商标注册人的许可，在同一种商品上使用与其注册商标近似的商标，或者在类似商品上使用与其注册商标相同或者近似的商标，容易导致混淆的；

（三）销售侵犯注册商标专用权的商品的；

（四）伪造、擅自制造他人注册商标标识或者销售伪造、擅自制造的注册商标标识的；

（五）未经商标注册人同意，更换其注册商标并将该更换商标的商品又投入市场的；

（六）故意为侵犯他人商标专用权行为提供便利条件，帮助他人实施侵犯商标专用权行为的；

（七）给他人的注册商标专用权造成其他损害的。

2.《商标法》第五十八条

将他人注册商标、未注册的驰名商标作为企业名称中的字号使用，误导公众，构成不正当竞争行为的，依照《中华人民共和国反不正当竞争法》处理。

3.《反不正当竞争法》第二条第一款

经营者在生产经营活动中，应当遵循自愿、平等、公平、诚信的原则，遵守法律和商业道德。

4.《反不正当竞争法》第六条第二项

经营者不得实施下列混淆行为，引人误认为是他人商品或者与他人存在特定联系：……（二）擅自使用他人有一定影响的企业名称（包括简称、字号等）、社会组织名称（包括简称等）、姓名（包括笔名、艺名、译名等）……

5. 最高人民法院《关于审理商标民事纠纷案件适用法律若干问题的解释》（2020 年修正）第八条

商标法所称相关公众，是指与商标所标识的某类商品或者服务有关的消费者和与前述商品或者服务的营销有密切关系的其他经营者。

6. 最高人民法院《关于审理商标民事纠纷案件适用法律若干问题的解释》（2020 年修正）第九条

商标法第五十七条第（一）（二）项规定的商标相同，是指被控侵权的商标与原告的注册商标相比较，二者在视觉上基本无差别。

商标法第五十七条第（二）项规定的商标近似，是指被控侵权的商标与原告的注册商标相比较，其文字的字形、读音、含义或者图形的构图及颜色，或者其各要素组合后的整体结构相似，或者其立体形状、颜色组合近似，易使相关公众对商品的来源产生误认或者认为其来源与原告注册商标的商品有特定的联系。

7. 最高人民法院《关于审理商标民事纠纷案件适用法律若干问题的解释》（2020 年修正）第十条

人民法院依据商标法第五十七条第（一）（二）项的规定，认定商标相同或者近似按照以下原则进行：

（一）以相关公众的一般注意力为标准；

（二）既要进行对商标的整体比对，又要进行对商标主要部分的比对，比对应当在比对对象隔离的状态下分别进行；

（三）判断商标是否近似，应当考虑请求保护注册商标的显著性和知名度。

8. 最高人民法院《关于审理商标民事纠纷案件适用法律若干问题的解释》（2020 年修正）第十一条

商标法第五十七条第（二）项规定的类似商品，是指在功能、用途、生产部门、销售渠道、消费对象等方面相同，或者相关公众一般认为其存在特定联系、容易造成混淆的商品。

类似服务，是指在服务的目的、内容、方式、对象等方面相同，或者相关公众一般认为存在特定联系、容易造成混淆的服务。

商品与服务类似，是指商品和服务之间存在特定联系，容易使相关公众混淆。

9. 最高人民法院《关于审理商标民事纠纷案件适用法律若干问题的解释》(2020 年修正)第十二条

人民法院依据商标法第五十七条第(二)项的规定,认定商品或者服务是否类似,应当以相关公众对商品或者服务的一般认识综合判断;《商标注册用商品和服务国际分类表》《类似商品和服务区分表》可以作为判断类似商品或者服务的参考。

10. 最高人民法院《关于审理注册商标、企业名称与在先权利冲突的民事纠纷案件若干问题的规定》(2020 年修正)第二条

原告以他人企业名称与其在先的企业名称相同或者近似,足以使相关公众对其商品的来源产生混淆,违反反不正当竞争法第六条第(二)项的规定为由提起诉讼,符合民事诉讼法第一百一十九条规定的,人民法院应当受理。

11. 最高人民法院《关于审理注册商标、企业名称与在先权利冲突的民事纠纷案件若干问题的规定》(2020 年修正)第四条

被诉企业名称侵犯注册商标专用权或者构成不正当竞争的,人民法院可以根据原告的诉讼请求和案件具体情况,确定被告承担停止使用、规范使用等民事责任。

社会意义

注册商标专用权受到法律保护:一方面,商标权人可以在已核定的商标或服务上使用注册商标;另一方面,商标权人有权禁止他人未经许可在相同或类似商品、服务上,使用相同或近似的商标,实施容易导致公众混淆的行为,并有权禁止他人实施采用其他不正当手段损害其商标声誉等行为。因此,市场经营主体应本着诚实信用经营的原则,对他人的注册商标,以及他人未注册的驰名商标,予以合理避让;如果实施了商标侵权行为,则要承担停止侵权、赔礼道歉、赔偿损失等责任,甚至是承担惩罚性赔偿的后果。

案例溯源

本案一审案号为(2017)川 01 民初 1713 号,二审案号为(2020)川知民终 173 号,再审案号为(2021)最高法民再 337 号。

▶ 案例二：行政机关处罚后仍持续商标侵权行为，是否可以适用惩罚性赔偿？——A公司、B公司侵害商标权诉讼案

关键词：侵权故意　赔偿数额　惩罚性赔偿

法律要点：在侵权人具有侵权故意，且侵权情节严重，确有适用惩罚性赔偿必要性等情况下，法院根据案情综合判断，决定是否适用惩罚性赔偿。

基本案情

上诉人（原审原告）：A公司，商标专用权人

被上诉人（原审被告）：B公司，被诉侵权人

A公司为"ULTHERA"的商标专用权人，该商标（以下称在先商标）注册在第10类商品"超声治疗仪"上。2016年，广州市工商行政管理局就B公司在超声成像治疗仪器上使用A公司商标的行为作出行政处罚。2017年8月8日，A公司与B公司就上述商标侵权行为签订《和解协议》，协议约定B公司停止侵权行为，并支付赔偿款。2019年9月10日，法院就B公司生产带有A公司商标的设备等行为作出刑事判决，认定B公司构成假冒注册商标罪。在上述刑事案件中，广州市公安局越秀分局扣押的B公司生产机器设备上使用了与A公司在先商标相同标识，对此，A公司向广州市白云区人民法院（以下称一审法院）提起侵害商标权纠纷诉讼，认为B公司侵害其在先商标专用权，并应当判决适用惩罚性赔偿。一审法院认为，被扣产品与A公司在先商标核定使用的第10类商品属同类产品，标识与在先商标相比，英文字母相同，且字母排列一致，只是对应换成了小写，且后3个字母上均多了1个小圆点，会使消费者产生误认，因此被控侵权产品属于侵权产品。B公司不服向广州知识产权法院（以下称二审法院）提起上诉。二审法院对一审判决的侵权判定意见予以认同。

焦点问题在于是否适用惩罚性赔偿。二审法院认为，A公司在起诉时主张适用惩罚性赔偿；B公司多次侵权被处罚，且在签订《和解协议》后再次实施侵权行为，具有侵权故意；根据上述刑事判决书，可以计算出B公司实际销售侵权商品数量2175台，同时B公司法定代表人自认每卖出1台假冒设备有三四百元的利润，根据侵权获利＝产品销售量×侵权产品单位利润，B公司侵权获利在652，500元（2175台×300元）至870，000元（2175台×400元）；此外，B公司主要负责人在刑事案件中已被判处罚金，也不能减免本案中的惩罚性赔偿责任。因此，二审法院认定本案可以适用惩罚性赔偿。

法律讲堂

本案构成惩罚性赔偿吗

构成。《商标法》第63条第1款规定了如何计算赔偿数额：第一步根据权利人因被侵权所受到的实际损失确定；如果实际损失难以确定，可以按照侵权人因侵权所获得的利益确定；如果前面两种方式都难以确定，参照该商标许可使用费的倍数合理确定。除上述规定外，《商标法》还规定了惩罚性赔偿，即如果存在恶意侵犯商标专用权的行为，情节严重的，可以在按照上述方法确定数额的1倍以上5倍以下确定赔偿数额。

结合最高人民法院《关于审理侵害知识产权民事案件适用惩罚性赔偿的解释》的相关规定，在确定是否适用惩罚性赔偿时，主要从以下四个方面考虑：(1)商标权人是否主张惩罚性赔偿责任；(2)被诉侵权人是否具有侵权故意；(3)被诉侵权人是否情节严重，会考虑其是否在受到行政处罚或法院判决承担责任后仍重复实施侵权行为等，结合侵权手段、次数、持续时间、地域范围等综合认定；(4)赔偿金额能否确定，即能否根据《商标法》第63条的规定确定赔偿数额的技术方法及具体金额，如果不能确定，则一般不能适用惩罚性赔偿，可以考虑适用法定赔偿，即由法院结合案件具体情况，酌定500万元以下赔偿金额。

本案中，A公司请求适用惩罚性赔偿。B公司在受到行政处罚、签订《和解协议》后仍再次侵权，具有故意；多次、长期侵权，同时侵权产品用于医疗美容行业，可能危及人体健康，情节严重；根据刑事判决及B公司法定代表人自述，可以较为准确地计算出B公司获利金额。因此，本案情形可适用惩罚性赔偿。

法律规定

1.《商标法》第六十三条第一款

侵犯商标专用权的赔偿数额，按照权利人因被侵权所受到的实际损失确定；实际损失难以确定的，可以按照侵权人因侵权所获得的利益确定；权利人的损失或者侵权人获得的利益难以确定的，参照该商标许可使用费的倍数合理确定。对恶意侵犯商标专用权，情节严重的，可以在按照上述方法确定数额的一倍以上五倍以下确定赔偿数额。赔偿数额应当包括权利人为制止侵权行为所支付的合理开支。

2.《商标法》第六十三条第三款

权利人因被侵权所受到的实际损失、侵权人因侵权所获得的利益、注册商标许可使用费难以确定的，由人民法院根据侵权行为的情节判决给予五百万元以下的赔偿。

社会意义

民商事法律规定中的赔偿，一般是遵循填平原则，即对损失金额予以赔偿。但作为商标侵权人，其具有侵权主观故意，同时存在多次、长期、范围广、阻碍举证等严重侵权情节时，需对侵权人进行惩戒，以制止其侵权行为，提高侵权代价，同时给其他潜在侵权人以震慑，改变侵权代价低的错误观念。作为市场经营主体应以此为鉴，考虑侵权成本，回到诚信经营、质量取胜、创新发展的正途上来，不然最后“竹篮打水一场空”，得不偿失终后悔。

案例溯源

本案一审案号为(2019)粤0111民初23340号，二审案号为(2020)粤73民终2442号。

第四章
市场竞争诚为本
仿冒盗用非正当

改革开放以来，我国逐步走上了社会主义市场经济的道路，市场主体为获得交易机会、占有市场优势、追求利益最大化的竞争行为日益增多。竞争给经济生活带来了活力，推动了生产的发展和社会的进步；但以其他竞争者为对手而从事不正当竞争的行为也越来越多。随着互联网经济的蓬勃发展、经营模式的日益丰富，不正当竞争行为也有了新的变化。《反不正当竞争法》在促进社会主义市场经济健康发展、鼓励和保护公平竞争、保护经营者和消费者的合法权益方面具有重要作用。自由、平等、公正、法治是社会主义核心价值中社会层面的价值取向，公平、平等、竞争、有序是社会主义市场经济发展的内在需求。因此，向市场经济主体详细解读说明《反不正当竞争法》所规定的不正当竞争行为，明确诚实守信原则的实现路径，将会更好地引导其行为，为社会营造良好的经济发展环境。本章选取《反不正当竞争法》中与知识产权密切相关的案例，主要涉及违反诚实信用原则的不正当竞争行为、仿冒行为、侵犯商业秘密以及互联网领域不正当竞争行为。

专题一
诚实信用要坚守　商业道德不可违

社会主义市场经济要求市场经营主体遵循诚信原则,遵守法律及商业道德,维护公共秩序、社会公共利益、经营者利益以及消费者权益。本专题选取1个案例加以说明。随着经济模式的新发展,法院会根据《反不正当竞争法》第2条的一般原则条款,对新出现的不正当竞争行为予以规制调整。

▶ 案例:通过设置robots协议禁止爬取数据,是否构成不正当竞争行为?——A公司与B公司不正当竞争纠纷案

关键词:robots协议　爬取数据　非搜索引擎

法律要点:在平台网站设置robots协议,禁止某一特定主体为非搜索引擎用途爬取数据,属于平台网站公司自主经营范围,不构成不正当竞争。

基本案情

上诉人(原审被告):A公司,平台公司

被上诉人(原审原告):B公司,被诉侵权人

A公司是微博平台的主办单位,其在网站的robots协议中宣布B公司的网络机器人"ToutiaoSpider"为不受欢迎者,后于2019年修改了该声明。B公司向北京知识产权法院(以下称一审法院)提起诉讼,认为A公司通过robots协议将B公司设置为唯一黑名单公司,阻止B公司网络机器人爬取微博平台中对公众和其他所有网络机器人完全公开并可以自由访问的网站内容,降低了B公司良好的用户体验,影响了B公司的市场评价,客观上增强了A公司在相对竞争领域的市场优势地位。A公司的行为严重违反了互联网行业公认的商业道德,违反了公平竞争、诚实信用的基本原则,构成不正当竞争。一审法院参考行业自律公约《互联网搜索引擎服务自律公约》,结合案件证据,认为A公司构

成不正当竞争。A 公司不服,向北京市高级人民法院(以下称二审法院)提起上诉。

二审法院另查明,虽 robots 协议宣称“ToutiaoSpider”为不受欢迎者,但其不是技术措施,B 公司实际仍爬取了 A 公司微博平台上的内容,并根据微博博主的授权对爬取后的内容是否用于“微头条”产品进行处理。二审法院认为,《互联网搜索引擎服务自律公约》仅可作为搜索引擎服务行业的商业道德,不能成为互联网行业通行的商业道德,因此,一审判决将《互联网搜索引擎服务自律公约》作为本案中商业道德的参考不妥。其他网站 robots 协议也会禁止某主体的爬取行为,且 B 公司自身网站也明示了其他网站可通过 robots 协议禁止其爬取,因此,通过 robots 协议对网络机器人进行限制并不当然违背互联网行业商业道德。此外,二审法院从三重利益的角度进行了分析:即便 B 公司不能爬取微博平台数据,消费者也能通过其他方式了解微博平台内容,因此被诉行为并未对消费者利益造成损害;而 B 公司自身的 robots 协议明示其他网站经营者可以根据 robots 协议拒绝其爬取行为,因此对于被诉行为具有一定预期,且 B 公司实际实施了爬取行为,只是根据微博用户授权方式不同而选择是删除还是保留,B 公司并没有因为被诉行为受到实际损害;其他公司被允许对微博内容进行爬取,将不会导致所谓信息孤岛现象产生,也不会损害公共利益或竞争秩序。最终,二审法院认定被诉行为属于 A 公司企业自主经营权范畴内的正当行为,不构成不正当竞争行为。

法律讲堂

1. 本案被诉行为可以适用《反不正当竞争法》第 2 条解释吗

可以。《反不正当竞争法》第 2 条规定了如何认定不正当竞争行为的一般原则,第 2 章(第 6 条至第 12 条)规定了具体的不正当竞争行为。最高人民法院《关于适用〈中华人民共和国反不正当竞争法〉若干问题的解释》(以下简称司法解释)第 1 条规定,属于违反第 2 章之外的情形的,可以适用《反不正当竞争法》第 2 条予以认定。本案中,A 公司在其网站的 robots 协议中明示了禁止 B 公司网络机器人爬取数据,该协议只是一种声明,不属于《反不正当竞争法》第 12 条规定的经营者利用技术手段,通过影响用户选择或者其他方式,实施的妨碍、破坏其他经营者合法提供的网络产品或者服务正常运行的行为,也不属于其他条款的具体不正当竞争行为。因此,就本案情形,可以适用《反不正当竞争法》第 2 条予以判断。

2. 本案被诉行为根据《反不正当竞争法》第2条，是否构成不正当竞争行为

不构成。《反不正当竞争法》第2条第1款、第2款规定："经营者在生产经营活动中，应当遵循自愿、平等、公平、诚信的原则，遵守法律和商业道德。本法所称的不正当竞争行为，是指经营者在生产经营活动中，违反本法规定，扰乱市场竞争秩序，损害其他经营者或者消费者的合法权益的行为。"在审查是否构成不正当竞争行为时，要判断该行为是否遵守了诚实信用原则，是否遵守了法律和商业道德。而对于不同行业，商业道德也有不同的判断标准；尤其是互联网行业发展较为快速，其商业道德的判断也是一个发展变化的过程。司法解释第3条规定了"特定商业领域普遍遵循和认可的行为规范"，可以认为是"商业道德"；此外，法院可以结合案件情况，综合考虑行业规则、经营者状态、消费者权益、市场竞争秩序、社会公共利益等因素，以及行业主管部门、行业协会、自律组织制定的规范等判定。

本案中，一审法院参考了《互联网搜索引擎服务自律公约》认定商业道德，该自律公约主要针对互联网搜索引擎服务。其第8条规定，互联网站所有者设置robots协议应遵循公平、开放和促进信息自由流动的原则，限制搜索引擎爬取应有行业公认合理的正当理由，不利用robots协议进行不正当竞争行为，积极营造鼓励创新、公平公正的良性竞争环境。因此，一审法院认为，A公司通过robots协议将B公司加入"黑名单"的行为构成不正当竞争。但本案A公司的行为并非搜索引擎服务，搜索引擎服务往往会给被爬取平台带来流量和收益，而B公司的行为是将A公司平台数据直接搬运至B公司"微头条"服务，从而可能导致用户不需再前往微博平台浏览或检索数据信息，造成A公司流量的损失。因此，二审法院认定，该自律公约并非全部互联网行为共同遵守的商业道德。

对于是否构成不正当竞争行为，目前司法实践的判断趋势是，综合考虑经营者利益、消费者利益以及公平的竞争秩序之间的平衡。就本案而言，robots协议设置的初衷，是防止爬取行为给平台网站服务器造成超载，因此引导爬取者不要对于后台内部信息、临时性文件等对网络用户无价值的数据进行爬取。随着网络机器人的应用愈加广泛，在非搜索引擎情况下，网络机器人往往会爬取平台公开内容甚至用户数据用于自身的商业经营。在数据作为重要资源的今天，考虑到网站经营者对数据的收集、整理付出了巨大的人力、物力、财力等成本，通过设置robots协议对平台数据进行一定限度的保护，在不损害消费者利益、公共利益及竞争秩序的情况下，法院目前倾向给予其一定程度的容忍。

当然，对于被诉行为是否构成不正当竞争行为，还要结合具体案情以及三重利益平衡对个案进行判断，不能概括地认为通过 robots 协议设置保护均属于网站经营者自主经营的体现。本案中，A 公司仅将 B 公司加入“黑名单”，消费者可以通过微博平台，或者其他公司的产品对微博内容进行阅读，因此 B 公司是否通过微博平台爬取数据并移植到“微头条”，没有对消费者利益造成实际损害；B 公司在其网站上也明确，如果网站经营者不同意其爬取行为，可通过 robots 协议拒绝爬取，因此其对于 A 公司行为具有一定预期。另外，因为 robots 协议并非技术强制措施，B 公司实际上对于微博平台数据进行了爬取，并最终根据微博用户的授权与否决定留存还是删除，因此 B 公司也没有因被诉行为遭受实质损害；从社会公共利益和竞争秩序的角度看，其他网络机器人仍可对微博相关数据进行爬取，并未违背互联网互联、互通、共享、开放的精神。因此，就本案来讲，A 公司的行为，并未构成不正当竞争。

法律规定

1.《反不正当竞争法》第二条

经营者在生产经营活动中，应当遵循自愿、平等、公平、诚信的原则，遵守法律和商业道德。

本法所称的不正当竞争行为，是指经营者在生产经营活动中，违反本法规定，扰乱市场竞争秩序，损害其他经营者或者消费者的合法权益的行为。

本法所称的经营者，是指从事商品生产、经营或者提供服务（以下所称商品包括服务）的自然人、法人和非法人组织。

2. 最高人民法院《关于适用〈中华人民共和国反不正当竞争法〉若干问题的解释》（2022 年施行）第一条

经营者扰乱市场竞争秩序，损害其他经营者或者消费者合法权益，且属于违反反不正当竞争法第二章及专利法、商标法、著作权法等规定之外情形的，人民法院可以适用反不正当竞争法第二条予以认定。

3. 最高人民法院《关于适用〈中华人民共和国反不正当竞争法〉若干问题的解释》（2022 年施行）第三条

特定商业领域普遍遵循和认可的行为规范，人民法院可以认定为反不正当竞争法第二条规定的“商业道德”。

人民法院应当结合案件具体情况，综合考虑行业规则或者商业惯例、经营者的主观状态、交易相对人的选择意愿、对消费者权益、市场竞争秩序、社会公共利益的影响等因素，依法判断经营者是否违反商业道德。

人民法院认定经营者是否违反商业道德时，可以参考行业主管部门、行业协会或者自律组织制定的从业规范、技术规范、自律公约等。

社会意义

《反不正当竞争法》是规制竞争行为的法律。随着经济的发展及技术的进步，市场会出现不同的商业模式和不同的竞争行为。在该法律规定无法涵盖具体不正当竞争行为时，法院也会适用第 2 条，对新出现的不正当竞争行为予以规制。对于市场经营主体来说，遵守诚实信用原则与商业道德，是经营的基本理念；而对于数据这种主要资源来讲，随着行业的发展，对于商业道德的认定也在发生变化，但总体上法院会从平衡经营者利益、消费者权益以及市场竞争秩序的角度予以考虑；作为市场经营主体也应自我约束，诚信经营。

案例溯源

本案一审案号为（2017）京 73 民初 2020 号，二审案号为（2021）京民终 281 号。

专题二
知名品牌要避让　仿冒混淆不正当

仿冒他人知名的各种商业标识是公认的不正当竞争行为，对仿冒行为的规制实为对除注册商标外的其他具有一定知名度的标识的保护，例如，商品名称、装饰装潢、商号、商业外观等。本专题介绍的案例，旨在说明如何认定具有一定知名度，并说明法院认定原则，以协助市场经营主体判断，避免侵犯他人在先权利。

▶ 案例：擅自使用在一定区域内有一定知名度的商品名称，是否构成不正当竞争行为？——A 公司与 B 公司不正当竞争纠纷案

关键词：知名商品　特有名称　有一定影响的商品名称

法律要点：在中国领域内具有知名度，并不要求在全国范围内具有市场知名度。对于在一定区域内具有一定影响的商品名称，擅自使用引人误认造成混淆的，也构成不正当竞争行为。

基本案情

再审申请人（一审原告、二审上诉人）：A 公司，知名商品所有人

被申请人（一审被告、二审被上诉人）：B 公司，被诉侵权人

A 公司成立于 1997 年，专门生产加工饮用水、碳酸及果汁饮料等饮品，并且自成立时起即生产加工山楂类果汁饮料，其商标“冠芳”自 1999 年起被天津市认定为“天津市著名商标”。自 2010 年起，A 公司生产“山楂树下”果汁饮料，并且投入市场进行宣传、销售。自 2011 年起，“山楂树下”饮品在山东影视频道、山西卫视两个电视台进行了电视广告宣传；此外，在河北省高碑店、容城、涿州等地区通过户外及公交车车体广告等进行宣传，时间均为半年到一年；产品销售情况良好，销售主要集中在河北省保定、承德、涞源等地，其余地点为北

京、大连、威海等。A 公司分别在 2012 年 11 月 21 日和 2016 年 5 月 7 日注册了“山楂树下”宋体字和书法字体的注册商标，并包含在产品的名称中一并使用。

B 公司成立于 2016 年 12 月 2 日，以“某市山楂树下饮品科技有限公司”为公司名称，经营范围包括果汁饮品新技术研发等，后销售“树下山果”山楂果汁饮料。A 公司遂向天津市第一中级人民法院（以下称一审法院）起诉，认为 B 公司使用了 A 公司的注册商标及有一定影响的商品名称“山楂树下”作为企业字号进行注册，构成不正当竞争行为，请求法院判决 B 公司停止使用“山楂树下”公司名称，并赔偿 A 公司损失等。一审法院未支持 A 公司诉讼请求。A 公司不服，向天津市高级人民法院提起上诉，天津市高级人民法院维持一审判决。

A 公司向最高人民法院申请再审。最高人民法院提审认为，A 公司提交的证据可以证明，在 2016 年以前，A 公司生产的名为“山楂树下”的山楂果汁果肉饮料在河北等地具有市场知名度；《反不正当竞争法》要求的在我国境内具有一定市场知名度的产品，并非要求相关产品在全国范围内均具有一定市场知名度。B 公司成立于 2016 年 12 月 2 日，也进行果汁饮品技术研发、预包装食品批发兼零售，其作为 A 公司的同行业公司，应知“山楂树下”产品的知名度，仍将其作为企业字号登记，生产同种产品，容易导致消费者认为其购买的 B 公司产品为 A 公司生产的“山楂树下”饮品，造成混淆，因此构成不正当竞争行为。

法律讲堂

1. 本案 A 公司生产的“山楂树下”果汁饮品构成《反不正当竞争法》（1993 年）第 5 条第 2 项规定的“知名商品特有的名称”吗

构成。《反不正当竞争法》（1993 年）第 5 条规定：“经营者不得采用下列不正当手段从事市场交易，损害竞争对手：……（二）擅自使用知名商品特有的名称、包装、装潢，或者使用与知名商品近似的名称、包装、装潢，造成和他人的知名商品相混淆，使购买者误认为是该知名商品。……”据此，法院首先要判断涉案商品名称是否属于“知名商品特有名称”等标识；其次判断被诉侵权人是否使用了相同或近似的标识；最后要判断这种使用是否会导致消费者混淆，误认为购买的是知名商品。可见，原告标识构成“知名商品特有的名称”是认定该项不正当竞争行为的基础。

最高人民法院《关于审理不正当竞争民事案件应用法律若干问题的解释》（已废止）第 1 条规定，在中国境内具有一定的市场知名度，为相关公众所知悉的商品，属于上述“知名商品”；该条也规定了认定的标准，即“应当考虑该商品的销售时间、销售区域、销售额和销售对象，进行任何宣传的持续时间、程度和地域范围,作为知名商品受保护的情况等因素,进行综合判断”。根据该规定以及《反不正当竞争法》保护经营者利益、维护经济秩序、保护消费者权益的立法目的,在“中国境内”主要是指,仅有在国外的知名度不能被中国消费者熟知,不能起到禁止他人使用商品名称的作用,但也并不意味着必须是在“全国范围内”均具有知名度,否则就将知名商品范围缩小成了全国驰名,提高了保护门槛。实际上,知名商品在某些区域内具有了市场知名度,已被消费者熟知的同时,出现其他厂家生产销售包含知名商品名称的产品,也会造成消费者误认,对于区域性知名商品特有名称的保护,是符合反不正当竞争法诚信经营原则及立法目的的。

本案中,A 公司已提交证据证明,其在 2011 年已在山东影视频道、山西卫视频道发布“山楂树下”果汁饮料广告,并在 2016 年前已在河北省高碑店、涿州、沧州、霸州、涞源等地通过户外及车体广告进行了大量的宣传和销售,并提供了销售凭证,以说明在 2016 年前的销售金额及销售区域,此外,还有涞源县市场监督管理局对“山楂树下”仿冒产品的查处证明。从上述证据可以看到,A 公司“山楂树下”果汁饮品,自 2011 年开始通过电视媒体、户外广告等进行持续宣传,至少自 2014 年开始大量持续销售,主要针对河北地区。综合 A 公司提交的证据材料,“山楂树下”果汁饮品在河北及周边区域具有一定市场知名度,被消费者熟知,因此“山楂树下”属于“知名商品特有名称”。

此处要说明的是,2017 年修正《反不正当竞争法》时,将第 5 条第 2 项修正为第 6 条第 1 项,并在文字表述上进行了调整,主要将“知名商品的特有名称”调整为“有一定影响的商品名称”。此外,2022 年 3 月 20 日施行的最高人民法院《关于适用〈中华人民共和国反不正当竞争法〉若干问题的解释》第 4 条,对于“有一定影响”进行了规定,即指“具有一定的市场知名度并具有区别商品来源的显著特征的标识”;判断是否具有一定的市场知名度,“应当综合考虑中国境内相关公众的知悉程度,商品销售的时间、区域、数额和对象,宣传的持续时间、程度和地域范围,标识受保护的情况等因素”。按照一般理解,立法表述的调整对于认定构成不正当竞争行为没有实质性影响;作为经营者,对于具有一定市场知名度的商品名称应当合理避让,不应仿冒造成消费者的混淆误认。

2. 本案 A 公司在“山楂树下”果汁饮品上还标注了“冠芳”商标,商品名称是否具备区别商品来源的作用

可以。根据《反不正当竞争法》禁止仿冒混淆的立法目的,知名商品的特有名称可以区分商品来源,使消费者能将商品名称与生产者进行一一对应,因此，有必要禁止他人在相同或近似商品上使用与该名称相同或近似的名称，从而避免造成消费者对产品提供者的误认和混淆。知识产权相关法律并不禁止权利人在同一商品上享有不同知识产权，因此商品上标有“冠芳”商标，与商品特有名称“山楂树下”所具有的表明商品来源的作用并不冲突；而且，A 公司在进行广告宣传等行为时也明确表明商品名称是“山楂树下”，因此，“山楂树下”具备区别商品来源的作用。

3. 本案被诉行为是否构成不正当竞争行为

构成。对于是否构成不正当竞争行为，法院要依次判断涉案商品名称是否属于“知名商品特有名称”等标识、被诉侵权人是否使用了相同或近似的标识以及这种使用是否导致消费者混淆。本案中，在 B 公司成立前，A 公司生产的“山楂树下”果汁饮品名称属于《反不正当竞争法》(1993 年)第 5 条第 2 项规定的知名商品特有名称。B 公司经营范围也包括果汁饮品新技术开发、预包装食品批发零售，因此，其作为同行业者，且与 A 公司均在天津地区，应知“山楂树下”饮品的知名度，但其仍作为企业商号予以注册，并生产同类产品，容易造成消费者混淆，以为 B 公司生产销售产品与 A 公司有关，因此构成不正当竞争行为。

法律规定

1.《反不正当竞争法》(1993 年)第五条第二项

经营者不得采用下列不正当手段从事市场交易，损害竞争对手：

(二)擅自使用知名商品特有的名称、包装、装潢，或者使用与知名商品近似的名称、包装、装潢，造成和他人的知名商品相混淆，使购买者误认为是该知名商品；

2.《反不正当竞争法》(2019 年修正)第六条

经营者不得实施下列混淆行为，引人误认为是他人商品或者与他人存在特定联系：

(一)擅自使用与他人有一定影响的商品名称、包装、装潢等相同或者近似的标识；

(二)擅自使用他人有一定影响的企业名称(包括简称、字号等)、社会组织名称(包括简称等)、姓名(包括笔名、艺名、译名等)；

(三)擅自使用他人有一定影响的域名主体部分、网站名称、网页等；

(四)其他足以引人误认为是他人商品或者与他人存在特定联系的混淆

行为。

3. 最高人民法院《关于适用〈中华人民共和国反不正当竞争法〉若干问题的解释》(2022 年施行)第四条至第十四条部分内容

……

具有一定的市场知名度并具有区别商品来源的显著特征的标识,人民法院可以认定为反不正当竞争法第六条规定的"有一定影响的"标识。

……

人民法院认定反不正当竞争法第六条规定的标识是否具有一定的市场知名度,应当综合考虑中国境内相关公众的知悉程度,商品销售的时间、区域、数额和对象,宣传的持续时间、程度和地域范围,标识受保护的情况等因素。

……

社会意义

现行《反不正当竞争法》(2019 年修正)第 6 条主要规定了禁止仿冒行为,对于他人具有一定知名度的名称、包装、装潢;企业名称(包括简称、字号等)、社会组织名称(简称)、姓名(包括笔名、艺名、译名等);域名主体部分、网站名称、网页等,其他经营者不应擅自使用,或实施其他行为,使消费者误认与上述有一定影响的商品或经营者具有一定关系。造成消费者混淆是一种国际公认的不正当竞争行为,会给原经营者、消费者及竞争秩序带来不利影响,因此该行为被予以禁止。作为市场经营主体,除已注册商标外,对于同业或近似行业中他人其他具有一定影响的商业标识,也应采取合理避让的态度,诚信经营,维护公平有序的市场竞争秩序。

案例溯源

本案一审案号为(2017)津 01 民初 536 号,二审案号为(2019)最高法民申 872 号,再审案号为(2019)最高法民再 337 号。

专题三
商业秘密莫窃取　民事刑事责任重

保护商业秘密是《反不正当竞争法》的重点和难题，主要难在权利人取证、举证。因为侵权人往往采取较为隐秘或私人的方式，比如，很多客户信息、技术秘密与销售人员、技术人员密不可分，人员离职后进入竞争对手公司，权利人很难证明其采取了法律规定的窃取、披露、使用等方式，侵犯了自己的商业秘密。立法及司法机关也在为解决取证、举证难题而努力。现行《反不正当竞争法》规定，权利人在举出初步证据后，证明未实施侵犯商业秘密行为的责任由被诉侵权人承担，从一定程度上加强了对权利人的保护。本专题介绍的一个案例，主要从这个角度说明立法的变化，以及司法实践中的应用。

▶ 案例：商业秘密权利人证明竞争对手使用的工艺、流程、设备技术信息实质相似，能否认定存在不正当竞争行为？——A 公司、B 公司与刘某等侵害技术秘密纠纷案

关键词：技术秘密　共同侵权　惩罚性赔偿

法律要点：商业秘密权利人提供初步证据，证明竞争对手使用的工艺、流程、设备技术信息实质相似；竞争对手应提供反证证明未侵犯技术秘密，否则应构成侵犯商业秘密不正当竞争行为。

基本案情

上诉人（原审原告）：A 公司，技术秘密许可方

上诉人（原审原告）：B 公司，技术秘密被许可方

上诉人：华某，被诉侵权人，A 公司原职工

上诉人：刘某，被诉侵权人，C 公司原法定代表人

上诉人：C 公司，被诉侵权人

被上诉人:吴某,被诉侵权人,A 公司原职工

被上诉人:彭某,被诉侵权人,C 公司登记股东

被上诉人:胡某,被诉侵权人,A 公司原职工

被上诉人:朱某,被诉侵权人,A 公司原职工

2000 年 A 公司成立,2007 年 B 公司成立,A 公司作为独资股东。A 公司自主研发卡波产品生产技术,并许可给 B 公司使用。2011 年,C 公司成立,刘某为成立时 C 公司的法定代表人。

华某、胡某、朱某、吴某入职 A 公司,签订了《劳动合同》及《商业秘密、竞业限制协议》,并签收了《员工手册》,就商业秘密的保密义务、竞业限制等方面进行了约定。此外,A 公司颁布了《技术信息安全管理制度》,对技术信息保护的原则、技术信息资料等级等进行了规定。

2012 年至 2013 年,华某利用卡波产品研发负责人的身份,获取了卡波生产工艺技术设备图纸,并违反 A 公司管理制度,擅自拷贝卡波生产项目工艺设备资料。后华某将上述资料发给刘某、朱某、胡某,并进行讨论。胡某根据华某要求,寻找其他案外公司,根据上述资料生产制造卡波生产设备。C 公司利用华某非法获取的卡波生产工艺、设备技术生产卡波产品,并向国内外公司销售。

A、B 公司向广州知识产权法院(以下称一审法院)提起侵害技术秘密诉讼,请求判决被告停止侵害,并销毁工艺资料及设备;C 公司赔偿损失,其余被告为共同侵权人,承担连带责任等。一审法院作出判决后,双方各有当事人不服判决,上诉于最高人民法院知识产权法庭(以下称二审法院)。

二审法院结合本案证据,从 A、B 公司主张的技术信息是否构成技术秘密、华某等是否实施了侵害涉案技术秘密的行为、责任如何确定几个层面予以分析论证,最终判决被告立即停止侵害技术秘密,销毁记载涉案技术秘密的工艺资料;C 公司赔偿 A、B 公司经济损失 3000 万元及合理开支 40 万元,华某、刘某、胡某、朱某对前述赔偿额分别在 500 万元、3000 万元、100 万元、100 万元范围内承担连带责任。

法律讲堂

1. 本案技术方案构成商业秘密吗

构成。现行《反不正当竞争法》第 9 条第 4 款规定,“本法所称的商业秘密,是指不为公众所知悉、具有商业价值并经权利人采取相应保密措施的技术信息、经营信息等商业信息”。在司法实践中,法院一般会根据相关技术方案是否具备三个法定条件来审查能否构成商业秘密:即(1)不为公众所知悉;(2)具有

商业价值;(3)采取保密措施。即是否具有秘密性、商业价值以及采取保密措施。

就本案而言,关于秘密性问题,A、B 公司委托了鉴定机构对秘密性进行了鉴定,认定卡波工艺、流程、设备的技术信息属于不为公众所知悉的技术信息,具有秘密性。被诉侵权人华某认为,涉案相关技术信息已被公开,但并未提供证据证明,因此上述信息具有秘密性。关于价值性问题,A、B 公司提交了审计报告、年度报表等,证明涉案技术信息能给权利人带来现实的或潜在的商业价值,具有价值性。关于保密性问题,需根据所涉信息载体的特性、权利人保密的意愿、保密措施的可识别程度、他人通过正当方式获得的难易程度等因素,判断 A、B 公司是否采取了合理保密措施。本案中,A 公司与华某等人签订了《劳动合同》《专项保密协议》《商业秘密、竞业限制协议》《商业秘密技术协议》等,对商业秘密、技术信息、技术方案等的保密进行了约定;A 公司对于技术秘密接触人员进行了区分;对于能否下载相关技术信息等进行了规定。基于上述行为,A 公司对于涉案技术信息,已经采取了合理保密措施。

2. 本案构成侵犯商业秘密不正当竞争行为吗

构成。在明确涉案技术信息属于商业秘密后,需进一步判断被诉侵权人是否进行了《反不正当竞争法》第 9 条第 1 款至第 3 款所规定的侵犯商业秘密的行为,包括合法取得非法使用、非法取得非法使用、明知非法取得予以协助、明知非法取得仍使用等使用类型。此外,根据《反不正当竞争法》第 32 条第 2 款的规定,权利人的举证要求降低了,原告提交商业秘密被侵犯的初步证据后,由被告承担证明责任即证明涉案技术信息不属于技术秘密、不实质相似以及不存在侵犯商业秘密的行为。

本案中,A、B 公司提交了委托鉴定机构意见,证明 A、B 公司与 C 公司的卡波工艺、流程、设备技术信息实质相似。此外,还提交了与本案相关的生效刑事判决,判决认定:华某介绍朱某、胡某在 C 公司任职;华某利用其 A 公司卡波研发负责人身份,获取了卡波设备图纸,并违反管理制度获取设备资料,后披露给刘某、朱某、胡某;华某、刘某、朱某、胡某对图纸进行探讨;胡某委托案外人设计制作相关设备;C 公司利用上述设备生产卡波产品并进行销售。已生效判决证明作用较强,要推翻上述事实,需要被诉侵权人提供反证。C 公司及刘某提交了专利申请材料,以证明涉案技术是其自主研发,但其提供的专利与涉案技术信息无关,因此不能证明。

综合上述证据及事实,华某违反保密义务和保密要求,将其获得的技术信息披露给C公司,侵犯了A、B公司的技术秘密。刘某及C公司明知华某非法披露技术秘密仍使用,构成共同侵权。胡某、朱某明知华某、刘某、C公司非法披露、获取、使用他人技术秘密仍予以帮助,构成共同侵权。此外,并无证据证明吴某及彭某实施了侵犯商业秘密的行为,因此不构成共同侵权。

3. 本案可以适用惩罚性赔偿吗

可以。现行《反不正当竞争法》第17条第3款规定了不正当竞争造成的损害赔偿的计算方法:首先,根据侵权行为受到的实际损失确定;其次,实际损失难以计算的,按照侵权人因侵权所获得利益确定。对于恶意实施侵犯商业秘密的行为,情节严重的,可以适用惩罚性赔偿,就是按照上述方法确定数额的1倍以上5倍以下确定赔偿数额。一般来说,赔偿是填平原则,就是根据受到的损失进行赔偿;但对于侵权时间长,主观恶意严重等侵犯商业秘密的行为,要通过提高赔偿数额予以惩罚,以威慑、阻吓未来或潜在的侵权人。

本案中,C公司及前法定代表人刘某,明知涉案技术为窃取的商业秘密,仍制造生产卡波产品,且自C公司成立以来,即以生产卡波产品为经营业务。前法定代表人刘某因侵犯商业秘密行为被追究刑事责任,相关生产工艺、流程及设备被认定涉嫌侵犯他人技术秘密后,C公司仍未停止生产,销售范围多达二十多个国家和地区。在本案审理过程中,C公司无正当理由拒不提供会计账册和原始凭证,对进一步查清其所获利益造成困难,构成举证妨碍。据此,可以综合判定,C公司等被诉侵权人恶意实施侵犯商业秘密的行为,情节严重,本案可以适用惩罚性赔偿。

法律规定

1.《反不正当竞争法》第九条

经营者不得实施下列侵犯商业秘密的行为:

(一)以盗窃、贿赂、欺诈、胁迫、电子侵入或者其他不正当手段获取权利人的商业秘密;

(二)披露、使用或者允许他人使用以前项手段获取的权利人的商业秘密;

(三)违反保密义务或者违反权利人有关保守商业秘密的要求,披露、使用或者允许他人使用其所掌握的商业秘密;

(四)教唆、引诱、帮助他人违反保密义务或者违反权利人有关保守商业秘密的要求,获取、披露、使用或者允许他人使用权利人的商业秘密。

经营者以外的其他自然人、法人和非法人组织实施前款所列违法行为的,视为侵犯商业秘密。

第三人明知或者应知商业秘密权利人的员工、前员工或者其他单位、个人实施本条第一款所列违法行为，仍获取、披露、使用或者允许他人使用该商业秘密的，视为侵犯商业秘密。

本法所称的商业秘密，是指不为公众所知悉、具有商业价值并经权利人采取相应保密措施的技术信息、经营信息等商业信息。

2.《反不正当竞争法》第十七条第三款、第四款

因不正当竞争行为受到损害的经营者的赔偿数额，按照其因被侵权所受到的实际损失确定；实际损失难以计算的，按照侵权人因侵权所获得的利益确定。经营者恶意实施侵犯商业秘密行为，情节严重的，可以在按照上述方法确定数额的一倍以上五倍以下确定赔偿数额。赔偿数额还应当包括经营者为制止侵权行为所支付的合理开支。

经营者违反本法第六条、第九条规定，权利人因被侵权所受到的实际损失、侵权人因侵权所获得的利益难以确定的，由人民法院根据侵权行为的情节判决给予权利人五百万元以下的赔偿。

3.《反不正当竞争法》第三十二条

在侵犯商业秘密的民事审判程序中，商业秘密权利人提供初步证据，证明其已经对所主张的商业秘密采取保密措施，且合理表明商业秘密被侵犯，涉嫌侵权人应当证明权利人所主张的商业秘密不属于本法规定的商业秘密。

商业秘密权利人提供初步证据合理表明商业秘密被侵犯，且提供以下证据之一的，涉嫌侵权人应当证明其不存在侵犯商业秘密的行为：

（一）有证据表明涉嫌侵权人有渠道或者机会获取商业秘密，且其使用的信息与该商业秘密实质上相同；

（二）有证据表明商业秘密已经被涉嫌侵权人披露、使用或者有被披露、使用的风险；

（三）有其他证据表明商业秘密被涉嫌侵权人侵犯。

社会意义

客户名单、技术方案等商业秘密，是一个公司生产经营的命脉，具有极高的经济价值。因此，作为保有商业秘密的市场经营主体，要建立完善的保密制度，对公司内部信息、技术方案甚至后台数据等，设立保密级别，制定保密制度，并通过与员工签订保密协议等方式，对自身商业秘密进行保护。作为员工及其他竞争企业，应着力于自身公司发展、技术创新，而不能以聘用前员工、员工自己

开设公司等方式,利用其他公司商业秘密进行营利,否则会面临严重的赔偿或惩罚性赔偿,甚至要承担刑事责任。

案例溯源

本案一审案号为(2017)粤73民初2163号,二审案号为(2019)最高法知民终562号。

专题四
网上经营手段多　创新不忘守诚信

互联网是创新的乐土,但也不能忘记诚信原则。无论采用何种技术措施,由客户公平自愿对相关平台或软件进行使用,不影响其他合法软件的运行,是对互联网企业的基本要求。本专题包括了两个案例,对新出现的互联网不正当竞争行为的构成要素予以解释说明,旨在劝导互联网经营主体"明知不可为而不为"。

▶ 案例一:插入链接、强制跳转行为是否构成不正当竞争?——A公司与B公司不正当竞争纠纷案

关键词:互联网不正当竞争　插入链接　强制跳转

法律要点:在互联网经济中,未经他人同意,在其合法经营的产品或服务中插入链接、强制跳转的行为构成不正当竞争。

基本案情

原告:A公司,权利人

被告:B公司,被诉侵权人

A公司开发和运营二维火"智能收银一体机"支付系统,为消费者和商家提供点餐、收款等餐饮辅助服务。B公司提供"美团收款"支付软件等产品和服务,其"美团小白盒"插件安装于A公司二维火"智能收银一体机"系统后,可监控该软件的运行;一旦二维火"智能收银一体机"运行,"美团小白盒"插件会以移动悬浮按钮的形式悬浮于其操作界面之上,当用户使用二维火"智能收银一体机"系统进行结账时,"美团小白盒"插件会读取其系统ID及其数据信息;用户点击"美团小白盒"悬浮窗,系统就会强制跳转到B公司运营的"美团收款"操作页面,A公司的收款程序中断,后续支付则由"美团收款"完成。

A公司向北京知识产权法院(以下称一审法院)提起诉讼,认为B公司的上述行为构成不正当竞争,并请求判令B公司停止不正当竞争行为;赔偿A公司经济损失及维权支出的合理费用等。一审法院经审理后认为,B公司运营的插件,未经A公司同意,在其提供的合法支付系统中,插入链接、强制进行目标跳转,妨碍、破坏了A公司合法提供系统的正常运行,违反了《反不正当竞争法》第12条的规定,构成不正当竞争行为。B公司插件读取"实收金额"ID及数据信息的行为,作为上述不正当竞争行为的后续行为,不进行单独认定。

法律讲堂

1.本案B公司运营"美团小白盒"插件,是否构成不正当竞争行为

构成。《反不正当竞争法》第12条第2款第1项规定,"未经其他经营者同意,在其合法提供的网络产品或者服务中,插入链接、强制进行目标跳转",属于影响用户选择,妨碍、破坏其他经营者合法提供的网络产品或者服务正常运行的行为,构成不正当竞争行为。

本案中,A公司运行的二维火"智能收银一体机"支付系统为合法提供的网络服务;即便点击"美团小白盒"插件是用户自己的选择,但B公司安装该插件的行为并未获得A公司同意;在用户点击"美团小白盒"插件后,会强行跳转到B公司运营的支付系统、原A公司支付系统被终止,这影响了A公司二维火"智能收银一体机"支付系统的正常运行。

2.《反不正当竞争法》是否还规定了其他互联网不正当竞争类型

《反不正当竞争法》第12条规定了三种具体构成互联网不正当竞争的行为,并规定了兜底条款。随着经济发展及技术的不断进步,也可以依据该条款或者《反不正当竞争法》第2条对违反诚信原则及商业道德的不正当竞争行为予以规制。

《反不正当竞争法》第12条第2款首先进行了总则性规定,即不得利用技术手段,采用影响用户选择或其他方式,实施妨碍、破坏其他经营者合法提供的网络产品或服务正常运行的行为。在第2款还列举了三种具体妨碍的行为及兜底条款,包括:(1)插入链接强制跳转的行为;(2)误导、欺骗、强迫用户修改、关闭、卸载他人产品或服务;(3)对他人产品或服务恶意不兼容;(4)兜底条款。实践中,对于互联网不正当竞争行为会首先考虑是否符合该条款规定,如不能涵盖再适用《反不正当竞争法》第2条。在适用上述条款时,也同样考虑是否存在竞争关系,行为是否违反了诚实信用原则,造成用户选择时的劣势地位,破坏了公平的竞争秩序。

法律规定

《反不正当竞争法》第十二条

经营者利用网络从事生产经营活动,应当遵守本法的各项规定。

经营者不得利用技术手段,通过影响用户选择或者其他方式,实施下列妨碍、破坏其他经营者合法提供的网络产品或者服务正常运行的行为:

(一)未经其他经营者同意,在其合法提供的网络产品或者服务中,插入链接、强制进行目标跳转;

(二)误导、欺骗、强迫用户修改、关闭、卸载其他经营者合法提供的网络产品或者服务;

(三)恶意对其他经营者合法提供的网络产品或者服务实施不兼容;

(四)其他妨碍、破坏其他经营者合法提供的网络产品或者服务正常运行的行为。

社会意义

随着互联网经济的发展及技术的进步,新的商业模式及技术措施层出不穷。在以创新为主要驱动力的互联网经济中,遵守诚实信用原则,维护公平、有序的竞争环境,保护经营者的合法权益以及消费者自由选择等利益,仍是自由竞争的必然要求。因此,面对日新月异的技术创新,不正当竞争手段也与以往法定的类型有所不同。在2017年对《反不正当竞争法》进行修正时,增加了互联网不正当竞争行为条款,以更好地指导司法实践,引导市场经营者的行为。作为市场经营主体,一方面要借助互联网的互联互通特性发展壮大,另一方面也要秉承诚信经营的原则,为维护良好的网络经营秩序共同努力。

案例溯源

本案一审案号为(2018)京73民初960号。

▶ 案例二:超出未登录用户权限范围获取公开数据及获取不公开数据,并将数据储存、使用、分析、展示,是否属于不正当竞争行为?——B公司与A公司不正当竞争纠纷案

关键词:公开数据　非公开数据　技术措施

法律要点:对于所获取非公开数据无法说明来源,对于所获取公开数据也

超出未登录用户合理可见范围,并因其行为给平台经营带来了影响,上述获取、使用、展示、分析平台数据构成不正当竞争行为。

基本案情

再审申请人(一审被告、二审上诉人):B 公司,被诉侵权人

被申请人(一审原告、二审被上诉人):A 公司,平台公司

A 公司是微博平台的运营方,并主张对微博平台中的相关数据享有权益,包括本案涉及的微博平台全部后端数据。A 公司主张,微博平台中的《微博服务使用协议》约定了"未经微博运营方事先书面许可,用户不得自行或授权、协助任何第三方非法抓取微博内容","非法抓取"是指采用程序或者非正常浏览等技术手段获取内容数据的行为;并约定了微博用户同意并授权微博运营方就侵犯用户合法权益的行为(包括但不限于私自复制、使用、编辑、抄袭等行为)采取任何形式的法律行为,包括投诉、诉讼等。B 公司运营"鹰击系统",其官网宣传"鹰击系统"可以对"微博舆情早发现",并具备"每日处理 10 亿条互联网数据""可实时向用户推送其关注的信息"等功能。

A 公司认为,B 公司运营"鹰击系统",通过非法手段爬取、存储微博平台后端数据、在"鹰击系统"中展示这些数据、基于此加工整理形成数据分析报告,上述四种行为违反了《反不正当竞争法》第 2 条、第 12 条的规定,并向北京市海淀区人民法院(以下称一审法院)提起诉讼。该案涉及较多技术问题,庭审中原被告双方均申请了技术人员作为专家辅助人出庭,一审法院还对微博平台展示数据情况、"鹰击系统"数据展示等情况进行勘验。结合案件双方提供的公证书、时间戳认证证书等证据材料,一审法院从竞争关系、行为正当性以及 A 公司合法权益是否受到损害等方面论证了 B 公司是否构成不正当竞争行为,主要理由如下:

第一,是否存在竞争关系。B 公司的被诉行为,一方面会未付成本获得收益,另一方面会减损 A 公司利用该部分数据而可能获得的经营利益,两者之间的经营利益存在"此消彼长"的关系,因此构成竞争关系。

第二,被诉行为是否正当。一审法院认为 B 公司的行为在以下几个方面对 A 公司权益造成了损害:首先,B 公司对于微博平台数据享有权益的同时,基于用户协议等条款,负有维护数据安全等义务,B 公司的行为影响用户协议等的履行;其次,B 公司通过非正常的技术手段爬取微博平台公开数据的行为,以及破坏或绕开 A 公司对非公开数据采取的保护措施而爬取非公开数据等行为,影响微博平台这一产品的正常运行;再次,B 公司实时爬取微博平台数据,给微博平台正常运行造成额外负担,加大运营成本;最后,A 公司已与案外人合作,

提供与B公司相仿的数据检测和分析服务,B公司的行为会对A公司授权及获益带来影响。

B公司不服,向北京知识产权法院提起上诉,二审法院维持原判。B公司继而向北京市高级人民法院提起再审,再审申请被驳回。

法律讲堂

本案B公司获取、使用、展示、分析新浪微博数据的行为是否构成不正当竞争行为

构成。《反不正当竞争法》第12条第2款第4项规定,“经营者不得利用技术手段,通过影响用户选择或者其他方式,实施下列妨碍、破坏其他经营者合法提供的网络产品或者服务正常运行的行为:……(四)其他妨碍、破坏其他经营者合法提供的网络产品或者服务正常运行的行为”。该条所规定的不正当竞争行为,有几个较为显著的特征:一是利用技术手段;二是通过影响用户或其他方式;三是妨碍、破坏其他经营者合法提供的网络产品或者服务正常运行。在该条第2款第1—3项中,分别规定了链接跳转、误导用户卸载、恶意不兼容等几种较为常见的技术手段;此外,考虑到互联网经济及技术的发展变化,还规定了第4项兜底条款,即其他行为。但如何判断此行为属于不正当竞争行为,仍须回到该条款三个显著特征的判断上。

本案中,在两公司具有竞争关系的基础上,主要考察行为是否具有不正当性。B公司主张,其获取微博数据的手段主要是网络爬虫技术,但其存在很多不能自圆其说的地方,如“鹰击系统”中展示的新浪微博发布时间比微博平台自身前端的发布时间更为精确;在用户未登录状态下,仅可查看数量有限的新浪微博及有限平台功能,但“鹰击系统”却可实时采集和展示微博平台数据,且“鹰击系统”用户在输入关键词后,可见内容超出未登录用户可正常访问的内容;微博用户发布微博后自行删除或因其他原因删除的数据,微博用户在登录状态亦无权查看,但“鹰击系统”中却可予以展示。B公司对于“鹰击系统”的上述功能无法作出合理解释,且B公司获取了微博平台的公开数据及非公开数据,并将上述数据予以存储、使用、展示、分析,而非公开数据还包括了用户个人隐私等信息。因此,B公司的行为存在影响微博平台用户的数据安全的可能,并存在造成微博平台违反用户协议、影响微博平台运营、增加微博平台营运成本以及剥夺或影响A公司授权其他公司经营B公司同类业务并获利的可能。因此,B公司的行为已构成《反不正当竞争法》第12条第2款第4项规定的“其他妨碍、破坏其他经营者合法提供的网络产品或者服务正常运行的行为”。

法律规定

《反不正当竞争法》第十二条

经营者利用网络从事生产经营活动,应当遵守本法的各项规定。

经营者不得利用技术手段,通过影响用户选择或者其他方式,实施下列妨碍、破坏其他经营者合法提供的网络产品或者服务正常运行的行为:

(一)未经其他经营者同意,在其合法提供的网络产品或者服务中,插入链接、强制进行目标跳转;

(二)误导、欺骗、强迫用户修改、关闭、卸载其他经营者合法提供的网络产品或者服务;

(三)恶意对其他经营者合法提供的网络产品或者服务实施不兼容;

(四)其他妨碍、破坏其他经营者合法提供的网络产品或者服务正常运行的行为。

社会意义

《反不正当竞争法》第12条主要是考虑到随着技术的进步,不正当竞争行为会有不同的表现形式,但无论如何发展,在判定新出现的某种行为是否具有不正当性,仍要结合《反不正当竞争法》第2条对于不正当竞争行为的规定来综合判断。因此,作为市场经济主体,不应认为技术进步且法律并未明确规定,该行为即为正当竞争,而要以诚实信用原则为基础,遵守法律及商业道德,不从事扰乱市场竞争秩序、损害其他经营者及消费者合法权益的行为。

案例溯源

本案一审案号为(2018)京0108民初28643号,二审案号为(2019)京73民终3789号,再审案号为(2021)京民申5573号。

第五章
知识产权范围广
传统创新均不忘

广义的知识产权除包括著作权、商标权、专利权外，还包括对仿冒、侵害商业秘密不正当竞争行为的制止，以及对植物新品种、集成电路布图设计、地理标志等创造性智力活动成果的保护。无论是作品、商业标识承载的商誉和技术方案等典型知识产权的客体，还是字号、商业外观、商业秘密、植物新品种、集成电路布图设计、地理标志等其他知识产权的客体，本质上都属于一种知识产品，具有无形性、创造性和共享性；对于它们的保护有助于鼓励创新，鼓励以诚信的商业道德规范竞争，促进文学艺术和科学技术领域的进步，提高社会经济发展水平。本章通过三个专题和案例，对地理标志、植物新品种、集成电路布图设计保护的相关法律问题进行解析。

专题一
传承弘扬传统文化　积极保护地理标志

尽管地理标志与商标均属于商业标识，但是二者存在显著区别。在作用上，地理标志用于指示商品的地理来源，也就是原产地；而商标的功能是识别商品的商业来源，也就是商品的经营者。此外，地理标志强调商品的质量、信誉或者其他特征与其原产地的自然因素或者人文因素之间的因果关系，而商标权的取得则不要求具备该关联性。正是地理标志这一基本特征，使地理标志产品能够为当地经济带来巨大的效益和发展潜力。

▶ 案例：他人申请注册商标尽量避开容易导致混淆的地理标志名称——“某市吉山老酒”案

关键词：地理标志　商标　对应关系　混淆可能性　善意取得注册

法律要点：地理标志权的取得时间早于商标申请时间，且地理标志名称与商标标识已经形成一定对应关系，在后商标的注册容易导致相关公众对使用该商标的商品的真实产地发生误认，在后商标不予注册。已经善意取得注册的商标权继续有效。

基本案情

本案上诉人（原审被告）：国家知识产权局

本案上诉人（原审第三人）：某公司，商标权人

本案被上诉人（原审原告）：某街道办事处经济服务中心（以下简称某中心），商标无效宣告请求人

某公司是“吉山红”商标的注册商标权人，该商标核准注册在第33类黄酒、料酒、烧酒等商品上。2016年4月1日，某中心针对该商标向原国家工商行政管理总局商标评审委员会提出无效宣告请求，其理由是“吉山红”商标的注册

违反《商标法》第10条第1款第7项、第16条的规定。原国家工商行政管理总局商标评审委员会裁定维持“吉山红”商标的注册。该中心不服，向北京知识产权法院提起行政诉讼。一审法院认为，虽然“吉山老酒”被认定为地理标志保护产品以及获得地理标志证明商标注册的时间晚于诉争商标“吉山红”的申请日，但考虑到地理标志的形成并非一蹴而就，而是经过长期的历史积累，有关行政部门对地理标志的认定应理解为对相关事实的事后确认。在诉争商标申请日之前，“吉山老酒”已经构成黄酒商品上的地理标志。另外，结合现有证据，“吉山老酒”与“吉山红”在特定范围内已经形成一定对应关系。作为同业经营者，某公司理应知晓“吉山老酒”名称及“吉山红”与“吉山老酒”存在一定对应关系，诉争商标不属于善意取得注册的情形。因此，诉争商标的注册使用容易导致相关公众将其产品误认为产自某省某市的“吉山老酒”。于是，一审判决撤销被诉行政决定，由原国家工商行政管理总局商标评审委员会重新作出裁定。北京市高级人民法院二审判决驳回上诉，维持原判。

法律讲堂

1. 什么是地理标志

地理标志是一种指示性标记。它表明某项商标或服务的来源地，并且它所标示的产品的质量、声誉或者其他特性取决于该地的自然因素和人文因素。根据《地理标志产品保护规定》第2条的规定，地理标志产品包括来自本地区的种植、养殖产品，如阳澄湖大闸蟹、库尔勒香梨等；还有原材料全部来自本地区或部分来自其他地区，并在本地区按照特定工艺生产和加工的产品，如镇江香醋、金华火腿等。地理标志表明的商品或服务来源地既可以是特定的行政区划范围，如省、市、县、乡、镇、村等，也可以包括地名简称，如鲁锦。

2. 本案中，“吉山老酒”可以通过哪种方式获得法律保护

向国家知识产权局申请地理标志集体商标或证明商标、申请地理标志保护产品。实践中，对于同一地理标志，申请人一般会以多种方式分别请求予以保护，农产品还可以向农业农村部申请农产品地理标志保护。本案中，某中心向原质检总局申请认定为地理标志保护产品（现已调整为国家知识产权局的职能），并且向商标局申请注册为地理标志证明商标。需要注意的是，按照相关规定，申请地理标志保护产品需要提交的申请文件包括相关证明材料：(1)地理标志产品保护申请书；(2)产品名称、类别、产地范围及地理特征的说明；(3)产品的理化、感官等质量特色及其与产地的自然因素和人文因素之间关系的说

明;(4)产品生产技术规范(包括产品加工工艺、安全卫生要求、加工设备的技术要求等);(5)产品的知名度,产品生产、销售情况及历史渊源的说明。

3. 地理标志权与商标权的冲突应当如何解决

遵循“时间在先,权利在先”基本原则。所谓地理标志与商标冲突是指二者的标识相同或者近似,或者存在一定的对应关系。地理标志产品一般都历史悠久,使用并知名的时间早于商标申请注册时间,在后商标申请通常会因容易导致消费者混淆而被驳回或者宣告无效。如果地理标志的申请时间晚于普通商标申请时间,法院会以在先商标使用商品通用名称为理由,判决撤销在先商标的注册,如“恩施玉露”案;或者认定在先商标缺乏显著性,不会造成消费者混淆而允许地理标志与在先商标共存,如“金华火腿”案。可见,当地理标志与商标冲突时,法院往往在合理解释相关法律规定的前提下,贯彻强化地理标志保护的司法政策。

法律规定

《商标法》第十六条

商标中有商品的地理标志,而该商品并非来源于该标志所标示的地区,误导公众的,不予注册并禁止使用;但是,已经善意取得注册的继续有效。

前款所称地理标志,是指标示某商品来源于某地区,该商品的特定质量、信誉或者其他特征,主要由该地区的自然因素或者人文因素所决定的标志。

社会意义

我国地大物博、历史悠久,具有丰富的自然资源和人文资源,烟台苹果、平谷大桃、贵州茅台、西湖龙井等地理标志产品已成为地方经济发展的有力助推剂。加强地理标志保护、扩大地理标志产品的出口,有利于推广民族经济精品、实施乡村振兴战略、提升国际竞争力。关于地理标志的保护模式,也是我国知识产权学界普遍关注的重点问题。《知识产权强国建设纲要(2021－2035年)》也明确提出,要探索制定地理标志专门法律法规,健全专门保护与商标保护相互协调的统一地理标志保护制度,从而更好地发挥我国地理标志产品的传统优势。

案例溯源

本案一审案号为(2017)京73行初2302号,二审案号为(2020)京行终476号。

专题二
保护植物新品种　筑牢国家粮食“芯片”

种子是农业的“芯片”，是国家粮食安全的“命脉”。2021年7月9日，中央全面深化改革委员会第二十次会议审议通过《种业振兴行动方案》。其中要求，加强种业知识产权保护，综合运用法律、经济、技术、行政等多种手段，推行全链条、全流程监管，对假冒伪劣、套牌侵权等突出问题要重拳出击，让侵权者付出沉重代价。目前，我国形成了以《种子法》《专利法》《植物新品种保护条例》等法律法规为主体，以有关司法解释为补充的较为完整的种业知识产权法律保护体系。植物新品种保护是种业知识产权保护的重点，对激励育种创新和保障种业科技自立自强起着重要的作用。

▶ 案例：生产销售基于父母本杂交而成的新品种需要注意什么？——A公司诉B公司、C农业科学院侵害植物新品种权纠纷案

关键词：植物新品种　杂交种　亲本　取得授权

法律要点：生产、销售已授权的杂交新品种需要取得亲本权利人的同意或许可。

基本案情

再审申请人（一审被告、二审上诉人）：B公司，杂交品种的生产者

被申请人（一审原告、二审被上诉人）：A公司，亲本品种权人

一审被告、二审上诉人：C农业科学院（以下简称C农科院），杂交品种权人

母本“郑58”与已属于公有领域的父本“昌7－2”杂交而成“郑单958”玉米品种，该品种权所有人是C农科院，而母本“郑58”植物新品种权人是A公司。另外，C农科院与B公司签订了《玉米杂交种“郑单958”许可合同》及补充协

议,约定B公司在一定期限内销售“郑单958”玉米杂交种,B公司为履行合同而进行制种生产过程中涉及第三方权益的事项由B公司负责。B公司依据授权,在取得《农作物种子经营许可证》后,开始在甘肃省大量生产、销售“郑单958”玉米杂交种。A公司认为B公司在授权期限截止后,未经许可使用“郑58”生产、繁育“郑单958”玉米杂交种的行为,构成侵权,故向郑州市中级人民法院提起诉讼,请求判令B公司停止侵权、赔偿A公司经济损失及合理开支,并要求C农科院承担连带责任。

一审法院经审理认为,B公司在合同终止后继续使用“郑58”必须重新取得品种权人许可。B公司不仅没有重新取得A公司授权,而且在A公司发函后仍继续使用“郑58”生产“郑单958”,构成侵权。考虑到加强植物新品种权保护有助于推动国家“三农”政策实施,B公司已经取得杂交品种权利人的授权许可,并已支付相应的使用费,为生产杂交种花费了大量的人力物力,若禁止B公司使用母本“郑58”生产“郑单958”玉米杂交种,将造成巨大的经济损失,可采取支付一定赔偿费的方式弥补A公司的损失。于是,一审判决,B公司赔偿损失及合理开支,C农科院就其中一部分承担连带责任,驳回A公司其他诉讼请求。

A公司及C农科院不服一审判决,上诉至河南省高级人民法院。二审法院认为,C农科院和A公司实行相互授权模式,依据B公司与C农科院签订的许可合同及补充协议,B公司生产过程中涉及第三方权益时应由B公司负责,与C农科院无关,故判决维持一审法院关于赔偿损失和合理支出的判项,撤销一审法院关于C农科院承担连带责任的判项。B公司不服二审判决,向最高人民法院申请再审,最高人民法院驳回了B公司的再审申请。

法律讲堂

1. 植物新品种权的特征是什么

植物新品种权是育种人对其研发和培育的新品种所享有的一种专有权。在我国,对于植物新品种,是以专门法的模式予以保护。植物新品种权作为特定类型的知识产权,其客体植物新品种本质上属于创造性智力活动成果。换言之,自然界已经存在而为人类新近发现的植物品种不是品种权的保护客体;品种权的保护客体必须是通过智慧、资金、时间和精力的投入,人工研发培育出来的符合法定条件的植物新品种。

2. 植物新品种权的取得条件是什么

授予品种权的植物新品种权应当具备五个条件:新颖性、特异性、一致性、稳定性，并有适当的命名：(1)新颖性。申请品种权的植物新品种在申请日前该品种繁殖材料未被销售，或者经育种者许可，在中国境内销售该品种繁殖材料未超过1年；在中国境外销售藤本植物、林木、果树和观赏树木品种繁殖材料未超过6年，销售其他植物品种繁殖材料未超过4年。(2)特异性。申请品种权的植物新品种应当明显区别于在递交申请以前已知的植物品种。(3)一致性。申请品种权的植物新品种经过繁殖，除可以预见的变异外，其相关的特征或者特性一致。(4)稳定性。申请品种权的植物新品种经过反复繁殖后或者在特定繁殖周期结束时，其相关的特征或者特性保持不变。(5)有适当的命名。植物新品种的名称应当与相同或者相近的植物属或者种中已知品种的名称相区别。该名称经注册登记后即为该植物新品种的通用名称。但下列名称不得用于品种命名：仅以数字组成的；违反社会公德的；对植物新品种的特征、特性或者育种者的身份等容易引起误解的。

3.侵犯植物新品种应当承担什么样的法律责任

包括民事责任、行政责任和刑事责任。侵犯植物新品种权的行为，是指未经品种权人许可，为商业目的生产或者销售该授权品种的繁殖材料，为商业目的将该授权品种的繁殖材料重复使用于生产另一品种的繁殖材料。侵权行为人应当承担的民事责任主要是停止侵权、赔偿损失；行政责任则是省级以上人民政府农业、林业行政部门依据各自的职权处理品种权侵权案件时，为维护社会公共利益，可以责令侵权人停止侵权行为，没收违法所得和植物品种繁殖材料，处以罚款。假冒授权品种，情节严重，构成犯罪(如生产、销售伪劣产品罪)的，依法追究刑事责任。

法律规定

1.《植物新品种保护条例》第六条

完成育种的单位或者个人对其授权品种，享有排他的独占权。任何单位或者个人未经品种权所有人(以下称品种权人)许可，不得为商业目的生产或者销售该授权品种的繁殖材料，不得为商业目的将该授权品种的繁殖材料重复使用于生产另一品种的繁殖材料；但是，本条例另有规定的除外。

2.《植物新品种保护条例》第十条

在下列情况下使用授权品种的，可以不经品种权人许可，不向其支付使用费，但是不得侵犯品种权人依照本条例享有的其他权利：

(一)利用授权品种进行育种及其他科研活动；

（二）农民自繁自用授权品种的繁殖材料。

社会意义

本案对杂交种生产中涉及杂交种及其亲本关系的植物新品种侵权纠纷具有指导意义。尽管法律不禁止利用授权品种进行育种及其他科研活动，但在新品种获得授权及通过品种审定后，该新品种的权利人及其被许可人面向市场推广该新品种，将他人已授权品种的繁殖材料重复用于生产该新品种的繁殖材料时，仍需经过作为父母本的已授权品种权利人的同意或许可。在杂交种培育、授权、生产、销售等一系列环节中，一方面，对植物新品种权作出限制，允许他人合理使用，免费将已授权品种作为繁殖材料进行育种或其他科研活动，无须取得品种权人的许可；另一方面，强调保护亲本品种权人的合法权利，将杂交而成的新品种推向市场，必须征得亲本品种权人的同意。如此，可以兼顾品种权人利益与社会公共利益，对鼓励培育及推广良种亦起到了积极的促进作用。

案例溯源

本案一审案号为（2014）郑知民初字第720号，二审案号为（2015）豫法知民终字第00356号，再审案号为（2018）最高法民申4587号。

专题三
保护集成电路布图设计
推动电子信息技术发展

近年来,我国加大芯片领域研发投资。为了建设创新型国家、成为国际一流的科技强国,加强集成电路布图设计知识产权保护对我国集成电路芯片产业发展具有重要意义。布图设计是集成电路产品制造过程中的关键环节。只有严格保护知识产权,激发产业创新活力,增加高水平、高价值集成电路布图设计知识产权拥有量,才能打破发达国家的技术垄断和技术封锁,提高综合国力和国际竞争力。

▶ 案例:集成电路布图设计的独创性及其侵权判断标准是什么?——B公司、户某某侵害集成电路布图设计专有权纠纷案

关键词:集成电路布图设计权　保护范围　独创性　实质相同　接触可能性

法律要点:受保护的集成电路布图设计应当具有独创性。它体现在对集成电路中元件和线路的三维配置,主要包含两层含义:自己设计完成;不属于创作时公认的常规设计。

基本案情

本案上诉人(原审被告):B公司,被诉侵权人

本案上诉人(原审被告):户某某,B公司一人股东及法定代表人

本案上诉人(原审被告):黄某1,被诉C公司法定代表人

本案上诉人(原审被告):黄某2,C公司股东之一

本案被上诉人(原审原告):A公司,涉案布图设计权利人

A 公司就其创作的名称为“集成控制器与开关管的单芯片负极保护的锂电池保护芯片”的布图设计向国家知识产权局申请登记,通过初步审查,A 公司取得了布图设计专有权。后 A 公司向深圳市中级人民法院提起诉讼,指控 B 公司、C 公司以复制、销售的方式侵犯其集成电路布图设计专有权。在审理过程中,经司法鉴定,一审法院认定涉案布图设计具有六个独创点,且被诉侵权的布图设计与涉案布图设计主张的独创点对应的布图设计实质相同。B 公司与 C 公司共同实施复制涉案布图设计,销售被诉侵权的集成电路产品等行为,构成共同侵权,应当承担相应的法律责任。因 B 公司在诉讼期间已注销清算,户某某作为侵权行为发生时 B 公司的一人股东,黄某 1 和黄某 2 作为变更后的 C 公司股东,应当对 B 公司实施的被诉侵权行为承担连带赔偿责任。

B 公司与户某某、黄某 1 和黄某 2 对一审判决表示不服,向最高人民法院提出上诉。最高人民法院指出,在体现布图设计的功能层次上由于不含有元件和线路的三维配置,不给予保护;在这个层次之下,独创性的体现逐步增强,对元件分配、布置,各元部件间的互联,信息流向关系,组合效果等可以给予保护。受保护的布图设计的独创性,可以体现在布图设计任何具有独创性的部分中,也可以体现在布图整体设计中。但是,不能因经过登记备案而当然认为布图设计的整体或任何部分具有独创性。对布图设计是否具有独创性的判断,一方面需要鉴定人根据其掌握的专业知识对是否属于本领域内的常规设计进行判断;另一方面鉴定人客观上无法掌握所有的常规设计,有赖于双方特别是被诉侵权人提出独创性的相反证据。据此,最高人民法院认为,原审判决认定事实清楚,适用法律无误,判决驳回上诉,维持原判。

法律讲堂

1. 如何认定布图设计的独创性

首先,布图设计保护的是电路元件和线路的三维配置,而不延及思想。其次,受保护的独创性部分应能够相对独立地执行某种电子功能。最后,该布图设计应当由创作者独立设计完成,且不属于创作时公认的常规设计。本案中,A 公司提出涉案布图设计具有六个独创点,并且将这六个独创点与相应的常规设计进行对比,进而对独创点进行了说明。但是,由于其中的独创点 5 强调晶体管的连接关系,独创点 6 描述不同电路之间的关系,不涉及原件和电路的三维配置,因此不能成为布图设计的保护对象。而独创点 1—4 没有被 B 公司提出的各项在先设计所公开,故法院认定 A 公司明确提出了独创点,对其进行了充分说明,B 公司等提供的证据尚不足以推翻 A 公司提出的独创点 1—4,该独创点 1—4 整体作为独创性部分应受保护。

由此可见，在司法实践中对布图设计独创性的证明，人民法院并没有过分加大权利人的举证责任，而是考虑集成电路布图设计的特点、目前我国集成电路布图设计的登记现状、双方的举证能力等因素，以权利人提出的独创性部分为依据，首先要求权利人对其主张的独创性部分进行充分说明或初步证明，其次由被诉侵权人就不具有独创性提出相反证据，在综合考虑上述事实、证据的基础上进行判断。

2. 布图设计的侵权判断方法是什么

接触 + 相同或实质性相同。对布图设计侵权的认定，既要考虑被诉侵权芯片与布图设计构成相同或实质相同，也要考虑被诉侵权人是否具有接触布图设计的可能性。其中，“接触”要件由权利人承担举证责任。以本案为例，户某某曾在 A 公司任职，负责市场营销，而 A 公司还主张户某某和该公司设计师有接触，即使没有户某某通过设计师接触涉案布图设计图纸的证据，但其在销售过程中也有接触使用涉案布图设计产品的可能。此外，在实质性相同方面，经 A 公司申请，一审法院委托某知识产权司法鉴定中心对被诉集成电路产品的布图设计与 A 公司的集成电路布图设计是否相同或实质相同进行鉴定。法院在整体考虑涉案独创点 1—4 所涉布图设计基础上，结合该司法鉴定意见，认定被诉侵权芯片相应部分的布图设计与 A 公司提出的独创点 1—4 所涉布图设计构成实质相同，构成侵权。

法律规定

1.《集成电路布图设计保护条例》第二条

本条例下列用语的含义：

（一）集成电路，是指半导体集成电路，即以半导体材料为基片，将至少有一个是有源元件的两个以上元件和部分或者全部互连线路集成在基片之中或者基片之上，以执行某种电子功能的中间产品或者最终产品；

（二）集成电路布图设计（以下简称布图设计），是指集成电路中至少有一个是有源元件的两个以上元件和部分或者全部互连线路的三维配置，或者为制造集成电路而准备的上述三维配置；

（三）布图设计权利人，是指依照本条例的规定，对布图设计享有专有权的自然人、法人或者其他组织；

（四）复制，是指重复制作布图设计或者含有该布图设计的集成电路的行为；

（五）商业利用，是指为商业目的进口、销售或者以其他方式提供受保护的布图设计、含有该布图设计的集成电路或者含有该集成电路的物品的行为。

2.《集成电路布图设计保护条例》第四条

受保护的布图设计应当具有独创性，即该布图设计是创作者自己的智力劳动成果，并且在其创作时该布图设计在布图设计创作者和集成电路制造者中不是公认的常规设计。

受保护的由常规设计组成的布图设计，其组合作为整体应当符合前款规定的条件。

3.《集成电路布图设计保护条例》第五条

本条例对布图设计的保护，不延及思想、处理过程、操作方法或者数学概念等。

4.《集成电路布图设计保护条例》第七条第一项

布图设计权利人享有下列专有权：

（一）对受保护的布图设计的全部或者其中任何具有独创性的部分进行复制；

……

5.《集成电路布图设计保护条例》第十六条

申请布图设计登记，应当提交：

（一）布图设计登记申请表；

（二）布图设计的复制件或者图样；

（三）布图设计已投入商业利用的，提交含有该布图设计的集成电路样品；

（四）国务院知识产权行政部门规定的其他材料。

6.《集成电路布图设计保护条例》第三十条第一款第一项

除本条例另有规定的外，未经布图设计权利人许可，有下列行为之一的，行为人必须立即停止侵权行为，并承担赔偿责任：

（一）复制受保护的布图设计的全部或者其中任何具有独创性的部分的；

……

社会意义

简单地讲，集成电路就是人们通常所说的“芯片”，它是微电子技术的核心，也是现代电子信息技术的基础，我们日常生活、工作、学习中使用到的所有电子产品几乎都离不开集成电路。而布图设计则是确定用以制造集成电路的电子元件在一个传导材料中的几何图形排列和连接的方式。现实中,虽然涉及开发集成电路产品的投资额巨大,但是通过反向工程,抄袭复制他人布图设计,仿造实质相同的集成电路产品却只需要付出极少的成本,并且可以与原创设计者和制造者抢占市场份额,牟取不当利益。对此,运用知识产权法律手段保护集成电路布图设计创作人的智力成果十分必要,对于促进我国芯片产业发展壮大更是意义重大。

案例溯源

本案一审案号为(2015)深中法知民初字第 1106 号,二审案号为(2019)最高法知民终 490 号。